성경공부 7

영육의 건강

건강의 필요성
건강을 향한 발걸음
31가지 실제적인 건강 개선법

11HN.NET

성경공부 7

영육의 건강

편 저 자 11HN 네트워크
발 행 인 손계문
발 행 일 2019년 12월 1일
출판등록 2007년 7월 4일
전　　화 1544-0091, 010-9543-0091
이 메 일 11hnnet@gmail.com
웹사이트 www.11hn.net

ISBN : 979-11-6324-010-5 (세트)
ISBN : 979-11-6324-017-4 04230
값 8,000원

11HN(11th Hour Network : 열한시 네트워크)는
성경의 진리와 참된 복음을 회복하기 위해 힘쓰고 있으며 값싼 구원론과 교회성장, 기계적인 신앙으로 전락해버린 교회를 흔들어 깨우기 위해 회개운동, 거룩운동, 재림운동을 하는 신앙 운동체입니다.
예수 그리스도의 마음을 품은 예수님의 증인들이 세상 곳곳에서 일어나기를 소망합니다.

Contents

성경공부 7 영육의 건강

서론

영육의 건강을 내며

오늘날처럼 건강에 관심이 많은 때도 역사상 없었을 것입니다. 인류 역사상 가장 위기에 처한 우리는 우리의 삶에 무엇이 문제인지 다시 한 번 확인하고 돌아보아야 할 때라는 사실을 누구도 부인하지 못할 것입니다. 이 책은 현 시대의 요구에 맞는 최선의 건강법을 다시 확인하고 건강의 기본 원칙으로 돌아가 건강하고 활기찬 삶에 도움이 되기를 바라며 정리된 것입니다. 어려운 여러가지 조건과 이론들보다는 하나님께서 창조하신 기본으로 돌아가 창조주께서 제공해 주신 것들을 누리며, 제공해 주신 법칙 속에 우리 자신을 둘 때 자연스럽게 건강한 육체와 정신을 얻게 되는 것을 누구나 알도록 하기 위해 만들어 진 책입니다.

거의 대부분의 사람이 건강을 잃는 것은 생활습관을 우리를 창조하신 하나님의 창조 법칙에서 벗어나 사람들 스스로 자신들의 방식대로 계속적으로 원칙에서 벗어난 생활습관을 하기 때문에 그렇습니다. 사실 우리 인체를 살펴보면 건강을 잃는 것은 매우 어렵도록 하나님께서 우리 몸을 창조하셨다는 것을 발견할 수 있습니다. 웬만큼 법칙을 어긴다고 쉽게 고장나지 않는 것이 인체입니다. 그러나 계속해서 법칙을 어겨 방종한 생활을 이어가게 되면 어느 순간 고장이 나고 심지어는 생명을 잃게 되는 것입니다. 쉽게 고장나지 않는 것도 하나님의 은혜이지만, 그 은혜를 지속적으로 무시하면 그 결과로 스스로 고통을 당하고 생명을 잃게 되므로 각자가 감당할 수밖에 없다는 사실 또한 잊지 말아야 합니다.

이 책을 편견 없이 하나의 인체 사용설명서 정도로 생각하시면 좋을 것입니다. 작은 전자제품 하나도 제품의 사용설명서대로 사용해야 합니다. 하나님께서 창조하신 세계는 인류의 창조주이신 하나님께서 가장 잘 아십니다. 그러므로 기독교인이 아닐지라도 우리의 몸은 하나님의 창조 작품이므로 이 책을 통해 건강 법칙을 배우고 또한 창조의 놀라운 신비와 창조주를 아는 계기가 된다면 놀라운 축복을 받게 될 것입니다!

이 책의 내용들이 각자 자신의 삶에 유익이 되므로 다른 이들에게 이러한 유익한 내용을 공유해서 도움을 줄 수는 있지만, 결코 강요하는 수단으로 사용되지 않기를 바랍니다. 신앙이나 비록 유익한 원칙이라도 다른 사람을 강요할 자격은 우리에게 없습니다.

많은 사람이 이 책을 통해 영적으로 도덕적으로 육체적으로 건강하게 살면서 하나님과 사람들에게 봉사하고 유익한 일에 열심인 건강한 사람들이 되시기를 바랍니다.

성경공부
영육의 건강

1편

건강의 필요성

사랑 받는 자여,
나는 정녕 너의 혼이 번영함과 같이
무엇보다도 네가 번영하고 건강하기를 바라노라.
(요삼 1:2)

많은 사람들은 방탕한 삶의 결과로 병이 듭니다.
그런 이들은 자연의 법칙과 순결한 원칙을 따라 생활하지 않습니다.
어떤 사람은 음식과 옷 입는 것과 일에 있어서 건강의 법칙을 무시하고 좋지 못한 습관들로 몸과 마음을 쇠약하게 만드는 경우가 많습니다.
이런 사람들이 혹 다행히 건강을 누리게 되면 그들 중 대부분은 하나님께서 정하신 자연의 법칙과 영적 법칙을 무시하는 행동을 조금도 고치지 않고, 하나님께서 기도를 들으시고 병을 고쳐 주실 것이기에 건강상 안좋은 나쁜 습관을 계속하며 마음대로 식욕에 따라 방종하여도 되는 줄로 생각할 것입니다.
그러므로, 만일 하나님께서 이적으로써 이런 사람들의 건강을 회복시켜 주신다면, 그들의 죄를 권장하시는 것처럼 될 것입니다.
이 책을 통해서 유용한 사람이 되게 하시려고 우리에게 어떤 영적이며 자연적 법칙들을 통해 건강을 유지하길 원하시는지를 알아봅시다.

제1부
왜 건강해야 하는가?

1 건강이란?

아마 오늘날처럼 건강에 관심이 많았던 때도 없었을 것입니다. 인터넷 매체, 잡지, 신문, TV, 라디오 할 것 없이 어디나 건강에 관한 기사가 넘쳐나고 있습니다. 건강이란 무엇일까? 세계보건기구(W.H.O)는 **"건강"을 "육체적, 정신적, 사회적으로 건전한 상태"라고 정의하고 있습니다.**

건강은 전인적으로 균형 잡히고 안정된 상태여야 한다는 뜻입니다. 단지 병의 증세나 결함이 없다는 것만으로는 건강하다고 말할 수는 없습니다. 어떤 약을 쓰지 않아도 매일 활기 있게 일하고 운동하며 불편이나 고통 없이 즐겁게 살아가는 생활, 가족과 이웃에 대해서도 부담이나 불편 없이 잘 어울려 살 수 있는 자세, 그리고 삶에 대한 확실한 목표를 가지고 희망과 보람으로 가득 찬 균형진 삶이 정말 건강하다 할 수 있을 것입니다. 이것은 지나친 이상이 아니라, 사람은 충분히 이러한 건강을 누리며 살도록 창조되었습니다. 건강에 이르는 법칙을 잘 따르면 건강하게 살 수 있습니다.

건강은 우연히 이루어지는 것이 아니라 좋은 건강 습관에 대한 보상으로 주어집니다. 행복은 잘 계획된 건강의 길을 착실히 걸어갈 때 도달할 수 있는 것입니다.

2 건강에 대한 교육의 필요

건강 원리에 대한 교육과 관심이 무엇보다 더 필요한 시대에 우리는 살고 있습니다. 생활을 편하게 하는 것들과 문명의 이기들, 그리고 위생 문제와 질병의 치료에 이르기까지 이처럼 많은 분야에서 놀라운 발전을 하였는데도 이 시대의 상황을 보면 체력과 인내력의 감퇴는 놀라울 정도입니다. 인간들의 복리에 마음을 쏟고 있는 모든 사람은 그 사실에 주의를 기울일 필요가 있습니다.

오늘날 인위적인 문명은 건전한 원칙을 파괴시키는 악을 조장하고 있습니다. 사람들의 관습과 유행은 자연을 대항해 싸우고 있습니다. 이 문명이 명령하는 행동, 조장하고 있는 방종 등은 육체적·정신적 힘을 계속적으로 약화시키고 있으며, 견디기 어려운 짐을 인류에게 지우고 있습니다. 부절제와 범죄, 질병과 불행이 도처에 있습니다.

많은 사람이 무지하여 건강 법칙을 범합니다. 그러므로 사람들에게 교육이 필요합니다. 그러나 매우 많은 사람은 자신들이 실천하고 있는 것보다 더 잘 알고 있습니다. 그들은 알고 있는 지식을 삶의 지침으로 삼는 일이 얼마나 중요한지를 깨달을 필요가 있습니다. 일반적으로 사람들은 건강 관리에 너무 부주의하고 있습니다. 병에 걸린 후에 치료법을 찾는 것보다 병을 예방하는 것이 훨씬 낫다는 것을 주의하지 않습니다.

각 사람은 자기 자신을 위해서 뿐만 아니라 인류를 위해서도 생명의 법칙에 관한 정통한 지식을 배우고 그 법칙을 양심적으로 순종할 의무가 있습니다. 모든 사람은 어떤 유기체들보다도 가장 훌륭한 인체에 대하여 잘 알 필요가 있습니다. 우리는 여러 신체 기관들의 기능과 모든 기관들의 건전한 작용을 위해 상호 의존 관계에 있다는 것을 이해하고 있어야 합니다. 우리는 정신이 육체에 미치는 영향과 그것들을 지배하는 법칙들을 연구해야 합니다.

깨끗한 공기, 햇빛, 절제, 휴식, 운동, 적당한 식사, 물의 사용, 하나님의 능력을 의지하는 것, 이것들은 참된 치료제입니다. 모든 사람은 천연계의 자연 치유력에 대한 지식을 알고 그것을 적용하는 방법을 배워야 합니다. 환자의 치료에 관계되는 원칙들을 이해하고 이 지식을 올바로 사용하게 해줄 수 있는 실제적 훈련을 하는 것은 모두 꼭 필요한 부분입니다.

자연치유요법을 많은 사람들이 즐겨 이용하지 않는 이유는 많은 노력과 주의가 요구되기 때문입니다. 또한 자연의 치유와 회복의 과정은 점진적이기 때문에 참을성 없는 사람들에게는 느린 것처럼 보일 것입니다. 해로운 방종의 습관을 버리는 데는 희생이 필요합니다. 그러나 결국은 사람이 방해 하지만 않는다면 자연은 그 일을 현명하게 잘 해낸다는 것을 확인하게 될 것입니다. 하나님의 자연 법칙에 꿋꿋하게 순종하는 사람들은 육체와 정신의 건강을 보상받게 될 것입니다.

건강은 우연히 이루어지지 않는다는 사실은 아무리 자주 강조해도 지나치다고 할 수 없습니다. 건강은 법칙에 순종한 결과이기 때문입니다. 그것은 운동 경기와 힘을 겨루는 시합에 참가하는 사람들에 의해서 쉽게 입증되고 있습니다. 그 선수들은 가장 세심한 준비를 합니다. 좋은 결과를 얻기 위해 철저한 훈련과 엄격한 규칙을 따릅니다. 모든 육체적 습관은 엄격하게 통제됩니다. 그들은 육체의 어떤 기관이나 기능을 약화시키거나 무능하게 만드는 태만과 부절제와 부주의는 확실히 패배하게 만든는 요인이라는 사실을 잘 압니다.

삶의 투쟁에서 성공을 보장받기 위해 이처럼 세심한 주의를 기울이는 것은 얼마나 더 중요하겠습니까! 우리가 참전하고 있는 것은 모의 전투가 아닙니다. 우리는 영원한 결과가 달려 있는 큰 전투를 하고 있는 것입니다. 우리에게는 대결해야 할 보이지 않는 적이 있습니다. 악한 천사들은 모든 사람을 지배하기 위해서 분투하고 있습니다. 건강을 손상시키는 것은 무엇이든 육체적 힘을 감퇴시킬 뿐만 아니라 정신적·도덕적 힘을 약화시키는 경향이 있습니다. 어떤 건강에 해로운 습관이라도 거기에 빠지게 되면 사람은 옳고 그른 것을 분별하는 일이 더욱 어렵게 되므로 악을 저항하기가 더욱 어려워집니다. 그렇게 하는 것은 실패와 패배의 위험을 증가시킵니다.

"경기장에서 달리는 사람들이 모두 달릴지라도 한 사람만이 상을 받는 것을 너희가 알지 못하느냐? 너희도 상을 받도록 이와 같이 달리라."(고전 9:24).

일반적인 경기에서는 한 사람만 상을 얻지만, 우리가 싸우고 있는 싸움에서는 바른 원칙에 순종함으로 자기 자신을 훈련시키는 사람은 모두 승리할 것입니다. 하지만 너무도 흔히 일상 생활의 각 부분에서, 이 원칙을 실천하는 일이 별로 중요하지 않은 일로, 주의를 집중하기에는 너무도 사소한 일로 간주되고 있는 것은 불행한 일입니다. 그러나 성패가 걸려 있는 문제들에 비추어 볼 때, 우리가 해야 할 일은 사소한 것이 전혀 아닙니다. 우리의 모든 행동은 인생의 승리와 패배를 결정짓는 저울추에 영향을 끼칩니다. 성경은 우리에게 "너희도 상을 받도록 이와 같이 달리라"(고전 9:24)고 명령하고 있습니다.

우리의 첫 조상들은 부절제한 욕망 때문에 에덴을 잃어버리는 결과를 초래했습니다. 모든 일에 절제하는 일은 에덴으로 우리를 되돌아가게 하는 일에 있어서 사람들이 깨닫고 있는 것보다 훨씬 더 중요한 관계가 있다는 사실을 알아야 합니다.

3 여러분의 건강은 어떠십니까?

창조주께서 "내가 너에게 건강을 회복 시켜 주고 내가 네 상처들을 고쳐주"(렘 30:17)겠다고 말씀하십니다. 건강은 행복의 조건이며 무엇과도 바꿀 수 없는 소중한 재산입니다. 하지만 우리는 그 건강을 너무 소홀히 다루고 있는 것 같습니다.

아침에 출근하기 바빠 식사는 거르고 겨우 회사에 출근해서 커피 한 잔에 쓰린 속을 달래며 몽롱한 상태로 한나절을 보내는 것이 매일 반복되고 있다면 이미 병든 상태인 것입니다. 아이들도 간식과 과식으로 늦잠까지 자고 있다면 성인병(생활습관병) 후보생이 되어 있으며, 남편과 아이들을 돌보는 엄마도 이미 빈혈, 기미, 어깨 뭉침, 두통으로 진통제와 알약들이 집안에 뒹굴고 있거나 좀처럼 해결하지 못하고 있다면 이 가족은 심각한 건강 상태에 놓여 있는 것입니다.

건강을 약이나 주사, 의료 보험으로 병원이나 약국에서 쉽게 해결될 수 있는 것처럼 생각들 하지만 큰 오해입니다. 어떤 의미에서 사람은 건강을 잃어버리기 위해 애쓰다가 잃고 나면 알약 몇 개로 쉽게 고치려 합니다. 치료 기술이나 첨단 의학 기구가 만병통치인 것처럼 안심하지만 결코 그렇지 않습니다. 스피드 시대가 되어서 "일주일이면 몇 kg의 살을 뺄 수 있다." "이 한 알로 변비 끝" 이러한 광고들을 보면 며칠만 지나면 세상 병이 다 사라질 것처럼 보입니다. 그러나 실제로 주위를 둘러보십시오. 오히려 병은 갈수록 늘어만 가고, 성인병, 난치병으로 죽는 사람들이 놀랄 만큼 증가하고 있습니다.

4 건강은 단번에 이루어지지 않는다

속담에 "로마는 하루에 이루어지지 않았다"는 말처럼 건강도 하루 아침에 이루어지지 않습니다. 건강은 날마다의 건강한 생활습관으로 쌓아 올려지는 건축물과 같습니다. 잘못된 생활습관을 고치지 않으면 언젠가 질병은 반드시 찾아오고 말 것이며 지금부터 시작하여 습관을 고친다면 건강이 찾아올 것입니다.

생활습관과 건강은 뗄 수 없는 관계가 있습니다. 브레슬로우와 벨록은 생활습관과 건강의 관계를 연구하기 위해 미국 캘리포니아 지역에 사는 7,000명의 중년 남녀를 대상으로 광범위한 조사를 실시했습니다. 이들을 건강 정도에 따라 구별하는 생리적 나이(physiological age)로 따져 보았을 때 45세 정도의 남자가 다음의 건강 원칙 중 6~7가지를 잘 따르고 있을 때는 그렇지 않은 사람보다 11년 정도 더 젊거나 오래 살며, 여자의 경우에는 7년 정도 더 젊거나 오래 살 수 있는 것으로 나타났습니다.

(1) 규칙적인 운동을 한다.
(2) 정상적인 체중을 유지한다.
(3) 평생 담배와 음주를 하지 않는다.
(4) 매일 7~8시간 충분히 잔다.
(5) 아침 식사를 잘 한다.
(6) 간식과 과식, 편식을 하지 않는다.
(7) 항상 감사하고 평안한 마음을 유지한다.

여러분은 어떻습니까? 여기 소개하는 건강법은 생활 습관 전반에 걸쳐 틀림없이 건강 해질 수 있는 길을 소개합니다. 누구나 날마다 아주 적은 관심과 노력만으로도 충분히 해낼 수 있는 아주 쉬운 일이 아닙니까?

5 몸의 활동 원리

사람의 몸은 수십조의 세포로 이루어져 있습니다. 효소의 도움을 받아 복잡한 생화학 반응으로 몸의 활동이 가능해집니다. 효소란 화학 반응을 일으키고 촉진시키는 물질입니다. 한 개의 세포에도 수천 개의 효소가 작용하여 마치 생명을 연장시켜 주는 미니 화학 공장 같습니다. 모든 효소는 각각 생명에 필요한 화학 반응을 위한 임무를 수행합니다. 이런 일이 일관성 있게 진행되지 않으면 생명은 유지될 수 없습니다.

몸의 이런 기능이나 작용은 자동차를 만드는 과정에 비교하여 설명하면 이해하기 쉬울 것입니다.

차체를 만들고 엔진, 연료탱크, 타이어 등을 붙여 갑니다. 각기 다른 수많은 부속품들이 조립되어 가면 성능 좋은 자동차가 되어 잘 달릴 수 있게 됩니다. 그러나 그 중 한 가지라도 결함이 생기면 제기능을 발휘하지 못해 자동차로서의 가치가 없습니다. 타이어가 잘 돌지 않거나 전기 계통에 이상이 생기거나 엔진에 조금이라도 이상이 생기면 자동차의 역할을 할 수 없습니다. 그래서 공정을 세심하게 살피고 품질을 검사하여 완제품을 만들어 냅니다.

우리의 몸도 그와 비슷합니다. 모든 부품이 제기능을 발휘하고(전체적인 건강), 올바른 명령 계통을 통해(뇌와 신경계의 역할), 연료의 공급을 받고(음식물), 기능을 발휘하며 손질을 받아야 합니다(운동과 휴식).

몸의 구조는 어머니의 태에서부터 성장에 필요한 모든 것이 마련되고 제기능을 할 수 있도록 준비를 갖추어 태어납니다. 사고 등으로 부서진 자동차를 본래의 기능으로 회복하기가 어렵듯이 사람도 한 번 병에 걸리면 원래대로 회복하기가 쉽지 않습니다. 따라서 병에 걸리지 않도록 노력하는 것이 병든 후에 고치려는 것보다 훨씬 쉬우며 중요하다는 것을 모르는 사람은 없을 것입니다.

제2부
습관은 결과를 만든다

1 어느덧 찾아오는 생활습관병(성인병)

몸의 구조가 매우 정교하게 잘 되어 있지만 관리를 소홀히 하면 병에 걸리고 맙니다. 1940년대에는 세균 감염에 의한 질병(전염병 등)으로 사망하는 수가 매우 높았지만 항생제의 도움으로 그 수가 극적으로 줄었습니다. 이제는 생활습관병(성인병)에 의한 사망자 수가 계속적으로 수위를 달리고 있는 실정입니다. 다음 도표는 2008년~2018년 통계청 자료에 나타난 사망률 증가 분석입니다.

통계에 의하면 암(악성신생물), 뇌혈관질환, 심장질환, 폐렴, 당뇨병 등이 가장 중요한 사망 원인이 되고 있습니다. 우리나라의 사망자의 질병 사망원인 순위를 보면 암으로 인한 사망(인구 10만명당 154.3명)이 가장 높고 그 다음이 심장질환(62.4명), 뇌졸중 등의 뇌혈관질환(44.7명), 폐렴(45.4명), 당뇨병(17.1명), 만성 간질환 순입니다. 암은 이제 가장 중요한 사망 원인이 되고 있으며 위, 간, 폐, 췌장, 대장 등 인체 각 부위에 발생이 증가되고 있습니다. 이런 병들이 워낙 많다보니 성인이 되면 누구나 걸리는 것으로 오해하는 경우가 많습니다.

그러나 근래에 와서는 증가율이 높아 문명병이라고도 일컫습니다. 그러나 이런 성인병의 원인은 주로 매일의 생활에서 잘못된 습관이 반복될 때 일어납니다. 최근에는 아이들도 생활습관 때문에 오는 동일한 병이 많이 발생하므로 성인병이 아닌 생활습관병이라고 변경되었습니다. 따라서 이러한 병들은 많은 경우 생활습관에 의해 발생하므로 생활습관을 고치는 것이 매우 중요하다는 사실입니다.

일본의 시노하라 시게아키 박사는 성인병을 습관병(습관성 질병)이라고 경고하고 있습니다. 또 일본 영양대학 학장인 카가와 박사는 성인병이 3세부터 시작된다고 말합니다. 확실히 동맥경화 및 심장병의 원인이 되는 비만은 3세까지의 식생활 습관, 운동으로 결정되며, 지금 그대로의 생활 방식을 계속하면 후에는 돌이킬 수 없는 질병으로 빠져들게 되는 것입니다.

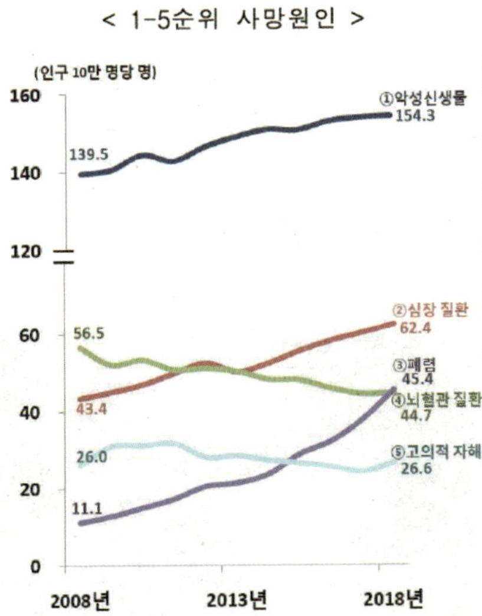

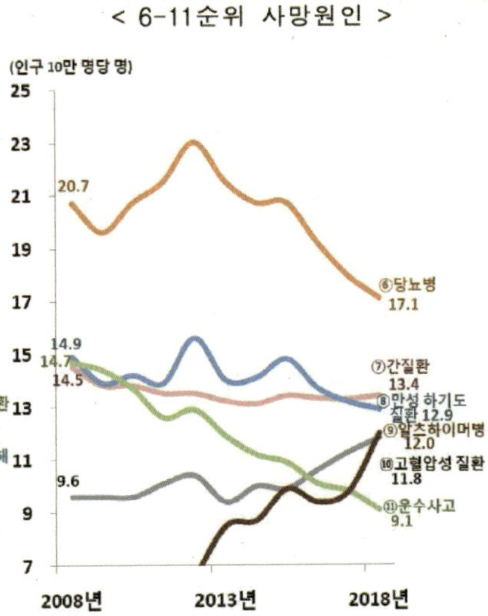

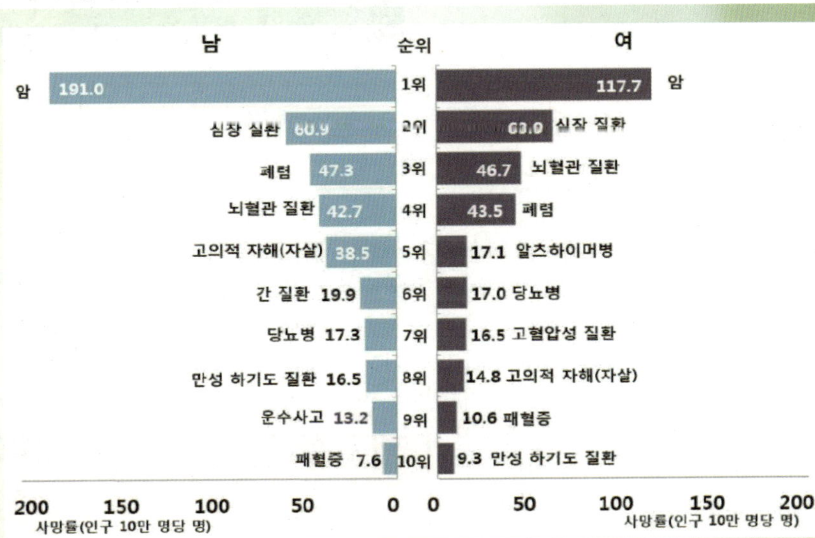

10대	백혈병(0.8명), 뇌암(0.5명)	50대	간암(24.1명), 폐암(16.9명), 위암(13.3명)
20대	백혈병(0.9명), 뇌암(0.5명), 위암(0.2명)	60대	폐암(67.4명), 간암(44.4명), 대장암(27.9명)
30대	위암(1.9명), 유방암(1.7명), 간암(1.7명)	70대	폐암(196.6명), 간암(88.7명), 대장암(71.5명)
40대	간암(7.6명), 유방암(5.1명), 위암(5.0명)	80세 이상	폐암(334.4명), 대장암(198.4명), 위암(157.4명)

2 지금 바로 생활습관을 바꾸자

생활습관병(습관성 질병)이란 긴 시간을 두고 계속된 생활습관에 의한 것이어서 몇 대에 걸쳐 쌓여 온 것일 수도 있습니다. 건강법은 오늘 시작해서 내일 당장에 큰 결과가 나타나는 것은 아니지만 매일 반복해서 개선해 나간다면 반드시 가족 모두가 건강을 찾을 것입니다. 이제 소개하려는 건강법은 특별한 약이나 도구를 사용 하는 것이 아닌 몇 가지 기본원칙입니다.

영양(식사)	Nutrition
운동	Exercise
물	Water
햇빛	Sunshine
절제	Temperance
공기	Air
휴식	Rest
신뢰	Trust

3 마음의 건강은 몸의 건강

정신과 육체는 밀접한 관계가 있습니다. 사람은 마음 속에 품은 생각대로 생활이 꼴지어져 갑니다. 두려움, 근심, 분노, 우울 등은 건강을 해치고 병을 일으키는 주요 원인이 됩니다. 그 반대로 행복감, 만족감, 즐거움은 육체의 기능을 활기 있게 해줍니다.

그러나 몸과 마음의 상태만으로 건강이 다 이루어지는 것은 아닙니다. 인간 관계도 잘 이루어져야 합니다. 다정한 이웃, 즐거운 가족 관계, 사람은 이런 가족, 친구, 친척, 이웃 없이 살 수 없습니다. 이런 관계도 건강을 유지하는데 없어서는 안 되는 중요한 요소입니다. 외롭고 쓸쓸한 사람, 기쁨과 슬픔을 함께 나눌 상대가 없을 때 내부분의 사람은 비정상적이고 몸이 약해져 갑니다. 이웃에 대해 따뜻한 관심을 가지고 함께 나누며 살아갈 때 삶은 더욱 풍요해지며 건강하고 온전한 삶을 살아갈 수 있는 것입니다.

4 그리고 또 한 가지

사람이 진정으로 건강하다는 것은 육체적으로 정신적으로 사회적으로 정상적이라는 것 외에 또 한 가지 빼놓을 수 없는 것이 있습니다. 사람은 동물과 달리 잘 먹고 몸이 튼튼하다는 것 말고 더 깊은 인간적 차원의 경험이 있습니다. 남에게 친절을 베풀었을 때 사람의 마음 속에서 행복감이 솟아오르는 이유는 무엇일까요? 혹 불의의 사고나 재난으로 육체의 건강을 잃는다 할지라도 변함없이 행복하고 보람 있는 삶을 유지할 수 있는 길은 없을까요?

세상에 수많은 동물 중에 인간만이 종교를 가지고 있습니다. 아무리 미개한 민족이라도 언어가 없더라도 종교는 가지고 있습니다. 그러나 아무리 지능이 높은 동물이라도 종교를 가진 동물은 없습니다. 자동차가 고장 나면 본래의 제작회사 A/S에 맡기는 것이 가장 확실한 수리 방법이듯이, 사람의 생활에 문제가 생기면 창조주이신 하나님을 찾아야 가장 확실한 건강과 행복의 비결을 찾을 수 있는 것입니다. 세월이 가도 언제까지 사라지지 않는 행복의 여운, 그런 여유 있는 삶을 생각하며 건강을 보다 종합적이고 전인적인 것으로 생각해 봅시다.

5 누구나 건강 할 수 있다

사람의 몸은 놀라운 기능을 가진 수많은 부속품들로 이루어진 기계와 같습니다. 부품 하나하나가 기능을 잘해야 하며 또한 그 전체가 조화롭게 움직일 때 완전한 건강이 이루어집니다. 따라서 사람의 생활도 나 혼자 뿐 아니라 우리 사회가 함께 건강한 생활로 나아갈 때 전체적으로 건강해질 것입니다.

건강은 어렵거나 복잡한 것, 돈이 많이 드는 것도 아닙니다. 좋은 건강은 좋은 습관의 결과입니다. 올바르게 생각하고 올바르게 먹고 올바르게 생활하면 그 보상으로 건강은 찾아옵니다. 매일의 하나 하나의 습관들이 장래의 건강을 결정합니다.

너무 쉬워서 대수롭지 않게 여기지만 않는다면, 이 책에서 알려드리는 건강법칙대로 꾸준히 실행한다면 누구나 건강해진 자신을 발견하게 될 것입니다. 전세계 수천만 명이 실험해서 확실한 결과를 얻고 있습니다. 여러분도 완전히 새로운 건강과 행복의 삶을 누릴 수 있습니다. 용기를 잃지 말고 꾸준히 건강한 습관을 만들어 가시기를 바랍니다.

제3부

절제는 위대한 원칙이다

1 절제의 유익

하나님의 말씀은 "그런즉 너희가 먹든지 마시든지 무엇을 하든지 다 하나님의 영광을 위하여 하라"(고전 10:31)고 권고해 주십니다.

우리에게 주어진 인생은 단 한 번 뿐입니다. 그러므로 우리는 모두 다음과 같은 질문을 해 보아야 합니다. 어떻게 하면 나의 일생을 최대의 유익을 산출할 수 있도록 활용할 수 있을까? 어떻게 하면 하나님의 영광과 인류의 유익을 위해서 최선을 다할 수 있을까?

이런 목적들을 위해 쓰일 때에만 인생은 진정한 가치가 있는 것입니다.

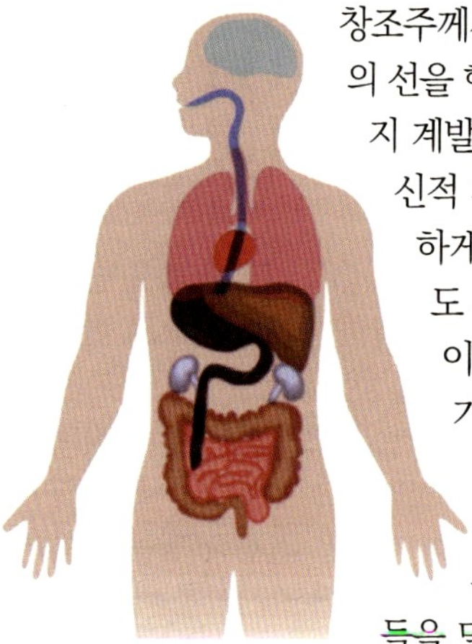

하나님과 사람에 대한 우리의 첫째 의무는 자아 계발의 의무일 것입니다. 창조주께서 부여해 주신 모든 기능들은 우리가 할 수 있는 최대의 선을 행할 수 있게 되기 위해 완전의 최고 수준에 도달하기까지 계발되어야 합니다. 그렇게 하여 시간은 완전한 육체적·정신적 건강을 확립시키고 유지시키는 선한 일을 위하여 사용하게 됩니다. 우리는 몸의 살아있는 기계의 어떤 부분이라도 혹사하거나 남용함으로써 정신과 신체의 어느 한 기능이라도 위축시키거나 약화시켜서는 안 됩니다. 만일 우리가 남용한다면 반드시 그 결과로 우리 자신이 고통을 받을 것이기 때문입니다.

진정한 의미에서 절제하지 못하는 것은 인생의 대부분의 질병의 기초가 되며 그것이 해마다 무수한 사람들을 멸망시킵니다. 부절제란 취하게 하는 술의 사용에만 국한된 것이 아니며, 더 넓은 의미를 가지고 있으며, 모든 식욕이나 정욕의 해로운 방종을 다 포함합니다.

먹고 마시고 자고 보는 일에 지나친 것 즉, 하나님의 법칙을 벗어나는 것은 죄입니다. 몸과 정신의 모든 능력의 균형지고 건강한 활동은 결국 행복을 가져다 줍니다. 그 능력들이 더 향상되고 세련되면 세련될수록 행복은 더욱 순결하고 순수해집니다. 절제의 원칙들은 다만 술(주정음료)의 사용 금지 그 이상으로 훨씬 더 전진해야 합니다. 자극성 식물과 소화하기 어려운 음식을 사용하는 것은 흔히 술과 똑같이 건강에 해롭고 많은 경우에 있어서 술 취함의 씨앗을 심습니다. 참된 절제는 해로운 것은 모두 완전히 버리고 건강에 유익한 것을 현명하게 사용하도록 우리에게 가르칩니다. 식사의 습관이 건강과 성품과 이 세상에서의 유용성과 영원한 운명에 얼마나 큰 영향을 끼치는지 많은 사람이 거의 깨닫지 못하고 있습니다. 식욕은 항상 도덕적·지적 능력의 통제 아래 있어야 합니다. 육체는 마음의 종이 되어야지 마음이 육체의 종노릇 하면 안됩니다.

부절제하고 무분별하게 먹고 일하는 사람들은 무분별하게 말하고 행동하게 됩니다. 알콜성이 있는 술을 마셔야만 반드시 부절제하게 되는 것이 아닙니다. 부절제하게 먹는 죄(너무 자주 먹고, 너무 많이 먹고, 너무 기름지게 먹고, 불건전한 음식을 먹는 것)는 소화 기관의 건강한 작용을 파괴하고, 두뇌를 손상시키며, 판단력을 흐리게 해서 합리적이며 침착하고 건전한 생각과 행동을 못하게 방해합니다.

주님께로부터 빛이 그들에게 이른 다음에는 식욕에 의하여 지배되는 대신에 원칙에 따라 먹고 마시는 사람들은 다른 일에 있어서도 원칙에 의해 인도받기를 지체하지 않을 것입니다.

하나님의 백성은 모든 일에 절제한다는 참뜻을 배워야 합니다. 먹고 마시고 입는 일에 절제해야 합니다. 모든 자아 방종은 삶속에서 제거해 버려야 합니다. 그들이 진정한 성화와 그리스도의 뜻에 일치함의 의미를 참으로 깨달을 수 있기 전에 먼저 그들은 하나님과 협력하여 나쁜 습관과 행동을 극복하는 것이 중요합니다.

우리는 먹는 것뿐만 아니라 노동에 있어서도 절제를 실천해야 합니다. 우리가 스스로 과로할 수밖에 없는 입장에 처하게 하는 것은 우리의 의무가 아닙니다. 어떤 사람들은 때때로 과로가 필요한 입장에 처할 수 있지만 그런 일은 예외가 되어야지 그것이 결코 규칙이 되어서는 안 됩니다. 우리는 모든 일에 절제를 실천해야 합니다. 만일 우리가 우리의 행위로써 주님께 영광을 돌려야 할 우리의 본분을 다한다면, 주님께서는 그분의 베풀어 주실 몫으로서 우리의 건강을 유지시켜 주실 것입니다. 우리는 우리의 모든 신체 기관들을 현명하게 통제해야 합니다. 먹고 마시고 입고 일하는 모든 일에 절제를 실천함으로써 어떤 의사도 우리를 위해 대신해 줄 수 없는 일을 우리 자신이 할 수 있습니다.

2 빚 내서 탕진하는 자본

도처에 거의 모든 일에 있어서의 부절제가 편만합니다. 주어진 시간 안에 너무 많은 일을 달성하려고 애써 일하므로 이제는 쉬어야겠다고 스스로 판단하면서도 계속 일하는 사람들은 결코 버는 사람이 아닙니다. 그들은 빌린 자본으로 살고 있는 것입니다. 그들은 장래에 필요한 생명력을 앞당겨 소모시키고 있는 것입니다. 그들이 그렇게 무모하게 써버린 정력이 막상 꼭 필요할 때에는 그 결핍을 채울 수 없게 됩니다. 그들의 체력은 탕진되었고 정신력은 쇠약해졌습니다. 그들은 자기가 손실을 당했다는 것을 깨닫기는 하지만 그것이 무엇인지는 모릅니다. 그들이 필요한 시기에 왔을 때 그들의 체력 자원은 이미 고갈되어버린 것입니다.

건강 법칙을 범하는 사람은 누구나 언젠가는 다소간에 고통을 당하게 되고 맙니다. 하나님께서는 우리의 일생 중 각각 다른 시기에 필요한 신체 조직의 힘을 준비해 주셨습니다. 만일 우리가 지속적으로 신체조직의 힘을 과도하게 사용함으로 무모하게 탕진해 버린다면 결국 우리는 패배자가 되고 말 것입니다. 우리의 유용성이 감소되거나, 그렇지 않으면 우리의 생명 자체가 파멸되고 말 것입니다.

우리의 규칙은 낮의 일을 밤까지 연장시키지 않도록 해야 합니다. 그렇지 않으면 흔히 우리가 얻는 것보다 많이 잃고 맙니다. 그 이유는 정력은 고갈되고 단지 신경의 흥분력으로 버텨내기 때문입니다. 비록 즉각적인 손상을 깨닫지 못할지라도 분명히 신체 조직을 훼손시키고 있는 것입니다.

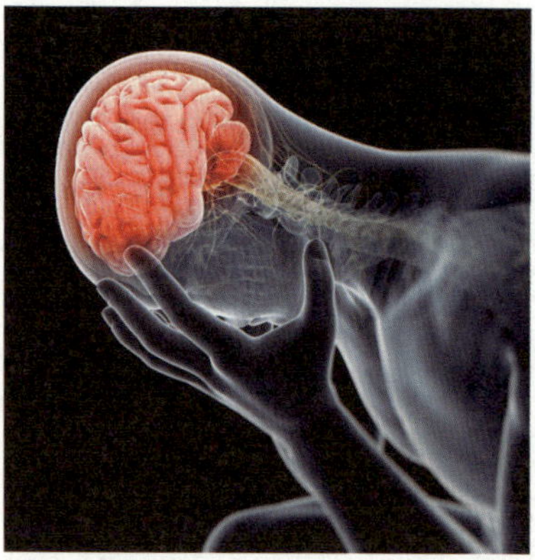

공부의 부절제 또한 일종의 흥분제이며 그런 습관에 방종하면 마치 술주정꾼처럼 안전한 길에서 방황하며 비틀거리고 흑암 속에 빠지게 됩니다. 주님께서는 모든 학생들이 오직 하나님의 영광만을 바라보겠다는 결심을 하기를 바라십니다. 학생은 자신의 신체와 정신적 능력을 학문에 관한 지식을 탐구하는 일에 모두 소모해서는 안 되며 영혼들을 도와서 의의 길을 찾게 하는데 있어서 주님께서 자신에게 맡기신 사역에 열심하기 위하여 자기가 가진 모든 능력의 새로운 활력을 보존해야 합니다.

흔히 인간의 신체 조직을 가장 효과적으로 파괴시키는 방법 중의 하나는 돈벌이에 몰두하고 부자가 되려는 과도한 욕망에 사로잡히는 것입니다. 그들은 오직 재물을 추구하는데만 그들의 생활을 집중시키고, 이 한 목적을 위하여 휴식과 수면과 삶의 안락들을 다 희생시킵니다. 그들의 타고난 좋은 신체조직은 훼손되고, 그들의 체력을 남용한 결과로써 질병에 걸리게 되어 그들의 잘못된 일생의 장면은 죽음으로 종지부를 찍고 말 것입니다. 이렇게 두려운 값을 치르고 획득한 그 사람은 그의 재물 가운데서 일원이라도 가지고 갈 수 없습니다. 돈도 저택도 화려한 옷도 이젠 그에게 아무런 소용이 없습니다. 그의 일생의 업적은 완전히 무용지물이 되어버린 것입니다.

3 신체 조직의 보존

우리가 만일 홍수 이전의 세상 사람들이 행하던 것과 똑같은 욕된 길을 걷는다고 그리스도께서 지적하신 사람들 가운데 포함되지 않으려면 신체의 모든 기관과 모든 조직을 일체의 해로운 습관으로부터 거룩히 보호하는 것이 중요합니다. 홍수 이전 사람들과 같은 부류 중에 포함되는 자들은 합법적인 일들을 고집스럽게도 지나치게 과도하게 행해 왔고, 따라서 인체에 유익하지 않은 습관들을 형성하여 방종함으로 그것들이 거슬러 싸우는 정욕이 되었기 때문에 멸망받도록 정해지는 것입니다.

이 세상의 모든 사람들은 스스로 지상 생활의 최고 유익이 되는 기초를 파괴시키고 있습니다. 그들의 자제력을 파괴시키고 있으며 영원한 실재를 이해할 수 없게 만들고 있습니다. 그들은 자신들의 신체 조직에 대해 고의적으로 무관심하므로 그들의 자녀들도 똑같은 방종의 길로 인도하여 천연 법칙을 범하는 데 따르는 벌로 고통을 받게 만듭니다.

우리의 먹고 마시는 습관은 우리가 세상에 속해 있는지 아니면 주님께서 강한 진리의 검으로 세상과 분리시켜 놓은 그 무리에 속하는지를 분명히 나타내 줍니다. 이들은 선한 일에 열심하는 그분의 특별한 백성들입니다.

건강을 유지하기 위해서는 모든 일(노동의 절제, 먹고 마시는 일에 절제)의 절제가 필요합니다. 우리의 하늘 아버지께서는 타락한 식욕 때문에 초래되는 폐해로부터 보호하고, 순결과 성결을 사랑하는 이들이 하나님께서 준비해 주신 좋은 것들을 신중히 잘 사용하는 방법을 깨닫고, 또한 일상 생활에서 절제를 실천함으로 진리로 거룩하게 될 수 있게 하기 위해서 건강의 빛을 주셨습니다.

절제를 옹호하는 사람들은 그들의 표준을 좀더 광범위하게 적용해야 합니다. 그렇게 할 때에 그들은 하나님과 동역자가 되는 것입니다.

4 몸과 성전

사도 바울은 이렇게 질문합니다. "너희가 하나님의 성전인 것과 하나님의 성령이 너희 안에 거하시는 것을 알지 못하느뇨 누구든지 하나님의 성전을 더럽히면 하나님이 그 사람을 멸하시리라 하나님의 성전은 거룩하니 너희도 그러하니라"(고전 3:16, 17). 사람은 높고 거룩한 목적을 위하여 창조된 하나님의 작품이요, 최고의 걸작품입니다. 하나님께서는 인간 성막의 각 부분에다 주님의 율법을 기록하길 원하십니다. 모든 신경 조직과 근육, 모든 정신적·신체적 유산들은 순결하게 보존되어야 합니다.

하나님께서는 몸이 성령의 전이 되기를 계획하십니다. 정말 그렇다면 각 사람에게 지워진 책임이 얼마나 엄숙하겠습니까! 하나님께서 주신 이성과 지성과 재능들을 가지고 하나님께 영광을 돌려야 함에도 불구하고 얼마나 많은 사람들이 자진하여 영혼과 몸을 타락시키고 있습니까? 그들의 삶은 반복되는 흥분의 연속입니다. 스마트폰, 게임이나 야구와 축구 시합, 경마가 그들의 관심을 독차지합니다. 술의 저주와 거기에 수반되는 재난으로 하나님의 성전은 더럽혀집니다. 술과 담배를 사용함으로 사람들은 높고 거룩한 목적을 위하여 주어진 인생을 퇴락시키고 있습니다. 그들의 삶은 나무나 풀이나 짚으로(고전 3:12 참조) 대표된 삶입니다. 천부적인 능력과 분별력은 육욕의 만족을 위해 남용되고 타락하였습니다.

술꾼은 한 잔의 독약을 얻으려고 자신을 팔아 버립니다. 사탄이 그의 이성과 감정과 양심까지 지배하게 됩니다. 그런 사람들은 하나님의 성전을 파괴하고 있는 것입니다.

아무도 심신의 어떤 한 기관의 건강한 활동을 약화시키는 습관을 형성할 권리가 없습니다. 자신의 능력을 남용하는 사람은 성령의 전을 더럽히는 것입니다. 주님께서는 영혼과 정신과 몸을 타락시켜서 거룩한 것을 깨닫지 못하게 하는 약물들을 계속적으로 사용하는 사람들을 건강하게 회복시키기 위하여 이적을 행하지 않으실 것입니다. 담배와 술을 위하여 자신들을 망친 사람들은 그들의 지성의 진가를 인식하지 못합니다. 그들은 하나님께서 제공하신 신체의 기능들의 가치를 이해하지 못합니다. 그들은 그들의 능력이 쇠하고 시들도록 방임합니다.

하나님께서는 주님을 믿는 모든 사람들이 더욱 향상될 필요성이 있음을 깨닫게 되길 바라십니다. 모든 주어진 기능들은 향상되어야 합니다. 그중 한 가지라도 소홀히 해서는 안 됩니다.

하나님의 작품이요 건물인 인간은 전적으로 하나님의 감독하에 있습니다. 사람이 자기의 창조주와 더욱 친숙해지면 질수록 자기의 생명을 더욱 더 신성하게 여길 것입니다.

하나님께서는 자녀들이 순결하고 거룩한 삶을 살기를 바라십니다. 하나님께서는 우리가 이 표준에 도달할 수 있도록 당신의 아들을 주셨습니다. 주님께서는 인간이 멸망받을 짐승처럼 동물적인 만족을 위하여 살지 말고 하나님과 하늘나라를 위하여 살 수 있도록 모든 필요한 것들을 마련해 놓으셨습니다.

사람이 천연 법칙을 무시한 데 대한 신체적인 벌은 질병이나, 조직의 파손이나, 심지어는 죽음이라는 형태로 나타나게 됩니다. 조만간에 모든 것을 하나님과 결산해야 합니다. 하나님께서는 선악간에 모든 행위에 대하여 기록하고 계시므로 모든 사람은 심판의 날에 자신의 행위에 따라 보응을 받게 될 것입니다. 신체 활동의 법칙을 범하는 것은 하나님의 율법을 범하는 것입니다. 그러므로 모든 범죄에는 필연코 징벌이 따를 것입니다.

하나님의 건물인 인간 집은 세밀하고 주의성 깊은 보호가 필요합니다. 우리를 통하여 신의 성품이 충만히 반영되도록 신체 활동을 주의 깊게 교육하고 계발하고 발전시켜야 합니다. 하나님께서는 부여해 주신 지성을 활용하길 바라십니다. 그들은 원래의 계획대로 양심을 최상의 위치에 놓아야 합니다. 심신의 능력과 감정은 최상의 능률에 도달할 수 있도록 잘 계발되어야 합니다.

사도 바울은 이렇게 기록하였습니다. "운동장에서 달음질하는 자들이 다 달릴지라도 오직 상 얻는 자는 하나인 줄을 너희가 알지 못하느냐 너희도 얻도록 이와 같이 달음질하라 이기기를 다투는 자마다 모든 일에 절제하나니 저희는 썩을 면류관을 얻고자 하되 우리는 썩지 아니할 것을 얻고자 하노라"(고전 9:24, 25).

사도 바울은 여기에 고린도인들에게 익숙한 육상 경주에 대하여 언급하고 있습니다. 이 경주에 출전하는 사람들은 힘든 예선에 통과하기 위하여 심히 고된 훈련을 받아야 했습니다. 그들의 식사는 단순했으며 사치스런 음식과 술은 금지되었습니다. 그들의 음식은 주의 깊게 선택되었습니다. 그들의 체력이 최대한의 고역을 견딜 수 있도록 하기 위하여 그들에게 힘차고 순발력 있는 정력과 지구력을 내게 하는 데 가장 적합한 것이 무엇인지 알기 위하여 연구하였습니다. 그들은 체력을 약화시킬 우려가 있는 방종은 일체 금지되었습니다.

만일 계발된 양심에 의해 지배되지도 않고, 하나님을 두려워하지도 않는 불신자들이 단지 시들어 버릴 월계관이나 군중들의 갈채를 받기 위하여 모든 소모성 방종을 끊어 버리고 금욕과 고된 훈련을 감수한다면, 불사 불멸과 하늘의 지존자의 인정을 받기를 소망하는 그리스도인 경주자들은 도덕성을 타락시키고, 이지력을 약화시키며, 고상한 능력을 동물적인 식욕과 정욕에 굴복시키는 건강하지 못한 자극제들과 모든 방종을 더욱더 기쁘게 끊어 버려야 하지 않겠습니까?

온 세상의 군중들이 이 생명을 건 그리스도인 싸움을 지켜보고 있습니다. 이들 뿐인가요? 우주의 대왕과 천천만만 천사들이 이 경주를 관람하고 있습니다. 그들은 누가 승리를 쟁취하여 시들지 않는 영광의 면류관을 받게 될지 마음 졸이며 바라보고 있습니다.

최고의 관심을 가지고 하나님과 천사들이, 극기와 자아 희생과 그리스도인 경주에 참여한 자들의 피나는 노력을 채점합니다. 이 대경기에서 자기 임무를 수행하기 위하여 그들이 발휘한 끈질긴 노력과 충실성에 따라 각자에게 보상이 수여될 것입니다.

세상의 경기에서는 오직 한 사람에게만 상이 보장되어 있었습니다. 그러나 그리스도인 경기에 대하여 사도는 이렇게 말합니다. "내가 이와 같이 달리되 목표가 없는 것같이 하지 아니하고 또 이와 같이 싸우되 허공을 치는 자같이 하지 아니하며"(고전 9:26). 우리는 경기의 마지막에 가서 결코 실망하지 않을 것입니다. 하나님의 말씀에 명시된 조건들에 완전히 순응하고 또한 잘 균형진 정신과 건전한 도덕성을 소유하기 위하여 체력과 신체의 활동력을 유지해야 할 책임감을 가진 자들에게는 이 경기가 분명할 것입니다. 그들 전부가 상을 타고 시들지 않을 불멸의 영광의 면류관을 쓰게 될 것입니다.

이 세상이 우리의 판단 기준이 되어서는 안 됩니다. 세상은 동물적인 성향을 조장하고 도덕적 기능의 성장과 발달을 저해하는 사치스런 음식과 불건전한 자극제들을 탐닉하는 것이 유행하고 있습니다. 아담의 아들 딸들이 모든 일에 절제하기로 결심하지 않고서 그리스도인 싸움에서 승리자가 될 수 있는 방법이 주어진 일이 없습니다. 만일 그들이 절제를 실행한다면 그들은 허공을 치는 자처럼 싸우지 않을 것입니다.

만일 그리스도인들이 몸을 굴복시키고 그들의 식욕을 계발된 양심의 지배 아래 두며, 건강과 생명을 지배하는 법칙에 순종하는 것이 하나님과 그들의 이웃에 대한 의무라고 느낀다면 그들은 육체적·정신적 활력의 축복을 받게 될 것입니다. 그들은 사탄을 대항하여 싸울 수 있는 도덕적 능력을 소유하게 될 것이며, 그들을 위하여 식욕을 극복하신 예수님의 이름을 힘입어, 자력으로 할 수 있는 그 이상의 승리자가 될 수 있습니다. 이런 싸움은 거기에 참가하려는 모든 사람들을 위해 열려 있습니다.

5 절제와 영적능력

부절제에 빠뜨리려고 하는 사탄의 유혹에 굴종함으로 인간은 고상한 기능들을 동물적인 식욕과 정욕에 굴복하게 되고, 식욕과 정욕이 주권을 잡게 될 때, 천사보다 조금 못하게 창조되고 최고도로 계발시킬 수 있었던 모든 능력을 소유한 인간이 사탄의 지배에 굴복하고 맙니다. 사탄은 식욕의 종이 된 사람들에게 쉽게 접근할 수 있습니다. 부절제로 인하여 어떤 사람은 자기의 정신적·육체적 능력의 절반을, 또 어떤 사람은 3분의 2를 희생시켜 원수의 노리개가 되고 맙니다.

사탄의 술책을 간파할 수 있는 맑은 정신을 소유하려는 사람은 그들의 육체적 식욕을 이성과 양심의 주관 아래 두어야 합니다. 도덕력과 정신의 고상한 능력들의 활발한 활동이 그리스도인 성품 완성에 필수적이며, 정신력의 강약 여부가 이 세상에서의 유용성과 최후 구원에 지대한 관계를 가지고 있습니다.

우리의 신체를 지배하는 하나님의 법칙에 대한 무지가 편만한 것은 애통할 일입니다. 어떤 종류의 부절제든지 그것은 우리의 신체의 법칙을 범하는 것입니다. 무지가 무서울 정도로 편만해 있습니다. 사탄이 덮어주는 빛의 가면으로 죄는 매력적으로 보입니다. 사탄은 그리스도인 세계를 이방인들처럼 그들의 일상 습관을 관습이라는 폭군 아래 붙들어 누어 식욕이 그들을 지배할 수 있도록 허용할 때에 매우 기뻐합니다.

만일 학식 있는 사람들이 어떤 종류의 부절제로 그들의 도덕적 능력을 마비시킨다면 그들이 향상되었다 할지라도 여러 가지 습관면에서 이교도보다 나을 것이 별로 없습니다. 사탄은 계속적으로 사람들을 구원의 빛에서 끌어내어 자신의 신체적·정신적·도덕적 건강을 돌아보지 않고 관습과 유행을 따르도록 만듭니다. 인류의 원수 사탄은 만일 식욕과 정욕이 사람을 지배하게 되면 신체의 건강과 이지력은 자기 만족의 제단에서 희생 되고 인간은 급속히 멸망하게 될 것을 잘 알고 있습니다. **만일 계발된 이지력이 우세하여 동물적인 성향을 도덕력에 굴복시킨다면 사탄은 사람을 유혹하여 정복하려는 자기의 능력이 무력하게 될 것을 잘 알고 있습니다.**

현대 사람들은 암흑 시대를 논하면서 오늘날의 발전상을 자랑합니다. 그러나 그런 발전에도 불구하고 죄악과 범죄는 줄어들지 않았습니다. 우리는 자연스런 단순성이 결여되고 가상적인 과시만 증가한 것을 통탄스럽게 생각합니다. 거의 온갖 바람직한 것들이 유행하는 생활 풍조에 영합하기 위하여 희생되었습니다.

그리스도인의 대부분이 자신들을 그리스도인이라고 부를 권리가 없습니다. 그들의 습관, 그들의 사치, 자신들의 몸을 취급하는 방법이 모두 신체적 법칙에 위배되고 성경에 배치됩니다. 그들의 생활 방식에 있어서 스스로 신체적 고통과 정신적·도덕적 나약함을 초래하고 있습니다.

사탄은 자신이 고안해 낸 묘책을 써서, 유행의 풍조를 따르려는 욕구를 충동하여 가정 생활이 모든 점에서 하나의 근심과 복잡한 짐이 되게 만들었습니다. 사탄이 이렇게 하는 목적은 사람들의 마음을 이 세상의 것들에 집착시켜 그들의 최고 관심사에 주의를 기울일 수 없게 만들기 위함이었습니다.

먹고 마시는 일에 그리스도인들의 정신이 너무나 팔려서 그들이 준수해야 할 신체의 법칙에 유의할 시간을 갖지 못합니다. 만일 생활이 하나님의 말씀에 나타난 그분의 뜻에 일치하지 않는다면 그리스도의 이름을 믿는다고 공언하는 것은 무가치합니다.

인류가 당하는 모든 고통의 대부분은 자신의 그릇된 습관의 결과이며, 그들의 고의적인 무지나 하나님께서 그들의 신체에 관하여 주신 빛을 무시한 때문입니다. 우리가 생명의 법칙에 위배되게 생활하면서 하나님께 영광을 돌리기란 불가능합니다. 정욕적인 기호에 방종하면서 마음이 하나님께 헌신한 상태를 계속 유지할 수는 없습니다. 해로운 정욕에 계속 방종함으로 인한 병든 신체와 혼란된 이지력은 몸과 정신의 성화를 불가능하게 만듭니다.

사도는 그리스도인 품성의 성공적인 완성을 위하여 건강한 신체의 중요성을 인식하고 다음과 같이 기록했습니다. "내가 내 몸을 쳐 복종하게 함은 내가 남에게 전파한 후에 자기가 도리어 버림이 될까 두려워함이로다"(고전 9:27)

하나님을 섬기는 일에 전적으로 사용하라고 빌려 주신 선물들을 무력하게 만들거나 남용하는 것보다 더 하나님을 욕되게 하는 일은 없을 것입니다. 성경에는 "그런즉 너희가 먹든지 마시든지 무엇을 하든지 다 하나님의 영광을 위하여 하라"(고전 10:31)고 기록되어 있습니다.

중대한 사역에 종사하는 사람들이 맑은 정신을 소유하지 못하게 될 때마다 사역에는 위기의 때가 임합니다. 사도 바울처럼 모든 일에 있어서 절제를 실천함의 중요성을 인식하는 사람들이 반드시 있어야 합니다. 우리에게는 해야 할 일 곧 우리 주님을 위해 해야할 엄숙하고도 막중한 일이 있습니다. 우리의 모든 습관과 취향과 성향을 생명과 건강의 법칙에 조화되도록 교육시켜야 합니다. 이렇게 함으로써 우리는 최선의 신체적 상태를 유지하고 선악을 분간할 수 있는 깨끗한 정신을 소유할 수 있습니다.

부절제는 어떤 종류이든지 감각 기관을 마비시키고 뇌신경 능력을 약화시키기 때문에 영원한 것을 인식하지 못하고 세속적인 수준에 머물게 만듭니다. 고상한 목적을 위해 하나님께서 주신 정신력이 저급한 정욕의 노예로 전락되고 맙니다. 만일 신체적 습관이 바르지 못하면 정신력과 도덕력도 강해질 수 없습니다. 왜냐하면 신체와 정신 사이에는 상호 감응성이 존재하기 때문입니다. 사도 베드로는 이 사실을 이해하고 경고의 음성을 높였습니다. "사랑하는 자들아 나그네와 행인같은 너희를 권하노니 영혼을 거스려 싸우는 육체의 정욕을 제어하라"(벧전 2:11).

우리가 육체의 정욕을 제어하지 않으면 육신의 기질이 영과 싸우게 될 것이라고 하나님의 말씀은 우리에게 분명히 경고합니다. 정욕적인 방종은 건강과 안녕에 대항하여 싸우며, 이 싸움은 사람의 보다 고상한 특성과 보다 저열한 특성 사이에 일어납니다. 보다 저열한 성향들이 강하고 활동적이면 영혼은 압도되고 맙니다. 사람의 가장 높고 중요한 문제들이 성화되지 못한 식욕의 방종 때문에 위태롭게 됩니다.

6 다니엘의 모본

우리는 절제 문제를 성경적 관점에서 고려하지 않는 한 이 문제에 대한 올바른 이해를 가질 수 없습니다. 그리고 바벨론의 왕궁에서의 선지자 다니엘과 그의 동료들의 역사보다 참된 절제와 이에 따르는 축복에 관하여 더 포괄적이고도 힘있는 사례는 없을 것입니나.

이스라엘 백성과 그들의 왕과 귀족과 또 제사장들이 포로로 잡혀 갔을 때 그들 중 네 사람이 바벨론 왕궁에서 봉사하도록 선발되었습니다. 이들 중의 한 사람이 다니엘이었는데 그는 일찍부터 후년에 비범한 능력을 발휘할 가능성이 있었습니다. 이 청년들은 모두 다 귀족 출신이었으며 "흠이 없고 아름 다우며 모든 재주를 통달하며 지식이 구비하며 학문에 익숙하여 왕궁에 모실 만한 소년"(단 1:4)으로 묘사되어 있습니다. 이 청년 포로들의 탁월한 재능을 감지한 느부갓네살왕은 그들을 자기 나라의 중요한 지위에 세우기 위하여 준비시키려고 작정하였습니다. 동양의 풍습을 따라 그들은 궁중생활을 위한 충분한 자격을 구비하기 위하여 갈대아 방언을 배우게 되고 3년 동안 육체적 수련과 지적 훈련을 받게 되었습니다.

이 훈련 학교에서 청년들은 왕궁에 들어갈수 있었을 뿐만 아니라 왕의 식탁에서 나오는 진미와 포도주를 먹도록 공급되었습니다. 이 모든 훈련을 통하여 왕은 그들을 크게 존귀하게 할 뿐만 아니라 육체적·정신적으로 그들이 도달할 수 있는 최고의 교양을 받도록 하였습니다.

그러나 왕의 앞에 차려진 음식들 가운데는 모세의 율법에 부정하다고 명시되었으며 히브리인들이 먹지 말도록 금지되어 온 돼지고기와 다른 고기들이 놓여 있었습니다. 다니엘은 이제 혹독한 시험에 봉착했습니다. 그는 음식물에 관한 자기 조상들의 교훈을 고수 함으로 왕을 노하게 하여 그의 지위는 물론 그의 생명까지 희생당할 것인지, 아니면 여호와의 계명을 무시하고 왕의 호의를 계속 받아서 위대한 지적 유익과 가장 자랑스러운 세속적 기대를 얻을 것인지?

다니엘은 오래 주저하지 않았습니다. 그는 결과가 어떻게 되든지 자신의 고결함을 굳게 지키려고 결심했습니다. 그는 "뜻을 정하여 왕의 진미와 그의 마시는 포도주로 자기를 더럽히지 아니하리라"(단 1:8)고 결심했습니다.

오늘날 그리스도인이라고 장담하는 사람들 중의 많은 사람들이 다니엘은 너무 꼼꼼했으며 편협하고 완고하다고 단정합니다. 그들은 먹고 마시는 데 대해 그처럼 단호한 저항은 모든 세속적인 유익을 희생당할 것이라고 생각합니다. 이렇게 추론하는 사람들은 심판날에 그들이 하나님께서 명시하신 요구에서 돌아서 자기 자신들의 의견을 옳고 그름의 표준으로서 내세웠다는 것을 뒤늦게 깨닫게 될 것입니다. 그들이 대수롭지 않게 생각했던 것을 하나님께서는 중요하게 여기셨다는 것을 알게 될 것입니다. 하나님의 명령은 신성하게 준행되어야 합니다. 하나님의 교훈 중의 어떤 것은 행하기에 쉽기 때문에 받아들여 행하고, 반면 어떤 것은 그것을 준행하려면 희생이 따르기 때문에 거절하는 사람들은 의의 표준을 저하시키며 그들이 끼친 영향 때문에 다른 사람들 또한 하나

님의 거룩한 율법을 경시하도록 하는 것입니다. "주님께서 말씀하시기를"이 모든 일에 있어서 우리가 지켜야 할 원칙이 되어야 합니다.

다니엘은 오늘날의 청년들에게도 엄습할 수 있는 가장 혹독한 시련에 직면하였습니다. 그렇지만 그는 어린 시절에 받은 신앙적 교훈에 충실했습니다. 그는 원칙과 기호 사이를 머뭇거리지 않고 하나님의 말씀으로 흠없는 품성을 이룰 수 있었습니다. 다니엘은 감히 자신의 도덕적 능력을 신뢰하지 않았습니다. 기도는 그에게 필수 요건이었습니다. 그는 하나님을 자신의 힘으로 삼았으며 자기 삶의 모든 일을 행할 때에는 항상 하나님을 경외하는 마음으로 모든 일을 하였습니다.

다니엘은 순수한 온유의 기품을 소유하였습니다. 그는 진실하고 고상했습니다. 무엇이든지 원칙에 관계된 것이면 고원 지대의 삼나무처럼 굽히지 않으면서 모든 사람으로 더불어 화평하게 살려고 노력하였습니다. 하나님께 대한 그의 충성과 충돌하지 않는 일에 있어서는 어떤 일이든지 자기 위에 있는 사람들에게 경의를 표하고 순종했으나, 하나님의 요구를 매우 높게 생각했기 때문에 지상 통치자들의 요구는 부수적인 것으로 생각하였습니다. 그는 자기의 의무를 회피하게 하려는 어떤 이기적인 생각에도 유혹당하지 않았습니다.

다니엘의 품성은, 하나님의 은혜가 본성적으로 타락하고 죄로 더럽혀진 인류에게 어떠한 일을 이루실 수 있는지에 대한 뚜렷한 실례로써 제시되고 있습니다. 그의 고상하고 자기를 부인하는 생활은 평범한 사람에게 격려를 주고 있습니다. 이것으로부터 우리는 당당하고도 확고히 시험을 저항하며 가장 혹독한 시련 가운데서라도 온유한 품성을 가지고 정의의 편에 설 수 있는 힘을 얻을 수 있습니다.

다니엘이 그의 엄격한 절제 습관에서 벗어나려면 그럴 듯한 구실을 찾아낼 수도 있었을 것입니다. 그러나 다니엘은 하나님의 인정을 지상에서 가장 세력 있는 주권자의 호의보다도, 아니 생명 그 자체보다도 더 귀중히 여겼습니다. 다니엘은 그의 예모 있는 행동으로 히브리 청년들을 담당한 환관장에게 환심을 사면서 그들이 왕이 먹는 고기를 먹지 않고 왕이 마시는 포도주를 마시지 않게 해 달라고 간청하였습니다. 그 환관장은 그가 이 요구에 응하게 되면 왕의 노여움을 사서 자신의 생명이 위태롭게 될 것을 두려워했습니다. 오늘날의 많은 사람들이 생각하는 것처럼 환관장도 절식하는 것은 이 청년들을 외관상으로 창백하고 병약하게 하며 또 육신적인 힘을 부족하게 할 것이며, 반대로 왕의 식탁에서 나오는 호사스러운 음식은 그들을 활기 있고 아름답게 하여 신체적·정신적 활력을 증진시킬 줄로 생각하였습니다.

다니엘이 그 문제를 10일간 시험을 함으로써 결정하자고 하였습니다. 그것은 다른 동료들이 왕의 진미를 먹는 동안 짧은 기간이지만 히브리 청년들은 단순한 음식물을 먹도록 허락해 달라고 하였습니다. 그 요청은 마침내 허락을 받게 되었는데 다니엘은 그 시험에서 이길 것을 확신하였던 것입니다. 비록 젊었을지라도 그는 술과 호화스러운 생활이 육체적·정신적 건강에 주는 해로운 영향을 알고 있었습니다.

10일이 지나자 그 결과는 환관장이 예상했던 것과는 정반대로 나타났습니다. 그들의 습관을 따라 절제 있게 생활한 청년들이 식욕에 방종했던 동료들보다 신체적인 용모 뿐만 아니라 육체적 활동이나 정신적 활력에 있어서도 아주 뛰어나다는 것이 입증되었습니 다. 이 시험의 결과로 다니엘과 그의 친구들은 왕궁의 직무를 맡기 위한 그들의 전 훈련 과정 동안 계속해서 단순한 식물을 먹을 수 있다는 허락을 받았습니다.

하나님께서는 이 히브리 청년들의 확고 부동함과 극기를 인정하심으로 그들을 귀히 여기셨고 보호하시고 축복하셨습니다. 그분은 "이 네 소년들로 말하건대 하나님께서 그들에게 지식을 주시고 모든 학문과 지혜에서 능숙함을 주셨으며 또 다니엘은 모든 환상과 꿈을 깨달아 알"(단 1:17)게 하셨습니다. 3년의 훈련 기간이 끝날 때에 왕이 그들의

능력과 학식을 시험한 결과 "무리 중에 다니엘과 하나냐와 미사엘과 아사랴와 같은 자 없으므로 그들로 왕 앞에 모시게 하고 왕이 그들에게 모든 일을 묻는 중에 그 지혜와 총명이 온 나라 박수와 술객보다 십 배나 나은 줄"(단 1:19, 20) 알게 되었습니다.

다니엘의 삶은 성화된 성품이 무엇으로 구성되었는지에 대한 하나의 고무적인 실례가 됩니다. 그의 삶은 특히 우리 청년들에게 한 교훈을 주고 있습니다. 하나님의 요청에 철저하게 순종하면 몸과 마음의 건강에 유익을 줍니다. 도덕적으로나 지적으로 최고의 표준에 이르려면 하나님께 지혜와 힘을 구하고 모든 생활 습관 가운데서 엄격한 절제를 행할 필요가 있는 것입니다. 다니엘과 그의 친구들의 경험에서 우리는 식욕에 방종하려는 유혹을 물리치면 원칙이 승리하는 실례를 알게 됩니다. 그 실례는 비록 젊은이들에게 커다란 희생이 된다고 할지라도 신앙적인 원칙을 통하여 육신의 정욕에 승리할 수 있으며 하나님의 요구에 진실할 수 있다는 것을 우리에게 알려 줍니다.

다니엘과 그 친구들이 이방 관리들과 타협해서 바벨론 사람들의 관습처럼 먹고 마심으로써 그러한 압제에 굴종했더라면 어떻게 되었을까요? 원칙에 어긋나는 한 가지 행동으로 그들은 의에 대한 개념을 약화시키며, 악에 대한 증오심을 약하게 할수 있었습니다. 식욕의 방종으로 육체적 정력과 지력의 명철과 영적 능력을 희생시킬 수 있었을 것입니다. 한 사람이 잘못 발을 디디면 다른 사람들도그 영향을 받아 하늘과의 연결을 끊어서 유혹을 받아 멸망당하게 할 것이었습니다.

하나님께서는 "나를 존중히 여기는 자를 내가 존중히 여기고 나를 멸시하는 자를 내가 경멸히 여기리라"(삼상 2:30)고 말씀하셨습니다. 다니엘이 확고한 신뢰로써 하나님께 매달릴 때 성령의 예언적 능력이 그에게 임했습니다. 그는 궁중 생활의 의무 가운데서 사람에게 교훈을 받는 동안 또한 미래의 시대들에 대한 신비의 기록을 읽어 알고 표상과 상징을 통하여 다가올 세대들에게 마지막 시대에 성취될 기이한 일들을 나타내도록 하나님께로부터 가르침을 받았습니다.

이 결정을 하는데 있어서 히브리 청년들은 참람되게 행동한 것이 아니고 오히려 하나님을 굳게 의지함으로 하였습니다. 그들은 괴짜가 되기를 원치 않았으나 하나님께 욕을 돌리기보다는 차라리 그렇게 되기를 택했습니다.

이 히브리 포로들도 우리처럼 정욕을 가진 사람들이었습니다. 바벨론 궁정의 사치스럽고 유혹적인 분위기 가운데서 그들은 굳건히 섰었습니다. 오늘날의 청년들도 자아 방종의 유혹에 싸여 있습니다. 특히 우리의 대도시에서는 온갖 형태의 관능적 욕구 충족의 유혹을 받기가 쉽습니다. 다니엘처럼 자신을 더럽히기를 거절하는 자들은 절제 습관에 따르는 보상을 거두게 될 것입니다. 더욱 힘찬 육체적 정력과 증가된 인내력을 마치 은행에 예치해 놓은 것처럼 소유하고 있어서 비상사태가 일어날 때에 그것들을 인출해 쓸 수가 있습니다.

바른 신체적 습관은 정신적 탁월성을 증진시킵니다. 지적 능력과 육체적 정력과 장수는 불변의 법칙에 의존됩니다. 천연계를 지배하시는 하나님께서는 천연의 법칙을 범한 결과로부터 사람을 보호하기 위해서 개입하지는 않으십니다. 이기기를 다투는 자마다 모든 일에 절제하라고 말씀하셨습니다. 다니엘의 맑은 정신과 확고한 목적의식과 지식을 터득하는 능력과 유혹을 저항하는 힘은 대부분 그의 식사의 단순성과 기도 생활의 결과였습니다.

"각자는 자신의 운명의 건설자다"라는 속담에는 많은 귀중한 진리가 있습니다. 부모들이 그들의 아들 딸들의 품성 형성과 교육과 훈련의 책임이 있는 것도 사실이지만, 또한 이 세상에서의 우리의 지위와 유용성이 대부분 우리 각자의 행위의 방향에 달려 있는 것도 사실입니다. 다니엘과 그의 동료들은 그들 생애의 초기에 받은 바른 교육과 훈련의 유익을 누렸습니다. 그러나 이런 이점만이 전적으로 그들의 됨됨이를 만든 것은 아닙니다. 그들 스스로 행동해야 할 시기인 자신의 장래가 스스로의 생활 노선에 좌우될 때가 그들에게 온 것입니다. 그 때에 그들은 유년 시절에 받은 교훈대로 진실하기로 결심을 했습니다. 지식의 근본이 되는 하나님을 경외(두려워)하는 마음이 그들의 위대성이 나타난 기초였던 것입니다.

성경공부
영육의 건강

2편

건강을 향한 발걸음

사람이 무엇으로 심든지 그대로 거두리라.
(갈 6:7)

제1부

음식부터 시작되는 건강

가족이나 친구들이 다정하게 둘러앉아 음식을 먹는 것 만큼 행복하고 즐거운 일도 드물 것입니다. 곡식을 기르고 수확하고 요리해서 먹는 일은 우리의 생활 속에서 가장 긴 시간과 가장 많은 노력이 드는 일입니다. 먹는 일이 그만큼 중요하기 때문입니다. 하버드 대학교의 공중위생학과 교수 프레드릭 스테어 박사는 "영양은 건강에 있어서 가장 중요한 환경 인자(요인)이다"라고 말했습니다.

1 음식물의 인체 작용

우리가 먹는 푸른 채소, 붉은 과일, 쌀밥이 어떻게 우리 몸의 피부나 혈액, 힘을 내는 에너지로 변하게 될까요? 소화기관은 음식물을 잘게 부수고 또 분해해서 화학적 구조 단위로 만드는 중요한 일을 합니다. 여러 가지 성분이 들어 있는 음식물이 분자의 단위까지 작게 쪼개지면 혈액 속으로 흡수되어 신체 각 부분에 운반됩니다. 이렇게 음식물의 분자가 에너지가 되고 몸 자체의 조직이 되는 화학적 과정을 신진대사라고 합니다.

소화는 입에서부터 시작됩니다. 음식을 앞니로 자르고 어금니로 잘게 부수는 일을 합니다. 입에서 나오는 침은 음식물 중 전분을 분해하기 시작합니다. 침 속의 효소가 전분의 분자를 더 작은 단당류 분자로 분해하는 것입니다. 그렇기 때문에 음식을 꼭꼭 씹어서 천천히 먹는 습관이 매우 중요합니다.

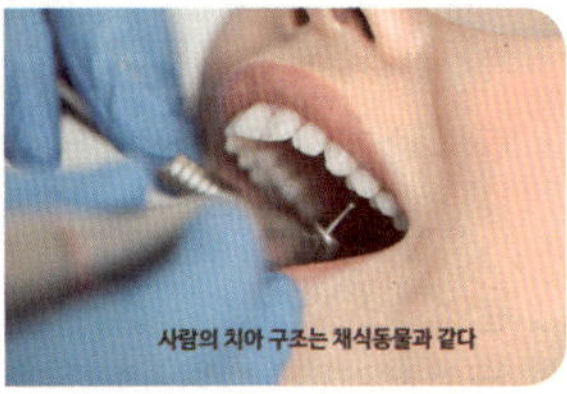
사람의 치아 구조는 채식동물과 같다

위는 어른의 경우 약 25cm 정도 되는 J자 모양의 근육 주머니입니다. 위는 근육으로 되어 있기 때문에 충분히 씹어 잘게 부숴지지 않은 음식은 더이상 부수기가 힘듭니다. 위장 속에는 소화를 위해 피부를 상하게 할 만큼의 강한 염산이 나옵니다. 위 자체의 피부가 상하는 것을 막기 위해 점액이라는 보호 물질이 나와서 위가 건강한 상태로 견뎌냅니다. 위벽에 있는 선에서 만들어지는 점액과 적당한 양의 혈액 공급으로 위 자체가 분해되지 않도록 보호하고 있습니다.

위가 정상 상태에 있을 때는 어느 정도의 자극은 견뎌냅니 다. 그러나 뜨거운 음식이나 찬 것, 맵거나 짠 음식으로 자극이 지속되면 위벽 표면에 있는 작은 신경을 자극하게 됩니다. 눈에 고추가루가 들어가면 눈물을 많이 흘려서 매운 것을 씻어 내듯 위도 자극이 심한 음식을 먹으면 그것을 씻어내려고 많은 산을 분비합니다. 이것 때문에 위벽이 헐어 병이 생기게 됩니다. 그러므로 자극성 음식은 될 수 있는 대로 피하는 것이 좋습니다. 위는 감정의 변화에도 영향을 받습니다. 감정의 종류에 따라 다른 현상이 나타난다는 것이 밝혀졌습니다. 분노는 위에 심한 파장을 일으키기도 하며 위벽을 충혈시킵니다.

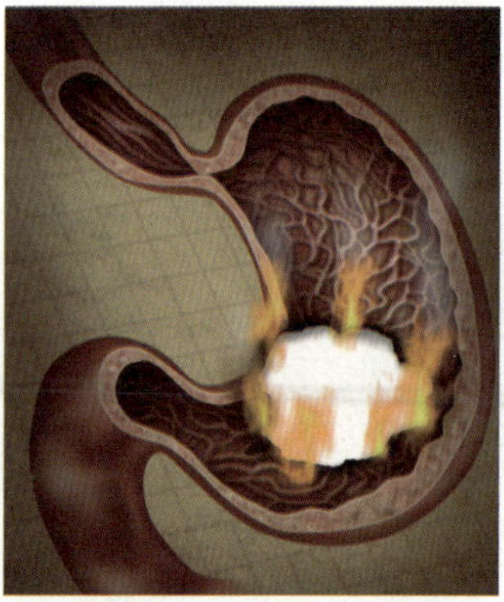

격한 분노가 오래 가면 충혈된 부분이 출혈하기도 합니다. 무서운 생각이 들면 위는 정지 상태로 있으며 위벽이 창백해집니다. 긴장, 두려움, 분노, 욕구 불만 등은 산의 분비를 늘리고 혈관을 수축시켜 혈액의 공급이 감소됩니다. 그 결과로는 위벽 자체가 소화 되어 소화성 궤양이 생기게 됩니다. 따라서 식사 시간을 넉넉하고 즐겁게 가지는 것이 매우 중요합니다.

2 소화에 걸리는 시간

음식이 위장에 머무는 시간은 음식의 종류나 양에 따라 다릅니다. 죽처럼 되어 있는 유동식은 대체로 빨리 통과합니다. 전분이 많은 음식도 2시간 전후면 통과 합니다. 그러나 단백질은 시간이 더 걸리며, 지방이 많이 든 음식은 개인적인 차이가 있기는 하지만 평균적으로 4~5시간 위에 머물러 있게 됩니다. 식사를 정해진 시간에 규칙적으로 하면 소화기 계통 전체가 효과적으로 활동을 해 줍니다. 간식은 위와 장을 무리하게 사용하여 피로하게 하는 나쁜 습관입니다. 쌀밥을 50g 더 추가하면 30분 정도 더 위가 소화를 위해 무리하게 됩니다.

음식이 위를 다 통과할 무렵에는 거의 액체의 상태가 됩니다. 죽처럼 된 음식이 소장으로 들어가면 더 강한 소화력을 가진 효소가 든 소화액이 나옵니다. 이 소화액은 음식을 더욱 잘게 분해하여 분자의 형태로 흡수될 준비를 갖추게 합니다. 음식물은 소장에서 손가락 모양으로 솟아나온 융모라 불리는 돌기로 흡수됩니다. 올록볼록하기 때문에 소장의 표면적은 매우 넓으며 얇은 막으로 되어 있어 흡수 전 곧바로 가는 모세혈관 속에 들어갑니다. 음식이 소장의 끝부분에 이르렀을 때는 물과 찌꺼기만 남습니다. 대장에 들어가서 물은 흡수되고 찌꺼기는 반 고체의 변이 되어 직장-항문을 통해 배설됩니다.

식품이 위에 머무는 시간

식품명	분량(g)	소화시간
단백질성 식품		
계란(반숙)	100	1시간30분
우유	100	1시간30분
말린 가자미	100	2시간00분
도미(회)	50	2시간00분
잉어(회)	100	2시간15분
삶은 은어	100	2시간15분
붕어(회)	100	2시간15분
가자미(회)	100	2시가30분
계란(생)	100	2시간30분
두부	100	2시간45분
삶은계란	100	2시간45분
소고기	100	2시간45분
데친 계란	100	3시간15분
도미(소금구이)	100	3시간15분
어묵	100	3시간15분
닭고기	100	3시간30분
장어	100	3시간30분
비프스테이크	100	4시간15분
돼지고기	100	4시간15분
전분성식품		
사탕롱엑	100	10분
쌀밥	50	1시간45분
보리밥	100	1시간45분
흰죽	100	1시간45분
현미	100	2시간15분
감자	100	2시간30분
흰빵	200	2시간30분
고구마	100	3시간00분

식품명	분량(g)	소화시간
야채류		
연근	100	2시간15분
당근	100	2시간30분
우엉	100	2시간30분
양파	100	2시간30분
오이	100	2시간30분
수박	100	2시간30분
호박	100	2시간45분
말린 무우	100	2시간45분
죽순	100	3시간10분
과일류		
사과	100	1시간45분
포도	100	1시간45분
밀감	100	1시간45분
복숭아	100	1시간45분
배	100	1시간45분
감	100	2시간30분
과자류		
물엿	100	2시간15분
전병	100	2시간15분
양갱	100	2시간30분
카스텔라	100	2시간45분
음료		
물	100	1시간15분
보리차	200	1시간30분
물	300	1시간45분
스프	200	1시간45분
포도주	200	2시간15분
커피	200	2시간15분

3 좋은 식사란?

좋은 식사란 필요한 영양소가 골고루 포함된 음식을 말합니다. 어떤 음식을 먹어야 골고루 영양을 섭취할 수 있을까요? 한 가지 음식이 몸에 필요한 모든 것을 포함하고 있지 않습니다. 그러므로 매일 여러가지 음식을 먹어야 하며 그래서 식사가 더 즐거워지기도 합니다. 음식물에는 몸에 필요한 역할을 하는데 따라 크게 여섯 가지로 나눌 수 있습니다.

1) 탄수화물

하루에 필요한 칼로리의 약 3분의 2가 탄수화물에서 충당되고 있으며 우리 몸에 필요한 에너지의 대부분이 바로 이 탄수화물에서 나옵니다. 탄수화물의 주 공급원은 쌀, 보리, 밀등의 곡류와 과일, 채소류도 포함됩니다. 과일의 당질은 당분의 형태로 되어 있어서 흡수가 매우 빠릅니다.

2) 지방질

지방질은 매우 농축된 에너지원입니다. 지방질은 어떤 종류의 비타민 흡수를 위해서는 꼭 필요한 영양소이기도 합니 다. 지방을 필요 이상으로 섭취하면 몸에 축적되기 때문에 주의해야 합니다. 지방은 식물성 기름, 마아가린, 버터, 고기 등이 대부분을 이루고 있습니다. 샐러드유나 소프트 마아가린 등의 식물성 기름은 콜레스테롤과 포화 지방산이 적어 동물성 지방보다 건강에 유익합 니다.

3) 단백질

단백질은 몸의 세포를 유지하거나 보충하는 데 필수로 건물의 건축용 자재와 같습니다. 동물성 식품은 단백질이 많지만 동맥경화의 원인인 포화 지방과 콜레스테롤도 많이 들어 있습니다. 메주콩, 땅콩 등 콩 종류는 양질의 단백질을 많이 함유하고 있습니다. 전세계 단백질 수용의 70% 이상이 곡류 등 식물성 식품에서 얻고 있습니다.

4) 비타민

비타민은 신체 활동을 조절하는 데 도움이 되는 미량의 화학 물질입니다. 비타민이 부족하면 여러 가지 병의 원인이 됩니다. 매일 다양하고 풍부하게 과일과 채소를 먹어 충분한 비타민을 섭취해야 합니다.

5) 미네랄(활성무기질)

미네랄도 신체 활동의 많은 부분을 조절하는 데 사용됩니다. 철분은 좋은 피를 만드는데 필요하며 칼슘과 인은 튼튼한 뼈를 위해 필요합니다. 그 외에도 구리, 크롬, 아연 등은 아주 적은 양이지만 건강을 크게 좌우하는 중요한 성분입니다.

6) 수분

물에는 칼로리는 없지만 몸 속의 여러 가지 화학 물질이 작용하도록 촉매의 역할을 합니다. 물이 없이는 몸의 모든 부분의 작용이 제대로 이루어질 수가 없습니다.

4 섬유질과 강화식품

섬유질 또한 중요한 역학을 하는 요소입니다. 섬유질은 영양가가 적고 부피가 많아 그저 장의 연동 운동이 잘 되도록 하는 정도로만 생각해 왔습니다. 섬유질은 일종의 탄수화물이면서도 칼로리가 없기 때문에 영양소로부터 제외되는 것으로 생각해 왔습니다. 그러나 최근에는 식품 섬유질의 중요성이 알려져 있습니다. 현재 상품화되고 있는 식품들 중에는 고도로 정제되고 가공되어 섬유질이 거의 함유되지 않은 것이 많습니다. 섬유질이 결핍된 음식이 장이나 심장병의 발생에 깊은 연관이 있다는 것이 알려져 있습니다. 섬유질은 현미, 보리와 채소류에 많이 함유되어 있습니다.

좋은 영양은 알약이나 캡슐로 얻을 수 있는 것이 아닙니다. 대량의 비타민이나 단백 질, 그 밖의 강화 식품이 쏟아져 나와 단순하고 질 좋은 자연식품을 대신하고 있습니다. 그러나 몸의 성장과 건강 유지를 위해 균형진 영양소가 갖춰진 자연식품이 가장 좋은 것입니다. 특별한 경우를 제외하고는 특정한 영양소를 과잉 섭취하면 체내에 축적되거나 몸의 컨디션의 균형을 깨는 원인이 되기도 합니다. 필요 없이 과도하게 섭취하는 것은 낭비일 뿐 아니라 해를 끼칩니다.

- ▶ 탄수화물 : 칼로리 총량의 60~70% - 씨와 껍질이 있는 통곡식을 먹도록 한다.
- ▶ 지방 : 칼로리 총량의 20~25% - 식물성 기름도 가능한 가공되지 않은 것을 섭취한다.
  (예: 참깨를 직접 섭취, 혹은 바로 짜서 섭취)
- ▶ 단백질 : 칼로리 총량의 10~15% - 성인의 1인 단백질 요구량이 70g미 만이면 된다.
- ▶ 비타민 : 채소, 곡식, 과일, 해조류에 미소량이 들어 있으므로 골고루 섭취해야 한다.
- ▶ 미네랄 : 채소, 곡식, 과일, 해조류에 미소량이 들어 있으므로 골고루 섭취해야 한다.
- ▶ 섬유질 : 통곡류와 채소, 과일, 해조류에 많이 들어 있다.
- ▶ 물 : 3끼 식사와 식사 사이에 6~8컵

5 무엇을 어떻게 먹어야 할까요?

뇌의 섭식중추에서는 배가 고플 때 뭔가 먹고 싶다는 생각을 하게 합니다. 그러나 무엇을 먹으면 좋은지에 대해서는 가르쳐 주지 않습니다. 평소에 단 것을 좋아하는 사람도 배가 너무 고프면 달지 않아도 먹게 됩니다.

배가 고프기 때문에 먹는 것과 맛을 즐기며 먹는 것과는 차이가 있습니다. 현대는 생활이 풍부해져서 그렇게 심하게 굶주리는 경우가 많지 않습니다. 오히려 너무 풍부해서 좋아하는 음식만 골라 먹다 보니 편식 등의 나쁜 습관이 생기기도 합니다. 음식은 영양가를 고려하여 잘 선택해서 먹지 않고 식욕이나 입맛에 당기는 것만 따라가서는 안 됩니다. 마트에 쏟아져 나오는 음식, 가공식품과 고칼로리 식품을 무분별하게 먹는다면 건강에 크게 손해를 보는 수가 많습니다.

6 음식 선택은 건강의 시작

세상에는 음식의 종류도 많고 갖가지 음식을 맛보는 기쁨 또한 없어서는 안 될 소중한 것입니다. 그러나 오늘날 전세계적으로 질병의 첫째 원인은 부적절한 식사 에서 시작된다는 것입니다. 음식 선택을 잘못해서 질병을 초래하는 것입니다.

사람의 몸은 잘 관리하면 70~80년 동안 잘 견딜 수 있도록 정교하게 만든 기계와 같습니다. 그러나 성장이나 기능을 위해 제대로 영양을 공급해주지 못하면 비참한 결과가 옵니다.

음식을 먹기 위해 숟가락을 움직일 때마다 미래의 건강을 좌우하는 매우 중대한 결정을 내리고 있는 것입니다. 한 그릇의 음식이 몸을 튼튼하고 활력 있게 하거나 쇠약하고 피곤하고 병들게도 합니다. 지금 우리가 식사를 제대로 하고 있는지 어떻게 알 수 있을까요? 누구나 할 수 있는 기본 원칙 두 가지를 들어 보겠습니다.

1) 충분히 먹되 과식을 하지 말 것. (표준 체중을 유지해야 한다.)

2) 과도하게 정제되거나 식품 첨가물을 섞지 않은 자연 그대로의 식품을 골고루 선택할 것.

첫째 원칙은 문자 그대로 매우 간단한 것입니다. 누구나 적당히 먹었을 때와 과식했을 때의 차이를 알고 있을 것입니다. 적당히 먹으면 편안하고 기분이 좋고 행복감을 느낍니다. 그러나 과식을 하면 숨이 가빠지고 편하지 않고 위에 장애를 초래합니다. 과식은 위장뿐 아니라 뇌에도 영향을 끼치며 간장 등 다른 기관에도 연쇄적으로 부담을 줍니다.

현대 사회의 큰 문제가 되고 있는 비만은 심리적인 원인이나 소화 기관 또는 호르몬 등의 문제에서 비롯하는 경우도 있지만 대부분이 과식에서 오는 것입니다. 주위 환경에 의해 과식이나 단 음식을 많이 먹는 습관이 있는지 살펴봅시다.

- ♥ 간식을 하지 마십시오.
- ♥ 단 음식이나 기름기가 많은 음식, 청량 음료 등을 피하십시오.
- ♥ 식탁에 너무 오래 앉아 있지 마십시오.
- ♥ 식사 후에는 앉아 있거나 눕지 말고 일어나서 활동을 하십시오.
- ♥ 저녁식사는 과일 등으로 가볍게 하십시오.

이런 규칙을 제대로 지키기만 하면 1~3개월 정도면 대부분 표준 체중([신장cm-100]×0.9kg)이 될 것입니다.

두번째 건강 원칙도 매우 간단합니다. 건강을 증진시키고 유지하기 위해서는 특별한 음식을 한꺼번에 많이 먹지 말고, 골고루 다양한 식품군과 여러 가지 조리법으로 조리하여 매일의 식사가 즐겁도록 하는 것입니다.

7 4가지 식품군

앞에서 살펴본대로 탄수화물, 단백질, 지방질, 비타민, 미네랄 등을 충분히 섭취하려면 다음과 같이 4가지 식품군을 골고루 섭취해야 합니다.

1) 과일, 채소 및 해조류

거의 모든 과일과 채소는 미네랄, 비타민, 섬유질을 함유하고 있습니다. 해조류나 채소는 에너지원은 되지 못하지만 꼭 필요한 영양소가 들어 있습니다. 과일에는 당질이 많이 들어 있는 것도 있어서 과식에 주의할 필요가 있습니다. 매일 비타민 C가 풍부한 과일 한 종류 이상, 비타민 A가 풍부한 녹황색 채소 한 종류 이상을 식탁에 올려 놓으십시오. 제철에 난 채소와 과일을 많이 섭취하는 것이 중요합니다.

조리를 할 때는 될 수 있으면 물이나 기름을 적게 사용하여 미네랄과 비타민의 손실을 적게 해야 합니다. 그렇게 하려면 채소는 껍질째 조리하든지 큼직큼직하게 썰어 조리하는 것이 좋습니다. 조리 시간은 짧을수록 좋습니다. 채소를 삶을 경우 삶은 물에 미네랄과 비타민이 녹아 있으므로 국이나 소스로 활용하면 좋습니다.

2) 정제하지 않는 곡식

정제하지 않은 곡물은 값이 비싸지 않으며 비타민 B와 철분, 인, 단백질 등이 많이 들어 있습니다. 쌀, 밀, 보리, 귀리 등은 영양가 높은 에너지 식품입니다. 밀이나 쌀을 너무 많이 정제하여 백미나 흰 밀가루로 만들어 버리면 적어도 19종류 이상의 식품 영양소가 파괴되거나 양이 줄어듭니다. 백미와 현미, 통밀가루와 흰 밀가루의 영양가를 비교해 보면 아래의 표와 같습니다.

바구미 조차도 보통 사람들보다는 훨씬 지혜로운 선택을 합니다. 바구미는 백미 쪽보다 현미를 훨씬 좋아합니다. 현미에는 그만큼 영양가가 골고루 갖추어져 있기 때문입니다.

백미를 100으로 할 때 현미의 영양량 [참고:일본식품표준성분표 2010]

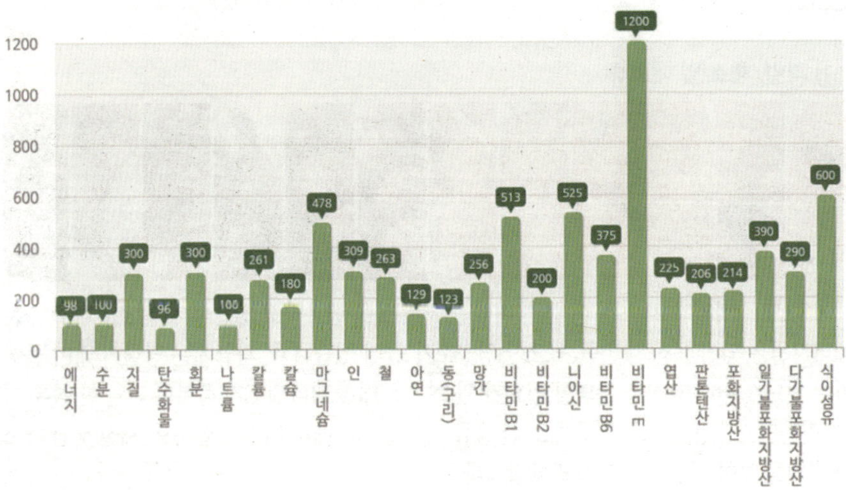

흰 밀가루보다는 통밀가루가 더 영양가가 높은 이유도 마찬가지입니다. 우리가 백미와 흰 밀가루로 만든 음식 대신 현미와 통밀가루로 만든 건강 식품의 맛을 즐길 수 있도록 입맛을 훈련시키면 적은 양의 음식에서도 훨씬 많은 종류의 영양을 쉽게 얻을 수 있을 것입니다. 현미나 통밀빵이 먹기 힘들면 잡곡을 골고루 취하는 것도 좋은 방법입니다.

3) 단백질 식품

메주콩, 땅콩, 강낭콩, 팥, 녹두 등의 콩류와 호두, 잣, 아몬드 등의 견과류, 햄프씨드, 퀴노아 등의 씨앗과 브로콜리, 파슬리, 새송이 버섯 등은 다량의 단백질과 미네랄, 비타민 B 그룹들을 함유하고 있습니다. 몸의 세포를 만드는 재료를 공급하기 위해서는 매일 이러한 음식을 적당하게 섭취해야 합니다. 콩류와 함께 견과류도 우리 몸에 꼭 필요한 영양소가 있습니다. 특히 해바라기 씨는 매우 많은 단백질을 함유하고 있습니다. 매일 견과류를 섭취하는 사람들은 견과류를 섭취하지 않는 사람들보다 수명이 2년에서 2년 반 정도 더 연장 된다는 결론이 나왔다고 합니다. "견과류를 정규적으로 섭취하는 사람들은 그렇지 않은 사람들보다 심장 질환에 걸릴 확률이 35~50% 정도가 낮다"고 프레절 교수는 말합니다. 그 이유는 무엇일까요? 견과류에 함유된 지방이 단일 불포화 지방산(Monounsaturated)과 다중 불포화 지방산(Polyunsaturated)으로 구성되어 있습니다. 이것은 가장 좋은 천연 비타민 E이며 농축된 섬유질을 가지고 있습니다. 하지만 너무 많이 섭취하면 안됩니다.

연구 결과에 의하면 아몬드나 호두 등과 같은 견과류를 다른 지방 대신 사용했을 때 저농도 지단백(LDL, 나쁜 콜레스테롤)이 8~12%나 감소하는 것으로 나타났습니다. 전문가들은 견과류의 높은 비타민 E 함유량이 세포를 파괴하는 산화를 방지한다고 말합니다. 견과류에서 찾을 수 있는 아미노산 아르기닌(Arginine)은 심장 질환의 발병 확률을 감소시킵니다. 여기서 "견과류에서 찾을 수 있는 고지방은 문제가 되지 않을까?" 하는 의문을 가질 수 있습니다. 하지만 학자들에 의하면 견과류를 자주 사용하고 있는 사람들 중에 비만증인 사람을 찾을 수가 없었다고 합니다.

특히 콩은 양질의 단백질을 함유합니다. 영양분의 내용물은 콩의 종류에 따라 조금씩 다르나 일반적으로 아주 좋은 품질의 탄수화물, 섬유질, 미네랄, 피토케미컬을 함유하고 있습니다. 콩은 콜레스테롤이 전혀 없고 아주 적은 양의 포화 지방만 있습니다. 포화지방이 높고 콜레스테롤을 많이 함유한 육고기 대용으로 콩을 사용한다면 건강에 유익할 것입니다. 근래에는 메주콩에 들어 있는 호르몬과 비호르몬적 특성을 함께 가진 피토에스트로겐(Phytoestrogen)에 특별히 관심이 모아지고 있습니다. 학자들은 높은 메주콩 섭취량으로 호르몬과 관계된 유방암과 전립선암, 대장암 같은 질병의 확률이 낮은 나라들에 깊은 관심을 보여 왔습니다. 메주콩이 심장 혈관 질환, 뼈 건강, 콜레스테롤, 갱년기 여성을 위한 호르몬 대용 치료에 유익한지에 대한 많은 영양학 연구가 있었습니다.

4) 두유, 유제품

이런 종류의 음식물은 칼슘과 비타민 B군을 공급해 줍니다. 특히 두유에는 우유와 거의 비슷한 영양소가 들어 있으면서도 콜레스테롤이나 항생물질이 거의 포함되어 있지 않아 매우 좋은 식품입니다. 그러나 우유 같은 유제품은 자가면역 질환과 큰 관련이 있어 마시면 안됩니다. 이러한 질병은 체내 점액질 과잉 생성과 천식 악화로, 취약한 아동에게 나타나며 성인도 마찬가지입니다. 유제품과 다발성 경화증, 제1형 당뇨병, 류머티스 관절염 등은 상관관계가 있으며, 자가면역질환입니다. 우유는 송아지를 자라게 하는 소젖이며 어른이나 아이나 특별히 먹어야 하는 사람은 없습니다. 전세계 대부분의 사람은 유당불내증이 있습니다. 하나님은 인체를 젖을 떼고 유아기를 지나면 유당 효소를 감소하게 만드셨습니다. 아프리카계 미국인 73%, 아시아인 95%가 유당불내증이 있으며, 미국 히스패닉은 53%입니다. 폴 포러스 소아과전문의는 "우유는 인간이 먹기에 위험한 음식입니다. 저는 습진이나 여드름, 변비, 위산 역류, 철분 부족, 빈혈 등 유제품이 원인이거나 관련 있는 아동 환자를 매일 만납니다." 우유 단백질은 알레르기를 가장 많이 유발하는 물질입니다. 우유에는 1cc당 75만개의 고름 세포가 있다고 알려졌습니다.

8 설탕과 카페인을 조심하세요.

단 것이나 디저트 등은 4가지 기본 식품 안에 포함되어 있지 않습니다. 그러나 많은 경우 어려서부터 입맛이 단 것에 길들여져 있습니다. 아이스크림, 케이크, 쿠키, 비스켓, 청량 음료, 사탕 등과 같은 것들은 설탕이 많이 들어 있으면서 필요한 다른 영양소는 별

로 없습니다. 당분을 과잉 섭취하면 백혈구 활동이 감소하여 병에 대한 저항력이 떨어집니다. 식사 중에 단 것을 먹으면 충치의 원인이며, 소화효소가 분비되지 않습니다. 당분이 혈액을 따라 치아의 모세 혈관에 운반되면 작은 구멍들이 막히면서 체액 순환이 멎어 버립니다. 신장 결석의 주범은 일반적 상식과는 달리 칼슘이 아닌 설탕이며, 칼슘은 오히려 결석 위험을 감소시키는 효과가 있습니다. 미국 브리검 부인병원 신장병 전문의 개리 커한 박사가 간호사 건강조사에 참여하고 있는 27-44세 여성 96,000명을 8년에 걸쳐 조사분석하여 미국신장병학회 연례회의 연구보고서 발표에 의하면, 식품을 통한 칼슘 섭취량이 가장 많은 여성들은 신장결석 위험이 27%, 정제하지 않은 곡물과 채소에 많이 들어 있는 파이테이트를 많이 섭취하는 여성은 37%가 감소하는 반면, 설탕 섭취량이 많은 여성은 결석 위험이 30% 증가하는 것으로 나타났습니다.

보스톤소아병원의 루딕 박사는 설탕이 들어있는 음료수 한 병을 먹을 때마다 소아비만 위험이 60% 증가한다는 것을 발견하였습니다. 어린이 과체중은 제2형 당뇨병을 촉진시킵니다. 유타대학교의 슬래터리 박사는 설탕을 가장 많이 먹는 사람들은 소량만 먹는 사람들보다 대장암에 걸릴 위험이 59% 더 높은 것을 발견하였습니다. 특히 설탕을 많이 먹으면서 앉아서 일하고, 과체중이며 섬유질이 적은 음식을 먹는 사람은 그렇지 않는 사람들보다 대장암에 걸릴 위험이 4.5배 이상이라는 것을 발견하였습니다. 한 병의 설탕음료에는 10숟갈의 설탕이 들어 있고 매년 미국인들은 평균적으로 설탕음료를 350ml 560캔 이상을 마시고 있습니다. 미국인들의 하루 설탕 섭취량은 30 숟갈 이상입니다. 로마린다대학교의 키잭 박사는 설탕을 24숟갈 먹은 후에 백혈구에 의해 박멸된 박테리아 수는 14에서 1로 떨어졌다고 입증하였습니다. 체중이 적은 어린이는 더 치명적입니다. 이렇게 되면 항생제가 자주 필요하게 됩니다. 설탕 섭취가 많아지면 면역력은 더욱 약화됩니다. 바이러스와 암에서 보호해 줄 백혈구들도 설탕의 나쁜 영향을 받아 무기력해지기 때문에 매우 주의해야 합니다. 설탕 같은 단순당은 혈당을 급격히 상승시키고 떨어뜨려 뇌로 들어가야 할 연료공급이 안정되지 않습니다. 그러므로 뇌는 정신적, 육체적 조절력이 떨어져 짜증과 신경질이 늘어납니다. 정제 설탕은 저혈당의 원인이 되며, 운동선수들의 육체적 지구력 감소, 학생들의 정신적 활력 감소의 원인이 되는 것으로 나타났습니다. 한국인 당분 섭취의 주된 원인 1 위는 커피에 든 설탕이라고 합니다. 우리는 음식을 통해 탄수화물을 많이 섭취해야 합니다. 탄수화물만으로도 가수분해 되면서 당으로 바뀌어 느리게 혈당과 인슐린 수치를 올려 줍니다.

연세대 원주의대 생화학교실 김현원 교수가 부산의 한 유치원의 학부모를 대상으로한 조사에서 '임신 중에 콜라 같은 청량음료나 커피 같은 자극성 음료를 많이 마셨다고 밝힌 어머니'에게서 태어난 아이의 경우 대부분 심한 아토피 증세를 보였습니다.

탄산 음료를 하루 1병 이상 마셨다는 산모의 경우 60%의 아이가, 하루 1병 이하의 탄산음료를 마신 산모의 경우 26%의 아이가 아토피 증세를 보였습니다.

캐나다 켈프대학교의 그라함 박사는 경구 내당검사 테스트 전에 카페인을 섭취한 결과 인슐린 수치가 37% 더 높아진 것을 발견하였습니다. 인슐린 수치가 더 높아졌는데도 검사 중에 혈당은 24% 올라갔습니다. **이와 같이 카페인은 췌장에서 더 많은 인슐린이 나오도록 촉진하기는 하지만 인슐린 저항을 약화시켜 혈당이 높아지게 합니다. 카페인은 이미 갖고 있는 당뇨병을 악화시키고 인체생리를 당뇨병 상태로 이끕니다.** 카페인이 많은 건강 문제를 일으킨다는 것이 여러 연구에서 밝혀졌습니다. 카페인은 혈압을 증가시키고, 피 속에 스트레스 호르몬 수치를 올리고, 안압을 올리며, 동맥을 굳게 하며, 신장에서 칼슘 손실을 초래하고, 자연유산, 위산증가, 관상동맥 벽의 저항을 높일 위험을 증가시킵니다. 또한 관상동맥의 혈류 여력을 감소시키고, 시신경과 망막에 피의 흐름을 감소시킵니다. 또 그것은 심장의 부정맥을 촉진시키고, 간질 환자의 발작을 일으키며, 유방의 섬유낭종을 일으키고, 월경증후군을 악화시킵니다. 스위스 취리히대학병원의 코티 박사는 카페인을 제거한 커피도 보통 커피와 마찬가지로 혈압을 높이고, 근육의 교감신경계 활동을 증가시킨다는 것을 발견하였습니다. 보스톤의과대학교의 파머 박사와 동료들은 매일 커피를 5잔 이상 마시는 사람들이 흡연자든 아니든 상관 없이 심장마비에 걸릴 위험이 증가하였으며, 커피를 가장 많이 마시는 사람들이 커피를 가장 적게 마시는 사람들보다 심장마비에 걸릴 위험이 2.5배나 높다는 것을 발견하였습니다. **만약 여러분이 음식이나 음료수에 중독되어 있다면 최선의 방법은 그것을 영원히 끊어버리는 것입니다. 목이 마를 때는 창조주께서 우리의 갈증을 갖도록 마련하신 음료인 깨끗한 물을 선택하십시오.**

9 육식을 조심하세요.

육식과 질병의 상관 관계

오늘날 많은 사람이 질병으로 괴로움을 당하고 있습니다. 전 세계에 당뇨 환자는 약 3억 1500만명이며 현재 미국 노인 의료비의 1/3이 당뇨 환자에 쓰입니다. 현대인들이 피해가기 어려운 질병입니다. 매년 심혈관계 질환으로 1700만명이 목숨을 잃습니다. 세계보건기구(WHO)에 따르면 심혈관계 질환은 전 세계 사망원인 1위이며 3명 중 1명이 심혈관계 질환으로 사망합니다. 세계보건기구(WHO)의 국제 암 연구기관(IARC)은 세계 각국의 암 환자 수가 급속도로 증가하고 있으며 2018년에만 960만 명이 사망하고 1810만 명의 신규 환자가 발생할 것으로 예측했습니다. IARC는 185개국의 데이터를 분석한 연구에서 전 세계 남성 5명 중 1명, 여성 6명 중 1명에서 암이 발생하고 남성 8명 중 1명, 여성 11명 중 1명이 암으로 사망할 것이라고 발표했습니다. 암, 심혈관계질환, 당뇨병으로 고통당하는 사람들은 우리 주변에서 쉽게 찾아볼 수 있습니다. 무엇이 문제일까요?

이런 질병들의 직접적인 원인이 육식이라는 것입니다. 세계 보건기구(WHO)는 10개국의 800건의 연구를 검토했고 햄과 소시지 같이 수많은 음식에 들어가는 가공육 섭취와 암의 직접적인 관계를 발견했습니다. 하루 1인분의 가공육을 섭취하면 대장암 발병률이 18% 증가합니다. 또한 하루 1인분의 가공육을 섭취하면 당뇨병에 걸릴 확률이 51% 증가한다고 합니다. 세계 보건기구(WHO)는 가공육을 발암물질 1등급으로 분류했습니다. 담배, 석면, 플루토늄 등이 같은 1등급으로 분류됩니다. 또한 WHO는 붉은 고기를 발암물질 2등급으로 분류했습니다.

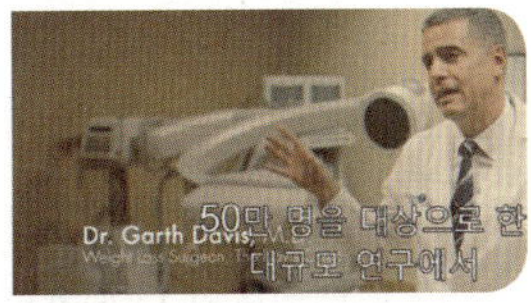

당뇨는 고탄수화물 식단이나 당분 섭취로 발병하는 병이 아닙니다. 당뇨의 원인은 혈관에 지방이 축적되는 식습관 즉, 전형적인 고기 위주의 동물성 식단 때문입니다. 인체의 근육 세포에 지방 입자가 축적되면 인슐린 저항을 늘리고 음식에서 흡수한 당분이 원래 목적지인 세포에 도달하지 못하도록 방해합니다. 그리하여 당분이 혈액에 축적되게 되는데 그것이 당뇨병입니다. 50만명을 대상으로 한 대규모 연구에서 탄수화물 섭취량은 당뇨병 발생률과 반비례했습니다. 다시 말해서 탄수화물을 많이 먹을수록 당뇨병 발생률이 낮았습니다. 오히려, 육식 즉 동물성 지방 섭취가 관련성이 높았습니다. 모든 병의 원인은 식습관 때문입니다. 설탕이 든 쿠키를 먹으면 그 쿠키 안에 숨어있는 것은 많은 양의 버터나 쇼트닝이고 이것이 살이 찌는 원인입니다. 그러한 지방이 당뇨병과 다른 질병의 원인이 됩니다. 뇌졸중이나 치매의 경우도 대부분 뇌의 혈관이 막혀서 나타납니다.

또한 우유와 유제품 그리고 계란도 문제가 있습니다. 우유와 유제품은 남성의 전립선암 발병률을 34% 높인다고 합니다. 유방암 병력이 있는 여성은 하루에 유제품 1인분만 먹어도 유방암으로 사망할 확률이 49% 증가하며 다른 병으로 사망할 확률은 64% 증가합니다.

축산업 기업, 제약회사, 건강협회, 정부가 대중에게 숨기는 건강에 관한 비밀

우리의 건강에 치명적인 영향을 주는 육식과 질병의 상관관계에 대해 우리는 왜 몰랐을까요?

가공육과 같이 발암물질 1등급으로 분류된 담배에는 각종 질병을 유발한다는 경고 문구와 사진이 부착되어 있습니다. 국민들

의 건강을 위해 담배에 경고 문구를 부착하도록 법으로 정하고 있습니다. 그러나 아이들도 많이 먹는 햄이나 소시지 같은 가공육에는 경고문구가 부착되어 있지 않습니다. 가공육

은 담배와 같이 발암물질 1등급인데 왜 이런 경고문구가 없을까요?

담배의 유해성에 대해서는 대부분의 사람들이 알고 있지만 육식에 대해서는 대부분의 사람들이 모르고 있습니다.

미국인들의 질병과 건강을 위해 일한다고 하는 미국 암협회, 당뇨협회, 심장협회, 유방암 관련 단체들은 축산업과 관련된 거대 기업들로부터 막대한 후원을 받고 있습니다. 또한 그런 협회나 단체들은 제약회사로부터도 엄청난 후원을 받고 있습니다. 제약회사들은 각종 질병에 걸린 사람들에게 각종 약을 팔아 막대한 돈을 벌고 있습니다. 축산업 관련 기업들과 제약회사들은 건강관련 협회 뿐만 아니라 정부와 의회를 대상으로도 막대한 돈을 사용하여 로비하고 있습니다. 질병과 건강관련 협회 뿐 아니라 정부까지도 국민들의 건강보다는 경제적인 논리에 따라 반드시 알아야할 사실들에 대해 사람들에게 제대로 알려주지 않습니다. 육식은 사람들의 건강을 담보로 축산업, 외식업, 식품, 의료, 제약, 유통업 등 경제에서 큰 돈을 만들어내는 산업이기 때문입니다.

내과 명의이자 당뇨 전문가이고 연구자인 닐 바나드 박사(Dr. Neal Barnard)는 다음과 같이 말했습니다.

"육식은 러시안룰렛을 하는 것과 같습니다. 당뇨병에 걸리진 않지만 걸릴 확률이 높아집니다. 33% 정도로요. 암에 걸리진 않지만 암 발병률은 남자 기준으로 50% 정도로 높아지고 여자는 33% 정도로 높아집니다. 체중이 증가할 확률은 67%로 높아집니다. 러시안 룰렛의 권총에서 총알을 완전히 없애는 최상의 방법은 식단에서 동물성 식품을 완전히 배제하고 건강한 음식만 먹는 것입니다."

질병 때문에 고통받는 많은 사람이 육식에서 채식으로 식습관을 바꾼 후 얼마 지나지 않아서 오랫동안 의존했던 약을 끊고 건강이 좋아지는 경험을 했습니다. 또한 수많은 운동선수가 채식으로 바꾼 후 운동 능력이 더 좋아지는 경험을 했습니다. **질병 없는 건강한 삶을 살기 위해 육식은 권장할 것이 아니라 끊어야 할 대상입니다.** 여러분은 어떻게 하시겠습니까?

What the health는 28개국어로 번역될만큼 유명한 다큐멘터리입니다. 이 다큐를 제작한 감독인 Kip Andersen은 가족 중에 심장병, 당뇨병, 암환자가 있어서 건강 염려증을 가졌던 영화감독입니다. 이 다큐는 육식과 질병에 대한 상관관계를 집중 조사해서 세밀히 파해친 다큐입니나. [what the health Korean] 한국어 자막 영상을 유튜브에서 검색해 보시기를 비랍니다.

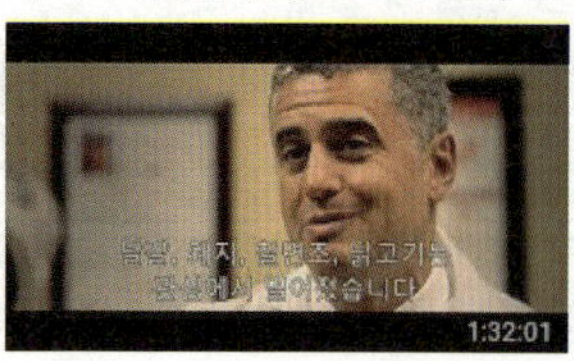

what the health【飮食與健康 2017】Korean Subtitle
【韓文字幕】

vista sud
1년 전 • 조회수 57,890회
http://www.whatthehealthfilm.com/ 更多詳細資訊請點擊官網網址(英文)
What the Health【中英雙字幕】...

10 미네랄의 오해

미네랄에 대한 관심이 높습니다. 그러나 미네랄은 우리 몸에 소화 흡수 될 수 없는 무기미네랄과 이온화 과정을 거친 활성 무기미네랄이 있습니다. 흔히 물 속에 든 미네랄은 우리 몸에 좋다고 오해하는 경우도 있는데 물 속에 있는 미네랄은 많은 경우 비활성 무기미네랄이며 그 중 매우 일부분만 이온화 미네랄이 존재합니다. 인체가 활용하거나 배설할 수 없는 것은 축척됩니다. 따라서 체내에서 소화, 흡수되지 않는 무기질은 축척되어 때가 되면 동맥경화, 신장결석, 관절염, 청각상실 등 각종 질병을 일으키는 원인이 되기도 합니다. 인체가 효율적으로 소화할 수 없다는 것을 인식하지 못한 채 섭취하고 있는 각종 무기미네랄(칼슘, 마그네슘, 철, 구리, 실리콘)은 관절사이에 축척되면 관절염을 유발시키며, 창자벽에 남아있으면 변비를 일으키게 합니다. 동맥의 혈관벽을 덮으면 동맥경화를 야기시키며, 심장의 판막이 무기미네랄 축척물로 굳어지면 심장 수술이 필요하게 되고, 신장과 간에 무기미네랄 축척물이 너무 많아지면 송수관을 막을 정도의 작은 돌처럼 되어 신장의 여과기가 무기물질로 막히게 되면서 신장이식 수술을 하게 됩니다. 축척물이 청각신경을 차단한다면 그때는 청각을 상실하게 됩니다. 인체를 구성하는 미네랄은 90여종으로 화학성분으로는 수소, 탄소, 산소와 질소 이외에도 칼슘, 인, 유황, 칼륨, 나트륨, 염소, 마그네슘, 규소, 철, 불소, 아연, 구리, 주석, 망간, 니켈, 몰리부덴, 크롬, 코발트 등 인체 구성상이나 건강상 없어서는 안 될 필수 미네랄이 있습니다. 극히 미량의 원소라도 인체가 반드시 필요로 하는데 이것이 결핍되면 암 등 여러 가지 질병의 원인이 되며, 이런 것들을 미량 원소라고 부릅니다. 예로, 루비듐, 스트론츔, 취소, 납, 알루미늄, 카드뮴, 붕소, 바륨, 금, 세슘, 우란, 베릴륨, 라디움 등등입니다. 인체에 흡수되는 미네랄은 식물에서 얻는 활성 미네랄을 말합니다. 생명체 중에서 오직 식물만이 다른 생명체가 필요한 영양소를 만들 수 있는데 이를 독립영양소라고 하며, 동물이나 사람처럼 식물에 영양소를 의존하는 경우를 종속영양소라고 합니다. 그러므로 식물의 광합성작용을 거치지 않은 물과 흙속에 있는 미네랄은 분자구조식이 없는 무기미네랄 곧 비활성 미네랄로 이것들은 유기질인 우리 인체에 흡수되지 못하고 대부분 배설되며 인체에 남아있는 경우 각종 질병의 원인이 됩니다. 창조법칙에 따라 식물이 돌가루나 쇳가루나 중금속을 영양소로 바꾸어 우리의 생명유지에 필수요소를 마련한다는 사실은 놀라운 일입니다. 창조의 순서를 보면 다른 모든 생명체들이 조성되기 전에 셋째 날 식물이 준비된 것은 또 하나의 창조섭리, 곧 창조주의 사랑을 보게 합니다. 우리는 식물을 통해서 충분한 미네랄을 섭취할 수 있습니다. 광물질을 물에서 섭취하는 것보다, 곡물과 야채와 과일에서 광물질을 취하면 됩니다. 건강을 위해 식물을 골고루 먹음으로써 미량원소까지 섭취하는 세심함을 잊지 않는 것이 건강의 비결입니다.

11 채식을 해보세요.

채식은 최근에 와서 새롭게 각광을 받고 있습니다. 많은 사람이 동물성 식품을 통해 간접적으로 영양을 섭취하는 것보다는 식물에서 직접 섭취하는 것이 훨씬 현명하다는 사실을 깨닫기 시작한 것입니다. 건강과 장수를 바란다면 이제 채식에 대해 보다 진지하게 생각해 봐야 할 것입니다.

아시는대로 식물은 태양 에너지를 통해 직접 탄소 동화 작용을 해서 음식물을 만듭니다. 동물은 이런 일을 결코 스스로 할 수 없습니다. 식물이 이렇게 만들어낸 영양을 섭취해서 살 뿐입니다. 사람이 직접 채소를 먹는다면 여러 가지 영양소를 가진 식물을 직접 섭취하므로 훨씬 경제적이며 건강하게 될 것입니다. 고기를 사용하지 않아도 채식은 우리에게 충분한 영양을 공급해 줄 수 있습니다.

"하지만 중노동을 하는 사람이 채소나 과일만으로 버틸 수는 없지 않나요?"라고 질문하실지 모르겠습니다. 그러나 소나 말, 코끼리 등은 풀만 먹으면서도 매우 힘든 일을 충분히 해냅니다. 호랑이는 고기를 먹습니다. 그러나 순간적으로 에너지를 폭발시키는 데는 뛰어나지만 지구력에는 약합니다. 사람에게는 호랑이나 고양이, 개처럼 고기를 자르는데 사용되는 길고 뾰족한 이가 발달되 있지 않고 곡식이나 채소를 갈고 부수는 치아가 발달되어 있습니다.

힘이 세다는 것은 지구력을 나타내는 말이기도 합니다. 스웨덴의 과학자들은 매우 흥미 있는 실험 결과를 발표했습니다. 9명의 운동 선수들에게 계속해서 자전거 페달을 돌리게 하는 실험이었습니다. 첫 3일 동안 선수들에게 채소, 과일, 고기, 곡류 등 보통 혼합식을 먹게 하였습니다. 그후 이 선수들은 평균 114분 동안 그 페달을 돌렸습니다.

그 다음 3일간은 그 선수들에게 고기와 생선과 계란 등 고지방, 고단백 식사를 주었습니다. 실험에서 평균 57분 동안 페달을 돌린 후 모두 지쳐 쓰러졌습니다. 마지막으로 3일 동안 곡류, 견과류, 채소, 과일 등 순수 채식을 먹였습니다. 이번에는 평균 167분 간이나 페달을 돌릴 수 있었습니다. 다량의 육류 식사를 했을 경우보다 무려 3배의 힘을 낸 것입니다. 연구 조사에 의하면 채식을 하는 사람들은 일반적으로 고혈압에 걸리는 비율이 적으 며, 콜레스테롤도 낮아서 심장병에 걸릴 가능성이 적으며 변비도 적습니다.

고기를 먹는 것은 건강 때문이라기보다는 입맛 때문인 경우가 대부분입니다. 매일 또는 매주 고기 먹는 양을 조금씩 줄여 보십시오. 꼭 먹고 싶을 때는 지방이나 콜레스테롤이 비교적 적은 생선이나 닭고기를 택하십시오. 구수한 곡식, 신선한 채소, 먹음직스런 과일은 건강에 최선의 식품입니다.

12 육식인과 채식인의 체력 비교

미국 예일대의 어빙 피셔 교수는 육식인과 채식인의 체력과 원기를 비교하는 몇 가지 실험을 했습니다. 그는 육식하는 운동선수와 채식하는 운동선수, 그리고 앉아서 일하는 사람들의 그룹을 실험대상으로 했는데 그의 실험결과는 놀랍게도 고기가 체력의 근원이라는 일반적인 편견과는 반대로 나타났습니다. "세 그룹을 비교했을 때 고기를 먹는 사람들은 채식하는 사람들보다 훨씬 약한 지구력을 보여줬으며 심지어 그 채식인들이 앉아서 일하는 사람들이었을 때도 그랬다." 실험대상 중 채식인들 중 절반은 앉아서 일하는 사람이었고 육식인들은 모두 운동선수였음에도 불구하고, 채식인들의 평균 지구력은 육식인들의 평균 지구력보다 두 배 이상 높았습니다. 실험에 영향을 미치는 모든 요소를 분석한 후, 피셔 교수는 이러한 결론을 내렸습니다. "육식자와 채식자 간의 지구력의 차이는 전적으로 그들의 식단의 차이 때문이다."

파리의 아이오테이코 약학박사도 이와 비슷한 실험을 했는데, 채식인들이 육식인들보다 평균 2~3배 이상 지구력이 좋다는 결과가 나왔습니다. 또한, 실험을 통해서 채식인들은 육식인들에 비해 체력이 소모된 상태에서 회복되는 데 걸리는 시간이 1/15밖에 되지 않는다는 사실을 발견하였습니다.

1968년 덴마크에서도 식단이 변화함에 따라 사람의 체력과 지구력이 어떻게 변화하는지 실험했습니다. 실험은 이렇게 진행되었습니다. 피실험자들은 일정 기간 고기와 채소를 섞어 먹고, 고정된 자전거의 페달을 얼마 동안 밟을 수 있는지 테스트를 받았습니다. 측정 결과, 그들의 근육이 약해지기 전까지 페달을 밟은 평균시간은 114분이었습니다. 같은 피실험자들에게 고기와 우유, 달걀 위주로 식단을 바꾸어 비슷한 기간 동안 식사를 하게 하고 다시 테스트를 진행해보니 페달을 밟은 시간은 매우 짧아져서 단 57분밖에 되지 않았습니다. 이번에는 같은 피실험자들에게 곡류, 채소, 과일로 구성된 엄격한 채식식단으로 먹게 한 후 다시 테스트를 진행하자, 평균 167분이라는 놀라운 결과가 나왔습니다.

제2부
운동과 건강

1 살아 있다는 것은 움직이는 것

어린 아기는 태어나자마자 잠자는 시간 말고는 계속해서 움직입니다. 이렇게 움직여야 건강하게 자랄 수 있습니다. 아이가 걷기 시작하면 더욱 운동을 많이 합니다. 건강한 어린이는 가만 두어도 자기에게 필요한 만큼 적당하게 운동을 합니다.

청소년 초기에 이르면 굳이 운동을 시키지 않아도 스스로 알아서 활발하게 운동을 합니다. 그러나 고등학교나 대학 시절이 지나면 운동이 줄어들기 시작해서 특히 전문 직이나 사무직에 종사하는 사람들은 거의 운동을 하지 않게 됩니다. 그 결과 근육이 늘어지고 지방이 쌓이게 됩니다.

여기서부터 악순환이 시작됩니다. 지방이 축적된 근육은 약해지고 체중이 늘며 움직이기가 더욱 싫고 계속 피곤해집니다. 움직이지 않으면 지방은 더욱 많아지고 결과적으로 활력은 더욱 없어지고 병에 대한 저항력이 매우 약해집니다.

살아 있는 것은 신체의 각 기관이 기능에 따라 정상적으로 움직이고 있다는 것이며 그 기능을 원활하게 하기 위해서는 적당한 운동이 필수적입니다.

2 운동 부족

사람은 일을 너무 많이 해서라기보다는 너무 적게 움직이기 때문에 많은 문제가 생깁니다. 운동 부족이란 운동을 하지 않는다는 뜻이 아니라 몸이 본래의 기능에 맞게 움직이지 않는다는 뜻입니다. 아기는 울거나 기어 다니거나 하는 것이 운동이며 아장아장 걷는 것이 운동입니다. 그러나 아기가 자라서 고등학생이 되면 과도한 공부 등의 이유로 몸을 움직이지 않게 되고 그것이 곧 습관이 되어 근육이 움직이지 않는 쪽에 익숙해져 버립니다.

사람의 몸은 호흡을 하지 않으면 고통스러워 못 견디게 되고 음식을 먹지 않으면 배가 고프고, 잠을 자지 않으면 머리가 아파서 견딜 수 없지만 운동에 대해서는 얼마 동안 움직이지 않아도 이상을 느끼지 못합니다. 물론 병상에 오래 누워 있으면 욕창이나 근육의 경직이 생기는 경우도 있지만 조금이라도 활동하면 별로 운동 부족을 느끼지 못합니다.

그러나 몇 년이 지나면 운동 부족이 병으로 나타나기 시작합니다. 어깨가 잘 결리고 잠을 잘 이루지 못하며 피곤이 잔뜩 쌓인 느낌이 들고, 정신적인 긴장 등의 자각 증상이 나타납니다. 운동 부족으로 나타나는 증상은 다음과 같습니다.

1) 순환기 계통의 병 (심장병, 동맥경화 등으로 나타나는 고혈압)
2) 비만
3) 허리가 아프거나 등의 통증, 다리에 쥐가 나는 것
4) 대사 장애로 인한 당뇨나 통풍 등

개인 차이는 있지만 운동이 부족하면 30대 후반에서 40대 전반에 걸쳐 여러 가지 생활습관병이 나타납니다.

기대수명 자가 테스트

복잡한 의료 검진을 받지 않아도 높은 확률로 나의 수명을 예측할 수 있습니다. 앉았다 일어나 보기만 하면 되는 간단한 방법입니다. 브라질 의사인 클라우디오 길 아라우조(Claudio Gil Araujo) 박사가 고안한 SRT(Sitting Rising Test)입니다. 이 테스트는 어느 연령대든지 쉽게 해볼 수 있습니다.

a. 측정방법

- 먼저 신발을 벗고 편한 옷을 입는다.
- 발을 교차해 선다.
- 그 상태로 천천히 바닥에 앉는다. 이때 발과 엉덩이만을 이용해야 한다. (여기까지 성공했다면 5점).
- 다시 발바닥만을 이용해 일어서면 추가로 5점을 얻는다. 총점은 10점이다.

b. 유의사항

- 간단한 과정이지만 아주 많은 감점 포인트가 있다.
- 앉았다가 일어날 때 손, 팔, 무릎 등으로 땅이나 몸을 짚었으면 각각 1점씩 감점이다.

- 균형을 잃고 휘청거릴 때마다 0.5점씩 감점이다.
이렇게 얻은 총점을 토대로 기대 수명을 예측해볼 수 있다.

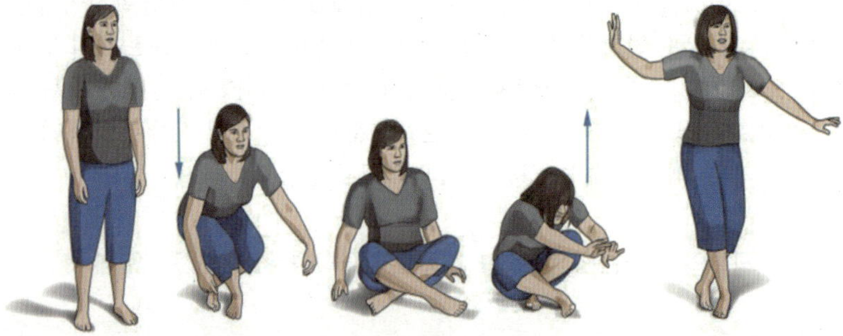

c. 나의 건강 상태는 어느 정도일까요? (단위 : 점수)

8-10점 - 건강 상태 좋음
6-7.5점 - 건강 상태 양호함
3.5-5.5점 - 건강에 문제가 있는 상태. 노력이 필요함
3점 이하 - 건강 상태 안좋음. 자신을 잘 관리해야 함

3 근육을 풀어주는 스트레칭

스트레칭이란 근육이완 운동을 말하며 일정한 시간동안 안전하고, 효과적이고 지속적으로 근육을 펴주거나 늘려주는 체조를 말합니다. 근육의 긴장을 해소시켜 주고 탄력을 높이며 활동을 부드럽고 편안하게 해 줍니다. 또한 자세 교정과 컨디션을 증진시키며, 관절의 가동 영역을 확대시켜 유연성을 높여 줍니다. 운동 중 입을 수 있는 상해를 예방하는 효과도 있습니다. 그 밖에 혈액순환과 신진대사를 촉진시키므로 피로를 회복시켜주고 스트레스 해소에 좋은 효과가 있습니다. 아울러 늘이기 체조 경험을 통해서 자기 자신의 체력 정도에 대한 이해가 높아집니다. 아래와 같은 스트레칭을 할 때 자신의 몸이 정상적으로 스트레칭을 할 수 없거나 완전하게 되지 않는다면 심각한 몸 상태이거나 운동부족임을 스스로 테스트 할 수 있습니다. 꾸준한 몸 풀기와 지속적인 운동이 반드시 필요합니다.

늘이기 스트레칭의 효과

우리 인체는 크고 작은 600여개의 근육과 200여개의 관절이 있습니다. 따라서 무릎이나 대퇴 고관절과 같은 근육과 관절이 큰 부위는 스트레칭 시간이 길어져야 효과적이고 반대로 목이나 팔과 같은 약한 부위는 상대적으로 시간이 짧아도 됩니다. 스트레칭 체조를 위한 부위별 스트레칭 시간은 충분한 스트레칭의 경우 작은 관절 부위는 15초 이상, 다리에 있는 큰 관절, 아킬레스건은 30초~1분 이내로 정하고 있습니다. 그러나 일상생활 속에서 틈틈이 하는 생활체조로서의 가벼운 스트레칭의 경우에는 10~15초 내외로 합니다. 하루 중 여러 차례 반복하면 더욱 효과적입니다.

늘이기와 호흡

어떤 운동을 할 때 호흡에 신경을 쓰다보면 오히려 긴장되어 호흡이 순조롭지 못하게 되고, 또한 호흡 그 자체로 인하여 긴장이 고조될 수도 있습니다. 스트레칭시의 호흡은 평상시와 같이 편안하고 자연스러워야 합니다. 이렇게 자연스럽고 부드러운 호흡은 긴장을 해소시켜 스트레칭 효과를 보다 높여 줍니다. 단 체조가 끝나고 다음 체조를 시작하기 전 사이사이마다 크게 심호흡을 1~3회씩 실시해 주는 것이 좋습니다. 다음은 아산시보건소의 스트레칭법을 활용했습니다.

스트레칭 따라하기

양손 엄지 손가락으로
목 뒤로 젖혀들기

한손으로 서서히
머리 당겨주기(좌, 우)

깍지낀 손과 함께
머리 숙이기

양손을 빼고 최대한
위로 늘리기

깍지낀 팔과 함께
몸을 40° 당겨주기(좌, 우)

깍지낀 팔과 함께
상체 숙이기

7

한팔을 쭉 펴고 반대팔로
당겨주기(좌, 우)

8

한쪽 팔을 머리위로 구부려
반대팔로 눌러주기(좌, 우)

9

한손으로 발끝 잡고 뒤로
당겨주기(좌, 우)

10

무릎을 편 채로 상체
숙이기

11

한쪽 다리만 구부린 상태에서
상체 숙이기(좌, 우)

12

양손으로 무릎잡고 어깨
비틀기(좌, 우)

13

무릎을 뻗고 앉아 상체
숙이기

14

한쪽 다리만 구부려 상체
숙이기(좌, 우)

15

발바닥을 서로 붙이고 상체
숙이기

16

양다리를 교차시켜서 상체
숙이기(좌, 우)

17

양다리를 벌리고 앉아 상체
숙이기

18

앞다리는 구부리고 뒷다리는
펴서 상체 뒤로 젖혀들기(좌, 우)

19

손끝을 무릎을 향해
놓아주고 앉기

20

땅을 펴서 상체를 뒤로
눌러주기

21

무릎 꿇고 앉아 몸
움추리기

22

무릎 꿇고 앉아 상체
숙이기

23

무릎을 땅에 지탱하고 힙을
들어올려 상체 숙이기

24

무릎을 땅에 지탱하고 겹친 손을
사선으로 높이 눌러주기(좌, 우)

25

손끝부터 발끝부터
늘려주기

26

한쪽 무릎을 가슴쪽으로
당겨주기(좌, 우)

27

양쪽 무릎을 가슴쪽으로
당겨주기

28

한손으로 반대다리를 눌러주며
몸 비틀기(좌, 우)

29

양손을 뻗고 최대한
위로 늘리기

30

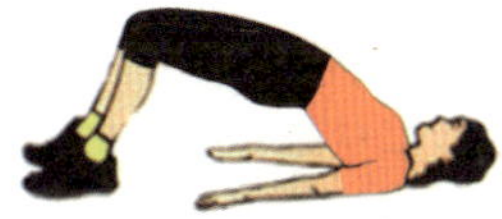

누운 상태에서 양손을 땅에 지탱하여
허리 들어올리기

4 골격을 바로잡는 운동

골격을 바로 잡아 장기가 제자리에 회복되면 많은 자가 면역성 질환(성인병이라 불리는 생활습관병)을 정상적인 상태로 돌릴 수 있습니다. 이것은 몸이 정상적인 피의 순환과 면역력을 올림으로써 자가 치유 능력이 정상 작동 하게 되기 때문입니다. 자가면역성 질환으로 발생하는 현상은 아토피, 축농증이나 비염, 퇴행성관절염, 허벅지 비만 등이 나타나게 됩니다. 오늘날 나타나는 불치성 혹은 위험순위의 암과 같은 것들이 몸을 공격하는데 이 운동으로 극복할 수 있습니다. 골격계 운동으로도 암, 고혈압, 당뇨, 뇌혈관 질환 등에 효과를 볼 수 있으며, 이명, 뇌명, 난청, 전립선, 부인병 질환, 갑상선, 생리통, 갱년기 장애, 요통, 어깨통증, 두통 등의 개선에도 좋은 효과를 볼 수 있습니다. 이 운동은 어렵지 않으므로 꾸준히 할 수 있기 때문에 반드시 최소한 이 운동만이라도 실시하면 불편했던 질환들이 떠날 것입니다. 암과 생활습관병(자가면역질환)은 병이 아니라는 사실을 명심합시다. 특히 불임여성에게는 특효의 운동이라는 점을 알게 된다면 모든 사람에게 최소한의 운동임을 확신하게 될 것입니다.

세트 골격교정 운동(아래 3가지)은 하루 한 번 실시하되, 치유를 위해 자주 할 경우는 최소 1시간 이상 간격을 두고 운동하되 매일 수시로 몸 컨디션에 따라 늘려가면 됩니다.

1. 척추 구르기 운동

- 바닥에 메트나 얇은 담요를 준비한다.
- 메트 위에 앉아 무릎을 굽혀 서로 붙이고 가슴을 무릎에 댄다.
- 양손을 무릎에 깍지끼고 뒤로 굴려 준다.
- 뒤로 등을 공이 구르듯 굴려준다.
- 척추 마디마디가 자극이 되도록 척추를 느끼며 굴려준다.(중요)
- 직선상에서 움직일 수 있도록 누었다가 원래대로 돌아온다는 생각으로 한다.
- 반동을 주어 일어나 앉아 가슴을 무릎에 붙인다.
- 목 아래 대추뼈까지만 뒤로 젖혀 준다.
- 1회 30회 정도 굴러준 뒤 바르게 누워 풀어지는 자극을 느끼며 잠시 쉬어 준다.

구르기 운동시 주의사항

※ 되도록이면 딱딱한 곳에서 실시한다. 아프면 얇은 매트를 깐다.

※ 처음 10회부터 시작하되 속도를 빨리 하지 않고 몸으로 느끼면서 한다.

※ 지나치게 뒤로 젖히면 목을 다칠 수가 있으니 주의한다.

※ 점점 요령이 생기면 자연스럽게 늘려 매회 30회 정도로 하루 4번 이상 한다.
※ 운동 간격은 최소 1시간 쉬고 실시한다.

♥ 구르기를 했을 때 얻을 수 있는 효과

- 구르기 하면 하체가 교정된다.
- 구르기를 많이 하면 좌,우 어깨의 높낮이 불균형이 많이 해소된다.
- 등뒤 척추를 자극하여 자율신경계의 항상성을 도와 건강한 신체를 회복시킨다.
- 복부 근력 강화와 내부 장기 운동성을 돕는다.
- 경추부터 꼬리뼈까지 이어지는 척추의 근육들과, 어깨와 등 근육들을 자극을 주어 뭉친 근육을 점진적으로 풀어준다.

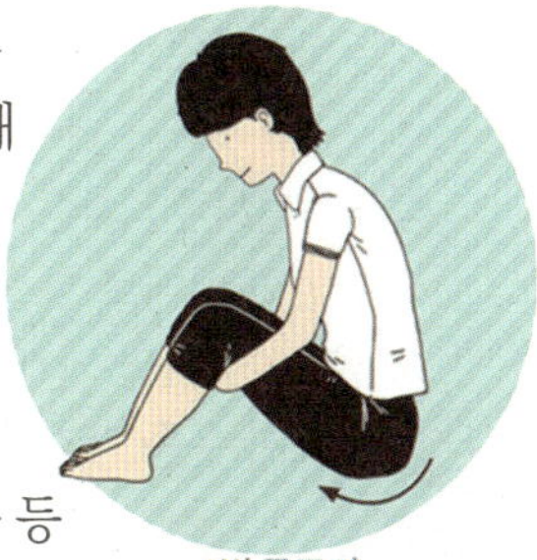
1번 구르기

※ 근육이 경직되면 - 혈액순환과 신경전달이 어려워지고 쉽게 피로감을 느끼고 원인 모를 질병과 각종 통증(요통, 어깨통증, 두통 등)을 경험하게 된다.

2. 경침으로 골반 교정운동

- 앉아서 경침을 엉덩이에 바짝붙여 경침을 엉치뼈 바로밑에 오게하고 베고 눕는다.
- 다리는 펴고 팔은 위로 올려 편안히 놓는다.
- 이 상태로 2분 미만 누워 있는다.
- 일어날 때는 반드시 몸을 한쪽으로 돌려 엎드린 후 고양이자세로 일어난다.

엉치뼈 운동시 주의사항
※ 절대로 허리에 대지 말고 엉치뼈에 대고 누워야 한다.
※ 2분 이상하면 뇌가 허리를 굳히게 만들기 때문에 2분 이하에서 끝낸다.
※ 반드시 운동 간격은 최소 1시간 쉬고 실시한다.

♥ 편백나무 경침으로 엉치뼈 운동을 했을 때 나타나는 효과

1. 빠지거나 틀어진 골반을 교정해 준다.
2. 골반을 바로 잡아 신장, 방광을 제자리로 돌려 주어 건강을 되찾는다.
3. 자궁근종, 물혹, 요실금, 치질, 허리통 개선에 많은 효과가 있다.
4. 특히 전립선이나 부인과에 문제가 있는 경우에 효과가 좋다.

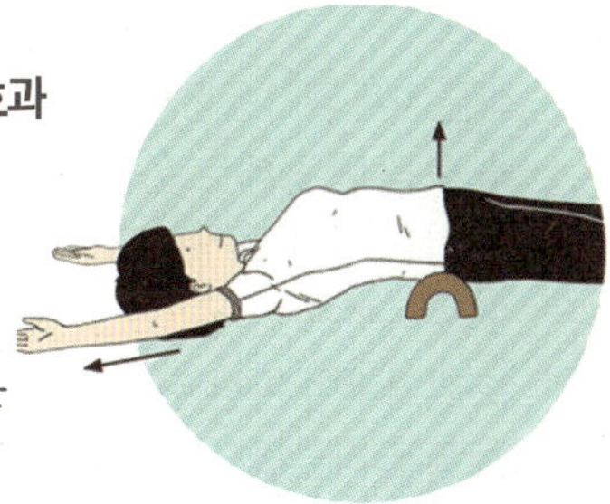
2번 엉치뼈에 목침 대기

3. 경침을 7번척추에 대고 척추 바로잡기

- 브레지어 끈이 지나가는 선(젖꼭지와 일선상)에 편백나무경침을 놓고 눕는다.
- 다리를 펴고 팔을 위로 올려 편안히 놓는다.
- 이 상태로 3-5분 정도 누워 있으면 된다.
- 일어날 때에는 반드시 몸을 한쪽으로 구른 후에 고양이 자세로 일어나는 것이 좋다.

척추 운동시 주의사항
※ 편안한 상태로 힘을 빼고 누워야 한다.
※ 5분 이상하면 뇌가 허리를 굳히게 만들기 때문에 5분 이하에서 끝낸다.
※ 반드시 운동 간격은 최소 1시간 쉬고 실시한다.

♥ 편백나무경침으로 척추 운동을 했을 때 나타나는 효과

1. 틀어졌던 흉추를 교정하여 바로잡아 준다.
2. 비만을 조절하는데 꼭 필요한 운동이다.
3. 장기(위, 폐, 간)를 제위치에 바로잡고 건강하게 한다.
4. 고혈압을 조절하고 불면증을 개선한다.
5. 뱃살을 빼는데 좋다.

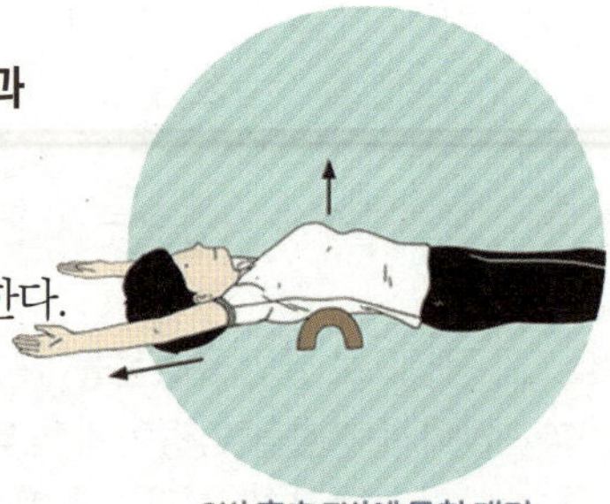
3번 흉추 7번에 목침 대기

4. 바른 자세 걷기운동

- 어깨를 으쓱하여 가슴을 살짝 들어올린 후 몸 뒤로 양손을 깍지 껴서 밑으로 내린다.
- 이 상태에서 어깨에는 힘을 빼고 팔꿈치를 뒤로 가볍게 당겨준다.
- 고개를 살짝 들어 (15도) 시선이 먼 곳을 향하게 하고 턱은 살짝 당긴 상태로
- 20분동안 걷기운동을 한다.
- 허벅지로 가볍게 들었다가 쭉 뻗어 뒷꿈치가 먼저 닿게 한다.
  (실내에서 제자리 걸음으로도 유사한 효과를 얻을 수 있다.)

바른 자세 걷기 운동시 주의할 점
※ 힘을 뺀 상태로 운동을 해야 한다.
※ 힘을 주면 어깨가 뒤로 젖혀지고 배가 앞으로 나와 부자연스러운 자세가 된다.
※ 발목이 아닌 무릎으로 걸어야 한다.
※ 발가락이 아닌 뒤꿈치만 들었다 놓았다를 반복하면 좋다.
※ 몸을 바로잡는 운동이지 에너지운동이 아닌 것을 명심하자.

♥ 바른자세 걷기 운동에서 얻을 수 있는 효과

4번 걷기

1. 2달 정도 하면 반드시 살이 빠지기 시작한다.
2. 오랫동안 굽어 있던 허리와 등을 세워 주워 척추가 S자를 이루게 해주는 운동이다.
3. 가슴과 어깨를 펴주어 심장과 폐의 기능을 향상시키고 오장육부로 통하는 신경이 트이게 하여 고관절 주변 근육을 강화시켜 준다.
4. 살빼는 효과가 탁월하여 매일 아침 걷기운동법을 20분 이상 하면 살찔 걱정 없다.
5. 이 운동으로 살이 빠진 사람들은 절대로 요요현상이 없다.

♥ 바른 자세 걷기 운동을 야외에서 실시할 때 다음과 같은 좋은 효과를 얻을 수 있다.

- 운동 효과가 가장 쉽고 좋다.
- 언제 어디서나 할 수 있는 운동이다.
- 야외에서 하면 매일 우리에게 반드시 필요한 햇빛을 받을 수 있다.
- 걷기 하면 물을 마시게 된다.
- 가슴을 펴 주므로 신선한 공기를 심호흡 하게 된다.
- 꾸준히 하므로 절제의 습관을 통해 건강을 얻을 수 있다.
- 활력 있게 걸으면 몸과 마음이 충분한 휴식을 갖게 해준다.
- 자연을 통해 창조주와의 신뢰관계가 회복된다.
- 충분한 운동을 하므로 식사를 맛있게 하게 된다.

◎ 매일 수시로 3가지 세트운동과 바른자세 걷기 운동으로 교정 운동을 해주어야 한다.

1. 구르기는 하체를 교정한다.
2. 엉치뼈에 목침 대고 눕기는 엉치뼈 빠진 것을 교정한다.
3. 7번 흉추에 목침 대고 눕기는 등을 교정한다.
4. 바른자세 걷기는 이 모든 교정 운동을 뇌에 입력시켜 준다.

이 네 가지 운동을 꾸준히 하면 놀라운 일이 일어날 것입니다. 하나님께서 만드신 우리의 몸은 조금만 협력하면 놀랍게 스스로 회복됩니다.

아래 3가지 운동은 수시로 자주 하되 처음부터 무리하지 말고 차츰 늘려주는 것이 좋습니다. 혈액순환과 자세를 바로잡아주는 이 운동들을 꾸준히 하면 매우 효과적입니다.

5. 경침 종아리 내려치기

- 다리 밑에 경침을 받치고 눕는다.
- 엉덩이에 힘을 주고 다리를 펴고 오른 발을 먼저 20~30cm 들어올린다.
- 경침에 발목을 가볍게 떨어뜨려 충격을 주는 방법으로 25회 이상 반복 운동을 한다.
- 반드시 한쪽을 25회이상 연속으로 치고 반대쪽을 쳐준다.
- 이 때 위치는 복숭아뼈 바로 위 종아리 부분을 경침에 힘을 뺀 상태에서 내리 친다.
- 횟수는 적응이 되면 조금씩 늘려 주시면 된다.
- 심장에서 먼 오른쪽 다리부터 하는 것이 효과가 더 좋다.

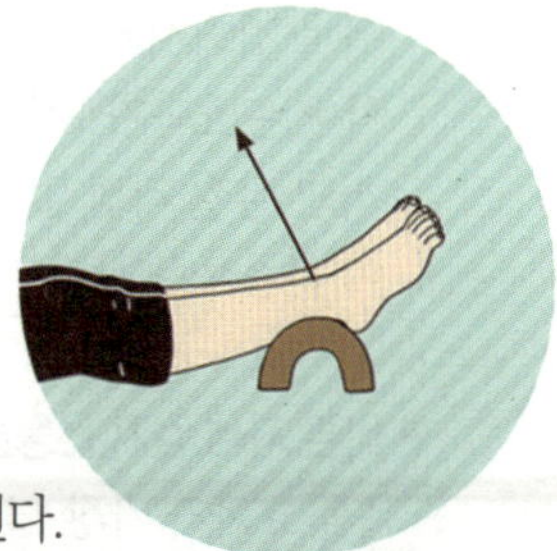
발목 펌프 운동

※ 발끝치기도 같은 효과를 낼 수 있다.

♥ 편백나무경침을 이용하여 운동을 했을 때 나타나는 효과

1. 오른쪽 25회, 왼쪽 25회 이상하면 방광과 신장이 튼튼해진다.
2. 온 몸에 혈액순환이 잘되 적혈구가 건강해져 활발하게 된다.
3. 제2의 심장이라고 하는 종아리 발목치기를 하루 몇 번만 해도
4. 고혈압, 당뇨 뿐만 아니라 노폐물 제거와 통증들이 줄어든다.
5. 갱년기장애, 불면증 등에도 좋다.

6. 경침을 목에 대고 도리도리

편백나무경침 위에 목을 대고 도리도리를 부드럽게 좌우로 반복해서 움직여 준다.
(천천히 부드럽게 1분간 20회정도)

경침 목 운동시 주의사항
※ 누웠을 때 얼굴이 수평이 되게 하여 뒷통수가 바닥에 닿지 않게 한다.
※ 처음에는 아프지만 2~3일 반복하다보면 아프지 않게 된다
※ 세트운동과 함께 하루 수 회 실시하면 좋다.

도리도리 운동

♥ 편백나무경침으로 목 운동을 했을 때 나타나는 효과

1. 목 뼈를 바로 잡아주어 어깨의 근육을 풀어 준다.
2. 스트레스로 인한 경직된 경혈을 자극하여 목을 부드럽게 한다.
3. 뇌 속의 산소와 혈액이 잘 공급되어 머리가 맑아진다.
4. 뇌 혈관이 건강해진다.
5. 매일 1분이상만 해 주면 중풍과 치매를 예방할 수 있다.

7. 경침 깔고 앉기

-경침을 깔고 앉는다.
- 이 때 엉덩이 중앙에 경침을 놓고 몸을 곧게 펴고 앉는다.
- 허리가 자연스럽게 펴지고 곧아진다.
- 엉덩이가 아프면 방석을 얹어도 되고, 시간에 상관없이 편안하게 자세를 잡아준다.

♥ 경침 깔고 앉기시 얻을 수 있는 효과

※ 허리를 세워 앉으면 장기가 제자리를 찾아가 튼튼한 몸을 만들 수 있다.
※ 일상에서의 자세가 매우 중요하다.
※ 척추가 바로서면 건강이 바로 선다.

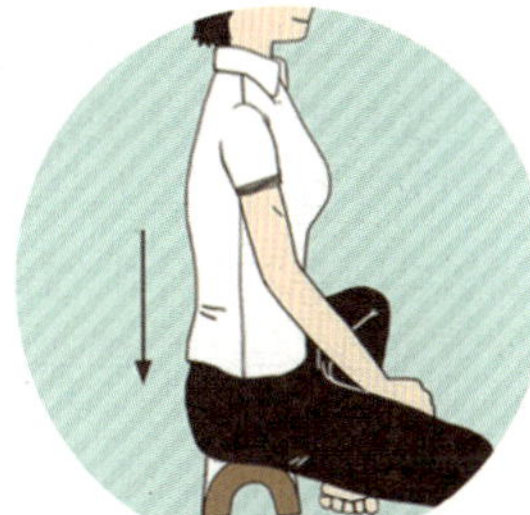

목침 깔고 앉기

일상에서 절대로 하지 말아야 할 자세

※ 짝다리 집고 서있기를 하면 무조건 골반이 틀어진다.

※ 다리꼬고 앉는 자세는 골반과 척추를 틀어지게 하므로 가장 않좋다.

※ 목을 빼고 컴퓨터나 스마트폰을 보는 자세는 경추를 틀어지게 하므로 뇌에 혈액과 산소공급을 막아 치명적이다.

본 운동법은 노완우목사 저 〈당신은 건강하십니까?, 넥서스 간〉를 참고했습니다.
http://m.yes24.com/Goods/Detail/19360886
골격운동법 강의를 보실 분은 유튜브 〈노완우건강센터〉 동영상
http://노완우.kr/love/exercise/a.htm

5 최상의 운동은 걷기

인체의 근육은 젊은 시절 운동을 했다고 해서 일생 그 상태를 유지하는 것은 아닙니다. 뇌는 특별히 익힌 기능이나 몸놀림에 대하여는 기억해 주고 있지만 근육은 유감스럽게도 꼬박 이틀, 즉 48시간 정도가 지나면 훈련 전의 상태로 되돌아가 버립니다.

30대의 아빠가 초등학교 운동회에서 학생시절 생각만 하고 달리다가 발이 꼬여 넘어지거나 현기증을 느끼는 것도 심장의 기능이 몸을 따라가지 못하거나 근육이 이미 굳었다는 증거입니다. 그래서 40대가 되어 체력이 떨어진 것을 느끼고 뭔가 해야 되겠다고 생각하는 사람은 운동을 시작하기 전에 우선 자신의 체력에 대해 알아 둘 필요가 있습니다.

걷기는 모든 사람들에게 적용할 수 있는 가장 좋은 운동입니다. 연령이나 남녀를 불문 하고 걷는 것은 전신 운동이 되며 무리할 걱정도 없습니다. 걷기를 할 경우 대략 1분에 120~130m 정도, 1.5km를 15분에 걷는 정도로 시작하는 것이 좋습니다. 이때 숨이 차면 조금 걸음을 늦추어 1~2주일에 걸쳐 1분에 120m 속도로 올립니다. 약 1개월에 걸쳐 2Km 를 15분에 걷도록 합니다. 이런 정도가 가능해지면 하루에 40분내지 1시간을 걸으십시오. 심장의 활동에 좋은 영향을 주며 심장병 예방에도 큰 도움이 됩니다.

하루에 1만보를 걷는 것으로 충분한 운동이 된다고 말합니다. 거리나 속도를 따지기 어려우면 만보계라도 부착하여 만보 걷는 것을 권합니다. 보통 사람들은 대부분 조금밖에 걷지 않습니다. 통계에 의하면 하루에 200보도 걷지 않는 직업에 종사하는 사람들도 있다고 합니다.

유산소운동을 3개월 이상 하면 뇌의 모세혈관이 30% 증가합니다. 운동으로 생성된 신경전달물질의 영향으로 새롭게 형성된 신경세포에 혈액을 공급하기 위해서입니다. 새 신경세포는 자극이 없으면 소멸하는데 운동은 좋은 자극제가 됩니다. 운동이 뇌를 계속 건강하고 스마트하게 만드는 것입니다.

물론 운동을 중단하면 신경전달물질도 안 생깁니다. 전문가들은 "새 신경세포와 신경세포를 이어주는 연결부위는 수년간 탄탄하게 결속해 있을 것이다. 그러나 운동을 그만두고 한 달이 지나면 신경세포의 기능이 약화된다"고 말합니다. 몸을 방치하면 뇌도 그에 따라 기능이 쇠약해진다는 것입니다. 뇌의 활성화 효과를 지속하기 위해서는 운동을 계속해야 합니다.

보건복지부 중앙치매센터는 2018년 기준 국내 치매환자를 75만여 명으로 추정하고 있습니다. 65세 이상 노인인구가 약 739만 명이니 치매 유병률이 10.16%입니다. 노인 10명 중 1명이 치매환자라는 것입니다. 치매는 예방이 중요합니다. 전문가들은 하루 30분씩 주 3~5회 달리거나 빠르게 걸으면 치매를 예방하고 건강하게 살 수 있다고 조언합니다. 100세 시대, 노인들이 가장 두려워하는 게 치매에 걸리는 것입니다. 자주 걷거나 달리면 치매란 두려움에서 벗어날 수 있습니다.

걷기

1) 올바른 걷기

굽이 높거나, 크거나 작은 신발은 피하고 체중 이동과 발 구름이 편한 신발을 선택한다.

2) 발뒤꿈치가 지면에 닿는 순서

발 뒤꿈치를 지면에 붙인다 / 밑바닥 전체를 지면에 붙인다 / 발 뒤꿈치가 지면에서 떨어진다

3) 걷기운동의 요령

☆ **보폭** : 평소의 보폭으로 1분에 120~130보 속도로 15분에 1.5km를 걷는 것이 좋으며, 짧은 걸음, 짧은 거리는 피하는 것이 좋다.

☆ **팔의 굽혀짐** : 걸을 때의 팔의 각도가 너무 크거나 작으면 속도를 내는데 방해가 되며 부자연스러운 행동이 된다. 따라서 팔의 각도는 90° 정도를 유지하면서 걷는다.

☆ **팔의 스윙** : 팔의 스윙은 어깨로부터 흔들리는 추처럼 움직여야 한다. 최소 양팔 간격이 25에서 30cm이상이 되어야 하며 팔을 빠르게 흔들기 위한 노력이 필요하다.

조깅

조깅은 천천히 달리기로 일반적으로 걷는 다음의 단계로 표현되며 경쟁적인 성격의 달리기와 걷기와는 구별됩니다. 조깅은 개인에게 알맞은 속도와 거리를 선정할 수 있을 뿐만 아니라 자발적이고 자유스러운 참여로 최소한의 피로감과 최대한의 즐거움을 얻기 위한 유산소성 운동입니다. 속도는 뛰면서 회화할 수 있는 정도로 하여 100m에 55초가 적당합니다. 혼자서 달릴 때는 노래가 가능한 정도의 속도를 유지합니다. 조깅은 비만체중을 줄이는데 효과적인 방법인 동시에 심장과 폐 기능을 향상시키는 데도 바람직한 운동입니다. 하지만 초보자는 걷기부터 시작하여 그 다음 걷기와 뛰기를 병행하여 실시하다가 익숙해지면 완전한 조깅을 실시하도록 합니다.

1) 조깅의 바른 자세

☆ 상체를 바르게 세우고 시선은 앞을 바라본다.
☆ 상체에 힘을 빼고 편안하게 유지한다.
☆ 팔꿈치를 가볍게 굽혀 들고 앞뒤로 흔든다.
☆ 발은 발뒷꿈치,발바닥 전체, 발끝 순으로 옮겨 딛는다.

2) 조깅 운동 요령

☆ 리듬감 있게 즐기면서 달린다.
☆ 운동 중 가슴이 답답하거나 그 밖의 이상이 느껴질 땐 운동을 중지하고 안정을 취한 후 의사와 상담한다.
☆ 달리기 운동의 중간, 중간에 맥박을 재어보고, 운동이 끝난 후에도 맥박을 재어서 운동이 적당한지를 체크한다.
☆ 운동복장은 체온을 유지 · 보호해 줄 수 있어야 하고, 어두울 때는 분명하게 잘 보이는 밝고 선명한 단색의 운동복이 안전에 좋다.
☆ 신발은 충격을 충분히 흡수할 수 있는 테니스화나 조깅화를 신는 것이 좋다. 그 이유는 조깅을 시작하게 되면 발목에 가해지는 충격이 평소보다 3배 이상 증가하기 때문이다.
☆ 도로를 달릴 때에는 자동차를 등지고 달리면 위험하기 때문에, 마주보면서 달리는 것이 만약의 경우 몸을 피하기가 용이하므로 안전한 방법이 된다. 그러나 가능한 한 차량의 왕래가 빈번하고 소음과 공해가 심하며, 바닥이 딱딱한 도로는 피하는 것이 좋다.

6 운동효과 10초 동안 측정하기

걷는 것만으로 재미가 없어 여러 가지 운동을 더 하고 싶은 사람을 위하여 표1〉을 준비했습니다. 이것은 미국 대통령 부속 운동 연구 조사회가 정리한 것으로서 7명의 의사가 평가한 것입니다. 각 운동의 표준은 1주에 4회 이상, 1회에 30분 이상 하고, 최고 점수는 21점입니다. 어떤 운동이 더 효과적인지를 쉽게 알아볼 수 있습니다. 운동에 국한된 것은 아니지만 지속적으로 몸에 유익한 것으로는 재미있는 일을 하는 것입니다. 운동선수가 되어 기록에 도전한다면 몸에 큰 부담이 될 수도 있습니다. 그러나 보통사람이 취미 정도로 운동도 하고, 언제라도 할 수 있고, 또 지속적으로 할 수 있는 등의 조건을 갖춘 일을 찾는 것입니다. 특별한 운동이 아니더라도 유익하고 재미있는 일 속에서도 얼마든지 운동 효과를 낼 수 있을 것입니다. 이런 운동이 효과적으로 몸에 유익을 주고 있는지를 알기 위한 간단한 방법이 있습니다. 표2〉를 보십시오. 이것은 10초 동안의 맥박을 측정한 것입니다. 운동을 하다가 10 초 동안 멈추고 맥박수를 측정하여 최저 한도 이하이면 좀더 빠르게 하거나 힘을 냅니다. 최고 한도 이상이면 몸에 좀 무리가 된다는 것을 의미합니다.

표 1 운동효율표 (자료 : 미국 대통령실 부속 운동 연구 조사회 자료)

	스테미너	근육내구력	근육조정	유연성	균형	감량	근육효과	소화	수면	합계
자전거	19	18	16	9	18	20	15	12	15	142
수영	21	20	14	15	12	15	14	13	16	140
스케이트	18	17	15	13	20	17	14	11	15	140
핸드볼, 스카슈	19	18	15	16	17	16	11	13	12	140
크로스 컨트리	19	19	15	14	16	17	12	12	15	139
스키 (게랜데)	16	18	15	14	21	15	14	9	12	134
농구	19	17	15	13	16	19	13	10	12	134
테니스	16	16	14	14	16	16	13	12	11	128
미용체조	10	13	16	19	15	12	18	11	12	126
산책	13	14	11	7	8	13	11	11	14	102
골프	8	8	9	8	8	6	6	7	6	66
소프트볼	6	8	7	9	7	7	5	8	7	64
볼링	5	5	5	7	6	5	5	7	6	51
조깅	21	20	17	9	17	21	14	13	16	148

표 2 운동후의 10 초간 맥박수

연령	최저	최고
15	24	29
20	23	28
25	23	28
30	22	27
35	22	26
40	21	26
45	20	25
50	20	24
55	19	23
60	19	23
65	18	22
70	18	21
75	17	20
21	20	17

7 건강 장수의 비결 운동

운동을 하면 다음과 같은 효과를 얻을 수 있습니다.

◈ 심장을 보다 능률적으로 만들어 준다. 심장 근육이 강화되고 심장 출력이 증가된다.

◈ 혈압이 정상화된다. 만약 고혈압이면 운동이 혈압을 낮춰 주고, 저혈압이면 정상적인 혈압이 되게 해 준다.

◈ 혈액의 산소 운반 능력을 증가시켜 신체 각부에 많은 양의 산소를 공급한다.

◈ 휴식 중의 맥박수를 낮춰 준다.

◈ 혈액 순환을 보다 원활하게 한다. 혈액의 흐름은 생명의 강이다. 피는 산소, 영양분, 기타 신체에 필요한 요소들을 운반해 준다. 더구나 신진대사를 통해 생긴 노폐물들을 모아서 그것들을 처리하는 콩팥, 허파, 피부로 운반해 준다.

◈ 운동은 반사 작용과 화학 작용을 통하여 복식 호흡을 유도한다. 폐가 확장되면 보다 능률적이 되기 때문에 더 많은 산소가 혈관에 들어가고 더 많은 이산화탄소를 제거하게 되는 것이다.

◈ 긴장된 근육을 풀어주고 억압된 감정들을 해방시켜 준다. 분노와 좌절을 감소시켜서 기분을 좋게 만들어 준다.

◈ 두뇌와 신경 세포를 전기력으로 충전시켜 준다. 운동은 체성신경계와 자율신경계 사이의 균형을 잘 맞추도록 해 준다.

◈ 소화를 돕고, 가스나 변비를 줄이고 장의 활동을 증대시켜 준다.

◈ 근육, 뼈, 인대를 강하게 해 준다. 뼈의 무기물의 손실을 막아 골다공증을 막아 준다.

◈ 내분비 기관에 생리학적인 균형을 가져다 준다. 뇌하수체, 췌장, 부신, 생식선 등이 더욱 효율적으로 된다.

◈ 운동은 정신력을 예민하게 하고 사고하는 힘을 길러 준다.

◈ 용모와 안색을 아름답게 해 준다.

◈ 칼로리를 태우므로 수면 중에도 신진대사율을 조절하여 과도한 비만을 막아 줍니다.

◈ 에너지를 더해 준다. 실제로 운동할 때 사용되는 에너지보다 더 많은 에너지를 운동을 통해서 얻는다.

◈ 노화 작용을 억제하고 보다 젊게 해 준다.

◈ 지구력을 길러 주고 쉽게 피곤하지 않게 해 준다. 사실 운동은 정신적인 피곤에 대해서 특효약이다.

◈ 운동은 두뇌에 의한 엔돌핀 생산을 북돋아 준다. 엔돌핀은 편안한 기분을 느끼게 해주며 아픔을 덜어준다.

8 체중을 줄이는 방법

운동을 하면서 땀을 흘리면 왠지 살이 빠지는 느낌이 들지만 실제로 살을 빼는 일은 그렇게 쉬운 일만은 아닙니다. 밥 한 공기를 160칼로리라 할 경우 평소의 식사에서 밥 한 공기를 줄일 때 1년 후에는 약 7kg의 체중을 줄일 수 있습니다. 여기서 퀴즈를 내보겠습니다. 아래의 체중별 칼로리 소모량 표에서 1시간 동안 계속 운동을 할 때 350cal(밥 두 공기분의 열량)보다 많은 것과 그렇지 않은 것을 표시해 보십시오.

어떻습니까? 밥 2공기분 이상의 칼로리를 운동으로 소모시키는 일이 좀처럼 쉽지 않은 것을 알게 되었을 것입니다. 체중을 줄이려면 우선 식사의 양을 줄여야 합니다. 그리고 운동을 곁들이면 훨씬 쉽습니다. 근육도 탄력 있게 되며 몸의 움직임이 가벼워지므로 살이 찌지 않습니다. 식사량만 줄여 살을 뺀 경우에는 음식을 먹으면 원래대로 되돌아가게 됩니다. 그러나 규칙적으로 운동을 곁들이면 식사 조절을 그렇게 엄격하게 하지 않아도 됩니다.

아래 표는 체중별 칼로리 소모량을 나타낸 것입니다.

강도	종목	50kg	60kg	70kg	80kg
		체중별 에너지 소모량 (1시간 운동시 소모열량, kcal/h)			
가벼운 운동	스트레칭	190	222	250	290
	걷기	240	285	330	400
	훌라후프	210	252	294	336
	베드민턴	286	343	401	458
중간도 운동	에어로빅	315	378	441	514
	조깅, 스쿼트	368	441	515	588
	계단 오르기	368	441	515	588
	자전거 타기	420	504	558	672
	등산	420	504	558	672
고강도 운동	수영	473	567	662	756
	줄넘기	525	630	735	840
	런닝머신(런닝)	552	663	773	884
	스쿼시	630	756	882	1008

9 가장 좋은 운동

가장 좋은 운동은 정원 손질이나 밭일, 목공 등 몸 전체를 사용하여 일하는 것입니다. 사람은 원래 움직이도록 만들어진 동물에 속합니다. 그러나 문명의 발달로 자동차, 전화 등으로 걷지 않아도 되어 거의 몸을 움직이지 않고도 편리하게 되었습니다. 그러나 이렇게 된 후부터 스트레스가 쌓이고 근육이 단련되지 않고 늘어져서, 허리나 어깨가 아프고 결리게 되었으며 온몸에 병이 생기게 되었습니다. 생활습관병은 그런 생활이 계속되면서 시작되는 것입니다. 일요일에는 뭔가 힘껏 일하고 땀을 흠뻑 흘릴 수 있는 일을 해보지 않으시겠습니까? 취미도 되고 실제로 이익도 되는 일을 찾아 몸을 마음껏 움직여 보십시오. 가뿐한 몸, 건강한 몸을 가질 수 있게 될 것입니다.

그러면 어떤 운동을 해야 할까요?

일반적으로 10~20대는 스피드, 30~40대는 힘, 50대 이후는 지구력에 중점을 두는 운동이 좋으며, 여성은 리듬과 율동이 있는 운동이 좋습니다. 일반적으로 권장되고 있는 것은 에어로빅 운동입니다. 에어로빅은 공기라는 뜻으로, 호흡을 많이 해서 산소 흡입을 증가시키는 유산소 운동을 말합니다.

에어로빅 운동에는 조깅, 줄넘기, 싸이클, 크로스 컨트리, 스키, 보트 타기 등이 있으며 베드민턴, 탁구, 테니스 등도 이에 포함됩니다.

에어로빅 운동에서 가장 중요한 것은 최소한 12분 정도는 지속적으로 해야 합니다.

사실 줄넘기, 제자리 달리기, 계단 오르내리기 등은 12분 정도로도 효과가 크지만, 조깅, 크로스 컨트리, 노젓기, 스키, 리듬 체조 등은 15분, 걷기, 싸이클, 스케이팅, 수영 등은 20분은 해야 그 효과를 볼 수 있습니다. 다양한 변화와 효과를 얻으려면 한 가지만 하는 것보다, 매일 번갈아 여러 종목을 실시해 보는 것도 좋을 것입니다.

유산소 운동 중에서 가장 쉬우면서 안전한 운동은 '걷기'입니다. 남녀노소 누구나 시간과 장소에 제한이 없습니다. 운동량이 부족하다고 생각될 때는 거리를 늘리거나 걷는 속도를 빨리 할 수도 있으며, 배낭 같은 무게 있는 것을 등에 지고 걸을 수도 있습니다.

걷기 운동은 체중이 과한 사람이나 노인, 또는 수술 후 회복기에 있는 사람에게 적합하며, 심장 재활 프로그램으로도 이용할 수 있습니다.

운동할 때 주의할 점

운동은 가볍게 시작하여 점차 강도를 높여 서서히 이어 가는 것이 좋습니다. 운동의 속도 또한 느린 것에서 빠른 것으로 실시해 가는 것이 바람직합니다. 지나친 경쟁심이나 모험심, 또는 과시욕에 의해서 하는 운동은 별 유익이 없으며 위험하기까지 합니다.

자신의 체력 수준에 맞는 운동 프로그램을 실시하는 것이 무엇보다 중요하며, 본 운동의 앞과 뒤에 준비 운동과 정리 운동을 해 주는 것을 잊지 말아야 합니다.

다시 한번 강조하지만, 운동에 앞서 확인해야 되는 것은 신체 검진과 자신의 체력에 맞는 적절한 운동의 선택입니다. 보다 큰 효과와 안전을 위해서 사전에 자신의 건강 상태와 체력 수준을 파악해 두는 것이 필요합니다.

구체적인 운동시의 유익 사항

◈ 감기 증상, 발열, 설사, 피로, 관절 등의 부상이 있을 때는 운동을 삼가거나 가벼운 체조 정도로 그친다.

◈ 추울 때는 평소보다 준비 운동을 오래 하고, 노인이나 고혈압이 있는 사람은 체온이 상승한 뒤에 운동을 한다. 옷은 두껍게 입고 나가되, 운동에 의해 체온이 오르면 하나씩 차례로 벗어 나가도록 한다.

◈ 더울 때 운동을 하면 온도와 습도가 높아 일사병에 걸릴 위험이 있다. 특히 어린이나 중년 이상의 성인은 체온 조절 능력이 약하고 기온의 영향을 쉽게 받으므로 오전 9시 이전이나 오후 4시 이후에 운동하는 것이 좋다.

◈ 식후에 바로 운동을 하면 소화 기관에서 운동 기관으로 혈류가 이동하여 소화에 장애를 준다. 가벼운 운동의 경우에는 식후 1시간, 강한 운동의 경우에는 식후 2시간이 지난 다음에 시작하는 것이 바람직하다.

◈ 옷은 가볍고 습기를 잘 흡수하되 공기가 잘 통하는 면 제품으로 하는 것이 좋다.

◈ 워밍업은 사전에 체온을 높여 호흡, 순환계, 근육계, 관절 등을 안정 상태로부터 운동에 적합한 상태로 서서히 유도하기 위해서 하는 것이다. 이는 운동에 의한 사고를 미연에 막아주고 운동 능력도 충분히 발휘할 수 있게 해 주므로 반드시 실시하도록 한다.

◈ 심한 운동을 갑자기 중지하고 안정 상태를 취하면 현기증과 같은 여러 증상이 일어난다. 이것은 운동에 의해 항진되어 있던 생리 기능이 갑작스런 운동 정지 때문에 상호간의 기능 조화를 잃어버리기 때문이다. 그러므로 운동 후 약 2분 정도는 가벼운 조깅이나 체조로 몸을 풀어주는 것이 좋다.

◈ 운동 후의 샤워는 기분을 상쾌하게 하고 피로 회복을 촉진시킨다. 땀을 많이 흘린 운동 뒤에는 반드시 샤워를 한다. 목욕은 피부를 청결하게 하고 혈액 순환을 왕성하게 하며, 체내 노폐물을 밖으로 내보내게 한다. 땀구멍을 씻어내므로 체온 조절 적용과 더불어 피부의 호흡도 원활하게 해 준다. 그러나 운동 직후에 냉수욕을 하면 피부 혈관이 급격히 수축하여 혈압이 상승하게 되므로, 어느 정도 안정이 된 상태에서 미온욕을 하는 것이 좋다.

제3부

물과 건강

1 몸의 70% 이상인 물

사람의 몸은 70% 이상이 물로 구성되어 있습니다. 근육의 70%, 뇌의 75%, 피의 92%가 물로 구성되어 있습니다. 심지어 딱딱한 뼈 속에도 25~50%가 물입니다.

체내의 물은 1~2%만 잃어도 심한 갈증과 괴로움을 느끼고 5% 정도 잃으면 반 혼수 상태에 빠지며 12% 잃으면 죽고 맙니다. 체내에 물이 모자라면 정신이 혼미해지고 조급해지며 하던 일에 싫증을 느끼게 되고 화를 내며 싸움의 기질이 발동하는 등 행동에 변화가 일어납니다.

폐에 습기가 없으면 호흡한 산소를 사용할 수 없습니다. 또한 관절과 장기, 근육 그리고 그 밖의 신체 기관들이 손상을 일으키지 않도록 하는 윤활작용을 합니다. 물은 우리가 섭취하는 음식물의 영양소를 분해시킵니다. 또 흡입한 공기의 산소를 분리시키거나 재합성시켜 여러 가지 조직에 고루 운반하고 그 찌꺼기와 노폐물을 체외로 배출시킵니다. 그리고 체온이 너무 높아지면 피부로부터 땀을 증발시켜 열을 식혀 주는 역할을 하기도 합니다.

2 물이 몸 속에서 하는 역할

숨쉬는 공기 다음으로 사람에게 없어서는 안 될 중요한 것이 물이라고 할 수 있습니다. 아기가 감기에 걸려 식욕이 없어졌을 때 가장 신경을 써야 할 것은 탈수 증상입니다. 물만 제대로 마셔도 열과 바이러스에 대한 저항력이 유지되며 탈수에 의한 쇼크를 방지할 수 있습니다. 체내에서 물이 하는 역할을 간단히 살펴봅시다.

◈ 용해 작용 – 몸에 필요한 거의 모든 성분은 물에 녹아서 흡수되고 운반되며 작용한다.
◈ 희석 작용 – 신체에 필요한 각종 물질을 희석시키고 중화 시킨다.
◈ 세척 작용 – 몸 속의 독소를 씻어 내거나 용해시켜 점막 세포를 부드럽게 한다.

물은 체내에서 여러 가지 물질을 녹인 용액 상태로 존재하며 이것을 체액이라고 합니다. 몸 속의 혈액이나 신장에는 물이 많이 함유되어 있고 뼈 속에는 비교적 적게 들어 있습니다. 전체적으로는 부피를 많이 차지하고 있는 근육과 피부에 전체 수분의 약 70% 이상이 함유되어 있습니다.

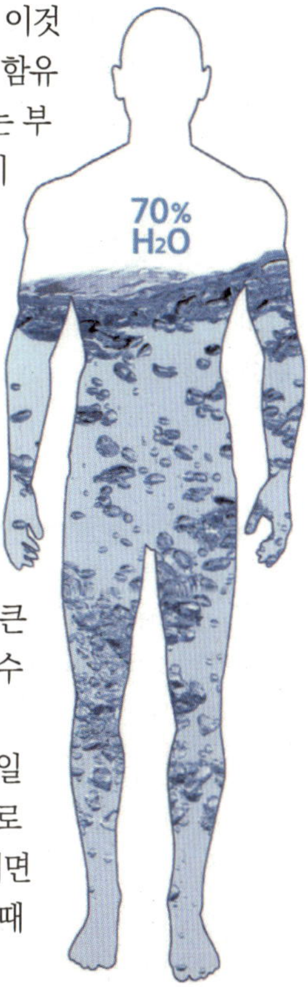

3 인체에 필요한 물의 양

우리 몸에 만일 콩팥이 없다면 날마다 40,000컵의 물을 마셔야 합니다. 콩팥은 매일 200리터의 물을 여과시키며 불과 6.3컵의 물만 오줌으로 내보냅니다. 이 때 몸이 필요한 물의 양과 섭취되는 물의 균형이 맞지 않으면 몸에 큰 장애를 가져오므로 적당량의 수분 공급은 생명 유지를 위해 필수적입니다.

우리 몸에서 하루 물 배출량과 섭취되는 물 비교와 같이 매일 마셔야 할 물은 적어도 6컵은 되어야 합니다. 우리가 육체적으로 심한 노동을 하거나 힘에 겨운 운동을 해서 땀을 많이 흘리게 되면 갈증을 느끼게 됩니다. 대부분의 사람들은 이처럼 갈증을 느낄 때에만 물을 마십니다.

[물의 배출량]	[섭취되는 물]
땀 2.1컵 호흡으로 인한 폐에서의 소모 1.7컵 대변 0.5컵 소변 6.3컵 계 10.6컵	체내에서 지방과 탄수화물이 산화될 때 1.5컵 음식물을 통한 섭취량 3.6컵 배설량에 균형을 맞추기 위해 마셔야 할 물 5.5컵

그런데 갈증은 인체에 물이 필요하다는 사실을 알려주는 정확한 신호가 아니라는 사실을 알아야 합니다. 즉 체내에 요구되는 수분의 절대량보다 부족한 상태에 있을 때라도 전혀 갈증이 느껴지지 않는 경우가 있습니다. 그러므로 갈증과 상관없이 규칙적으로 마셔야 합니다. 미항공우주국 인체과학연구소에서 하루 마시는 물과 체력과의 관계를 실험한 일이 있습니다. 하루 2컵의 물을 마시게 한 그룹과 하루 10컵의 물을 마시게 한 그룹의 체력을 비교 연구한 것입니다.

그 결과 하루 10컵의 물을 마신 그룹의 체력이 2컵의 물을 마신 그룹에 비하여 2.2배나 우월함이 증명되었습니다.

4 어떤 물을 마셔야 될까?

우리나라는 산 좋고 물 맑은 금수강산이라 합니다. 미국이나 유럽의 경우 상점이나 식당 등에서 물을 파는 것을 보게 됩니다. 수도가 잘 되어 있는 나라지만 무심코 물을 마시면 배탈이 나서 고생을 하는 경우가 종종 있습니다. 그런데 불과 30년 전만 해도 거의 상상할 수 없었지만 우리나라에도 이제는 물을 사 먹어야만 하는 상태에 이르렀습니다.

미국의 스텐포드 의과대학 병원 연구팀은 12세 된 여자 어린이의 피부병의 원인을 찾으려 했으나 찾아내지 못했습니다. 그러다가 그 아기의 머리카락을 검사해 보았더니 다량의 비소가 섞여 있는 것을 발견했습니다. 그 이유를 추적해 보았더니 그 환자의 가족이 식수로 사용하는 물에 위험할 정도로 많은 양의 비소가 함유되어 있었습니다. 그 피부병의 원인은 바로 그 아이가 마시는 물에 있었던 것입니다. 마시는 물은 건강과 직접적인 연관이 있으므로 어떤 물을 마시는가에 따라 우리의 건강도 달라질 수 있습니다.

원래 음료수로 적합한 물을 연수라고 합니다. 물 100cc에 함유되어 있는 칼슘이나 마그네슘을 산화칼륨으로 환산하여 1mg일 때 그 물의 경도를 1도라고 말하며 8도 이하의 물을 연수라고 합니다. 8도 이상이 되면 경수라고 하고 맛이 좋지 않고 설사를 하여 임산부의 경우 심지어 유산을 일으키기도 합니다. 유럽의 대부분의 물이 이런 경수이며 한국에서는 자연수의 경도가 1.5~4.5도로 낮기 때문에 마시기에 좋은 물입니다.

식수의 물리적 요건

순수한 물은 우선 맛과 냄새가 없습니다. 맛과 냄새가 느껴지는 물은 하수, 산업폐수, 약물, 혹은 용해성 가스의 오염이 의심됩니다. 또한 투명해야 합니다. 색상을 띠거나 흐려져 있는 물은 유해성 물질, 부유성 혹은 수중생물, 유기 혹은 무기 물질 그리고 흙이나 모래가 섞여 있는 경우입니다.

▶ 화학적 요건

식수의 산도는 중성치인 PH 7을 전후하여 PH 5.8~8.5를 보편적인 허용치로 삼습니다. 어떤 사람들은 위액의 산성을 중화시키기 위하여 이온수(알카리수)를 마셔야 한다고 주장합니다. 그러나 식수의 산도가 약산이나 약 알칼리 쪽으로 기울어도 위장에 큰 영향을 주지는 않습니다.

▶ 생물학적인 요건

식수는 세균, 바이러스, 원충 혹은 기생충 등의 병원성 미생물을 함유해서는 안 됩니다. 이런 것들이 수원에 침입하면 일시에 많은 사람에게 장티푸스, 콜레라, 이질, 소아마비, 유해성 간염 등의 수인성 전염병을 확산시킵니다. 그러나 같은 순수한 물이라도 너무 뜨겁거나 차면 위에 자극을 주게 되므로 미지근한 느낌을 줄 정도가 좋습니다. 맑은 물 한 잔은 보약보다 나은 것입니다.

5 물을 얼마나 마셔야 할까?

1959년 세계 최초로 에베레스트 산을 등정했던 에드먼드 힐러리경과 텐진 노르게이 씨는 배터리로 얼음을 녹이는 기계를 준비하여 등반 대원들에게 하루 적어도 3리터의 물을 마시게 하여 마침내 그 산을 정복하는 쾌거를 이루었습니다. 그러나 그 바로 몇 달 전에 정상 정복을 시도했던 스위스의 등반 대원들은 마지막 3일 동안 하루 0.5리터의 물 밖에 마시지 못하므로 정상 정복에 실패하고 말았습니다.

그렇다면 우리는 물을 얼마나 마셔야 할까요? 이제 마실 만한 물을 준비하고 아침에 일어나자 마자 1~2컵, 오전 중에 2컵, 오후에 2~3컵을 마시면 필요량을 채우게 됩니다.

미국 하버드 대학교 위생학과에서 운동선수를 대상으로 흥미 있는 실험을 했습니다. 우선 물을 마시지 않고 연습을 시키면 3.5시간만에 체온이 38.9도까지 올라가 심한 피로로 기진맥진하게 되었습니다. 그 다음 원하는 만큼의 물을 마시게 하자 놀랍게도 6시간까지 연습을 계속할 수 있었습니다. 물을 마시지 않고 피로해질 때까지의 시간이 2배나 연장된 것입니다. 마지막으로 그들이 원하는 만큼의 물에 ⅓의 양을 더하여 억지로 마시게 했습니다. 그 결과 체온은 38.3도 이상으로 올라가지 않았으며 거기다 7시간 이상이나 연습을 계속할 수 있었습니다. 따라서 사람에게 필요한 물의 양은 원하는 양보다 실제로 30% 이상 많다는 것을 알게 되었습니다.

6 물 마시는 법

그토록 소중한 역할을 하는 물이라도 마시는 습관을 들이지 못한 사람이 있습니다. 어떤 사람은 물을 마시지 않고 견디는 것을 자랑으로 아는 사람이 있습니다. 물은 마시고 싶든지 마시고 싶지 않든지 간에 습관적으로 마셔야 합니다.

어떤 사람은 식사 중에 꿀꺽꿀꺽 마시는 사람이 있는데 그렇게 하면 몇 가지 문제가 발생합니다. 식사하기 30분 전까지 그리고 식사 후 2시간 이내에는 물을 마시지 않는 것이 오히려 좋습니다. 식사 전에 물을 많이 마시면 위액을 희석시켜 소화에 장애를 일으키고 식욕을 떨어뜨리기도 합니다. 또 식사 중에 물을 많이 마시는 습관은 위산 과다와 위하수의 원인이 되기도 합니다.

더운 계절이나 심한 운동, 노동 등으로 땀을 많이 흘렸을 경우에는 물을 마셔야 피로를 예방할 수 있습니다. 물 마시는 습관이 안 된 사람이나 수돗물 냄새 때문에 물을 마시지 못하는 사람은 현미차 혹은 보리차를 끓여 마시면 미네랄도 보충되고 좋습니다. 단, 녹차, 홍차, 커피 등 카페인이 함유된 것은 좋지 않습니다. 청량 음료수, 탄산수 등도 상쾌한 맛을 내기는 하지만 모든 첨가물이나 설탕의 문제를 생각하면 순수한 물이 가장 좋습니다. 청량 음료수에는 설탕이 많이 들어 있어서 여분의 칼로리를 지니고 있습니다.

심장병이나 신부전 등으로 수분 섭취에 주의를 요할 때는 의사와 상의해서 물을 마셔야 합니다. 몸을 움직이지 않아 물을 마시면 수종이 생기는 사람의 경우는 운동으로 수분을 순환시키는 일이 꼭 필요합니다.

- ♥ 아침 식사 전 공복에 일어나서 2컵을 마셔라.
- ♥ 아침과 점심 식간에 2~3컵을 마셔라.
- ♥ 점심과 저녁 식간에 역시 2~3컵을 마셔라.
- ♥ 식사 1~2시간 후에, 식사 30분 전에 마셔라.
- ♥ 식사 중 물을 마시지 않는 것이 좋다. 특히 냉수는 해롭다.
- ♥ 뜨거운 물보다는 체열과 비슷한 미지근한 물이 좋다.
- ♥ 물은 가능한 순수한 물을 마셔라. 특히 증류수가 좋다.

7 몸에 필요한 물의 용도

몸에 들어온 물은 900~1,500cc가 오줌으로 배설됩니다. 오줌은 신장에서 만들어지는데 신장은 혈액 중의 수분을 정확한 비율로 유지시켜 주며 체내의 산, 염기의 평형을 조정하는 중요한 역할을 합니다. 신장은 하루에 약 200L이상의 혈액으로부터 노폐물을 청소해 낼 수 있습니다. 놀랍게도 신장은 정상적인 건강 유지를 위해 필요한 능력의 9배의 여력이 있기 때문에 병으로 한쪽 신장을 제거하더라도 남은 신장으로 충분한 역할을 감당해 낼 수 있습니다.

신장의 구조

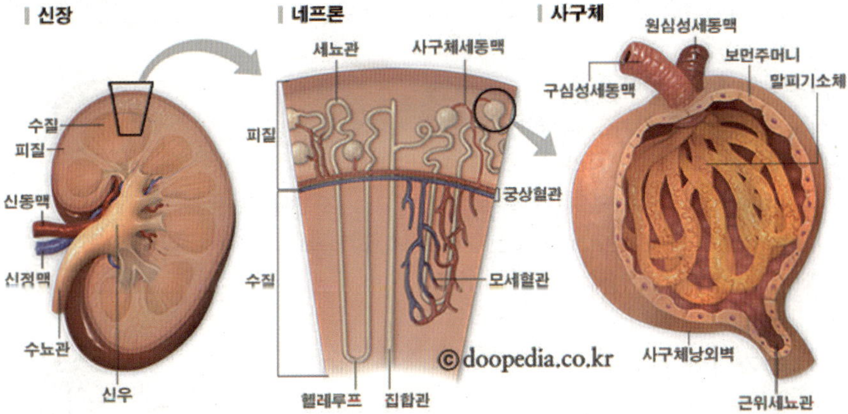

양쪽 모두를 합쳐도 불과 200g 정도의 작은 신장이 상상을 초월하는 엄청난 일을 해냅니다. 그 속에는 네프론이라 불리는 정교한 여과 장치가 100만개 이상 들어 있습니다.

모세 혈관으로부터 사구체를 통하여 포도당, 아미노산, 염분, 요소, 요산 등이 걸러졌다가 세뇨관에서 다시 흡수됩니다. 하루에 신장을 통과하는 물은 150~200L가 됩니다. 이것은 몸 전체의 물을 하루 평균 5번 이상 여과하고 있는 셈입니다. 그러면서 그 99%는 다시 흡수되고 1%를 불필요한 노폐물을 섞어서 오줌으로 내보내고 있습니다. 그래서 오줌이 1.5L가량 나오는 것입니다.

최소 500cc의 오줌이 나오지 않으면 노폐물이 제대로 배설되지 않으므로 물을 꼭 마셔야 합니다. 신장은 일하는 양에 비해 놀랄 만큼 고장이 없지만 한 번 고장을 일으키면 몸에 복잡한 문제가 발생합니다. 오줌의 색깔, 비중, 단백, 당 등으로 몸의 건강 상태를 알수 있습니다. 1년에 한 번 정도 소변 검사를 해보는 것은 건강을 위해 매우 중요한 일입니다.

8 충분한 물이 주는 유익

물을 충분히 마시면 다음과 같은 유익이 있습니다.

1) 변통을 좋게 합니다.

변비가 있는 사람은 우선 자신이 마시고 싶은 양보다 물을 더 많이 마셔야 합니다. 특히 일어나자 마자 시원한 물을 1~2컵 마십니다. 계속적으로 그렇게 하면 2,3일 만에도 확실한 효과를 볼 수 있습니다. 단, 위가 약하거나 위경련 등의 경험이 있는 사람은 찬물 대신 미지근한 물을 마시는 것이 좋을 것입니다.

2) 식욕이 좋아집니다.

식사 중에는 물을 삼가고 식사와 식사 시간 사이에 물을 마시면 생활 방식이 아주 달라집니다. 즉, 식사 도중에 물로 떠내려 보내던 음식이 잘 씹어져 타액과 골고루 섞이게 됩니다. 식사와 식사의 사이에 수분을 섭취하기 때문에 타액이나 위액의 분비도 왕성하게 되어 소화가 잘됩니다.

3) 피부가 고와집니다.

수분을 충분히 흡수하면 신체의 각 조직이 활력을 얻고 피부도 탄력이 생깁니다. 이렇게 되면 세균에 대한 저항력도 증대됩니다. 여드름이나 피부가 쉽게 거칠어지는 사람도 한 번 시험해 보십시오.

4) 감기에 강해집니다.

세포에 충분한 수분이 들어가면 목, 코의 점막이 강해지기 때문에 병균에 대한 저항력이 증가합니다. 겨울에 감기에 걸리기 쉬운 이유는 추운 것보다는 건조하기 때문입니다. 목이 아프거나 감기에 잘 걸리는 사람은 의식적으로 물을 마시든지 침실에 가습기 혹은 증기를 발생시키도록 하는 것이 감기약보다 훨씬 효과가 있다는 것을 알게 될 것입니다.

5) 마음이 편안해집니다.

뇌 세포에 수분이 충분히 공급되면 뇌의 기능이 활발해져 긴장이나 고민이 쉽게 해결될 수 있습니다. 사람이 고집이 세고 완고해지는 것도 수분과 관계가 있다고 학자들은 말합니다.

6) 담배 피우고 싶은 생각을 억제할 수 있습니다.

마음이 평온해지면 담배를 피우고 싶거나 커피를 마시고 싶은 욕망이 가라앉습니다. 물을 마시는 일은 단지 몸 안의 니코틴을 씻어내는 것뿐 아니라 뇌 세포를 충분히 활동시켜 그릇된 욕망을 억제시키는데도 큰 효과가 있습니다. 신선한 물을 마실 계획을 세워서 매일 상쾌한 생활을 누려 보십시오.

9 부작용 없는 종합 치료제인 물

1) 피로 회복 및 신경의 안정

과로로 인해 몸에 피로가 쌓이고 스트레스가 올 때 따뜻한 물에 목욕을 하고 나면 몸과 마음이 날아갈 듯 가벼워집니다. 우울증, 히스테리, 불면증 등의 신경성 질환에 있어서도 몇 시간의 지속적인 온욕을 통해 안정과 치료에 큰 효과를 볼 수 있습니다. 이때 온도는 약 36°C 전후가 적당합니다.

2) 진통과 해열, 지혈 효과

허리통, 근육통, 신경통, 류머티즘, 관절염 등의 통증이 심한 부위에 약 40°C의 더운 물에 적신 수건을 사용해서 번갈아 온·냉 찜질을 해주면 진통에 효과가 있습니다. 또 열이 날 때는 얼음물에 적신 수건으로 이마와 팔 다리에 냉찜질을 해줌으로써 열을 떨어뜨릴 수 있습니다. 뼈를 삐거나 다쳐서 부어 오르면, 그 부위를 냉수에 담그거나 냉찜질로서 진통과 치료의 효과를 얻을 수 있습니다. 코피가 날 때나 상처가 난 부위의 지혈이 잘 되지 않을 때는 냉찜질을 하여 쉽게 지혈하는 효과를 거둘 수 있습니다.

3) 탕욕과 증기욕에 의한 신진대사 촉진

더운물에 몸을 담그거나 사우나에 들어가면 혈관이 늘어남과 동시에 심장의 운동이 빨라져 혈류의 양과 속도가 급격히 증가됩니다. 이때 혈관의 벽에 붙어 있는 찌꺼기들이 쉽게 분리되며 빠른 속도로 배출됩니다. 뿐만 아니라 모세혈관의 확장과 땀의 분출이 배가되어 체내에 축적된 노폐물의 배출 또한 더욱 촉진됩니다. 또한 온탕욕이나 냉탕욕을 번갈아 하게 되면 혈관 및 신체 부위들이 확장과 수축의 교차작용으로 인해 한층 더 대사 효과를 증대시킵니다.

4) 냉수 마찰과 냉수욕에 의한 피부 단련과 체력의 강화

더운 계절에는 물론이고 추운 겨울철에도 온 몸을 냉수에 적신 수건으로 냉수 마찰을 하거나 냉수욕을 하면 피부 단련에 큰 효과를 얻을 수 있을 뿐 아니라 체력 강화에 큰 효과를 볼 수 있습니다. 이렇게 하면 추위를 이기게 해주며 감기나 기타 질병을 철저히 막아 주는 작용을 합니다.

제4부 햇빛과 건강

1 생명과 햇빛의 관계

매일 아침 찬란하게 떠오르는 태양은 사람이 힘들여 노력하지 않아도 항상 떠오르기 때문에 햇빛의 중요성을 아는 사람은 많지 않습니다. 이 세상의 모든 생물은 태양 에너지로 생명을 유지합니다. 지구에서 사용하는 모든 에너지의 98% 이상이 태양에서 온 것입니다. 햇빛은 대기와 해류를 이동시키고, 바닷물을 증발시켜서 구름을 만들고 땅에 비와 눈을 내리게 합니다. 이런 햇빛이 있기 때문에 수력 발전이 가능합니다.

우리가 날마다 먹는 음식도 모두 태양 에너지로 이루어진 것입니다. 우리가 숨 쉬며 살아 있는 것도, 이 글을 읽는 것도 모두 태양 에너지를 이용하고 있는 것입니다. 햇빛은 산소와 이산화탄소를 만들고 온도와 습도를 조절하므로 우리가 살아가는데 쾌적한 환경을 만들어 줍니다. 하나님께서 세상을 창조하실 때 맨 먼저 빛을 창조하신 것은 결코 우연이 아닙니다.

2 햇빛의 작용

1) 모든 에너지의 근원입니다.

식물은 햇빛을 받아 광합성 작용을 하며 여기에서 포도당을 생산하여 저장합니다. 모든 식물이 살아 있고 번식하는 것, 그리고 그것을 먹고 모든 동물이나 사람이 활동하는 것은 햇빛에 의해서 이루어지는 것입니다.

모든 식물은 성장하는데 사용된 에너지를 태양으로부터 공급받습니다. 그리고 이렇게 자란 식물이 썩거나 태워질 때는 원래 받았던 에너지를 발산하게 됩니다. 기름, 석탄, 가스 등이 바로 이런 에너지가 한데 모아져서 엄청난 열을 내며 사람들의 생활에 이용되고 있는 것입니다. 그 모든 에너지의 근원은 햇빛입니다.

2) 살균과 소독에 탁월한 힘을 가졌습니다.

주부들이 간장이나 된장, 고추장 항아리의 뚜껑을 자주 열어 두는 이유는 햇빛을 쬐어 곰팡이가 피지 못하도록 하기 위해서입니다. 이불이나 빨래를 햇빛에 말리는 것도 건조 뿐 아니라 살균과 소독을 위한 것입니다. 햇빛은 세균과 곰팡이, 박테리아를 번식하지 못하도록 살균시켜 줍니다. 햇빛이 잘 드는 집에 살면 폐질환에 걸리는 비율이 줄어들게 됩니다.

3) 공기를 정화시켜 줍니다.

햇빛은 오염된 공기를 깨끗하게 정화시키는 힘이 있습니다. 탄산가스가 많은 공기는 양이온으로 조성되어 두통, 피로, 코와 목구멍의 건조, 현기증, 각종 호흡기 질환을 일으키기 쉽습니다. 햇빛은 공기 중의 양이온을 음이온으로 바꾸어 상쾌한 공기를 만들어 줍니다. 그래서 몸과 마음을 안성시키고 기분 좋게 생활할 수 있도록 해줍니다. 햇빛이 잘 드는 집에서 살면 짜증이나 우울, 피로, 불안 같은 것들이 해소됩니다.

햇빛은 실제로 사람이 흥분된 상태에 있을 때 증가되는 CAMP라는 물질을 파괴시켜 신경의 안정을 갖게 합니다. 햇빛은 뇌에서 엔돌핀의 생산을 증가시키며 건강을 촉진합니다. 좋은 하루를 시작하려면 일출을 볼 수 있는 시간에 일어나십시오. 어두움이 사라지고 세상이 밝아오는 것을 보는 것만큼 기분을 상쾌하게 하는 일도 없습니다.

3 햇빛의 구성요소

● 적외선

햇빛 중 눈으로 볼 수 있는 색깔을 가진 가시광선의 빨간 색깔 바깥 쪽의 복사선으로 눈에 보이지 않으나 열 작용이 있는 광선입니다.

● 가지광선

사람의 눈에 보이는 색깔을 가진 광선입니다. 이 광선으로 우리는 꽃의 아름다운 색깔을 볼 수 있으며 찬란한 저녁놀이나 푸르른 들판의 색깔을 즐길 수 있습니다. 실제적으로는 더 많은 색깔이 섞여 있지만 편의상 7가지 무지개 색깔로 분류합니다.

● 자외선

가시광선의 보라색 부분 바깥쪽의 어두운 부분에 있는 파장이 긴 복사선으로 눈에 보이지 않으나 광전의 효과를 가진 광선입니다.

1) 적외선은 우리의 건강을 위해 이런 역할을 합니다.

① 혈관 확장

피부의 말초혈관이나 세동맥을 확장시켜 혈액의 공급을 원활하게 해줍니다.

② 혈류의 증가

햇빛에 노출된 피부는 붉게 변하고 뜨거워집니다. 이때 혈관이 확장되어 열이 발생하는 부분에 혈액이 공급됩니다.

③ 백혈구가 균을 죽이는 힘을 증가시켜 줍니다.

햇빛의 열로 혈액의 공급이 많아지면 백혈구도 그곳으로 많이 모여 침입한 세균을 막아냅니다. 세균이나 암세포와 싸우는 임파구의 수를 증가시켜주며, 백혈구 중의 하나인 호중성구로 하여금 박테리아를 2배나 빨리 잡아먹게 하는 등 인체의 저항력을 강화시켜 줍니다.

④ 상처를 치료하는 힘이 있습니다.

상치나 고름이 생긴 환부에 햇빛을 쬐면 상치가 쉽게 아물게 됩니다. 상치가 나서 진물이 나며 통증이 있을 때 적외선 치료를 사용하면 좋은 효과를 볼 수 있습니다.

⑤ 신진대사를 촉진시켜 줍니다.

햇빛의 따뜻한 열 때문에 신진대사를 촉진시켜 산소와 영양 공급이 증가하고 노폐물이 신속히 배출되도록 도와줍니다.

⑥ 통증을 진정시켜 줍니다.

햇빛의 열은 피부에 퍼져 있는 말초신경에 영향을 주어 통증을 진정시키거나 경감시켜 줍니다.

2) 자외선은 이런 역할을 합니다.

① 살균 효과가 뛰어납니다.

최근의 연구에 의하면 자외선은 박테리아, 바이러스, 진균류(곰팡이균)에 대한 살균 효과가 뛰어나다는 것이 밝혀졌습니다.

② 비타민 D를 형성시키고 뼈를 튼튼하게 합니다.

비타민은 매일 먹는 음식물 속에 들어 있는 유기물로서 신진 대사 과정의 촉매, 또는 촉진제로 작용합니다. 피부 세포들은 햇빛의 작용으로 콜레스테롤을 이용하여 비타민 D를 만들어 내면서 고혈압, 동맥경화 등을 일으키는 콜레스테롤 층을 줄여 줍니다. 얼굴에 햇빛을 15분 정도만 쬐어도 하루 필요한 비타민 D가 생겨납니다. 이 비타민 D는 장에서 칼슘과 인을 흡수하 도록 돕고 적당한 양을 혈액 속에 저장하여 뼈를 강하게 합니다. 칼슘 흡수율에 대한 보고에 의하면 햇빛을 쬐면 15% 이상 증가하는 것으로 알려졌습니다.

4 햇빛의 치료 효과

1) 피부를 윤택하고 탄력 있게 합니다.

피부는 많은 사람들이 생각하고 있는 것 이상으로 인체의 매우 중요한 부분입니다. 몸 밖에서 들어오는 독소나 미생물을 막아내는 1차 방어선이기도 합니다. 또 가장 미세하고 정교한 체온 조절 장치입니다. 이 피부에 적당한 양의 햇빛을 쬐면 피부를 훨씬 윤택하고 탄력 있게 해주며 혈색을 좋게 합니다. 또 질병에 대한 저항력을 강화시켜 주기도 합니다.

그러나 피부를 갑자기 햇빛에 과다하게 노출시키면 화상을 입거나 손상을 입으며 피부암을 일으킬 수도 있습니다. 특별히 지방을 많이 섭취하는 사람에게서 발생률이 높습니다. 그러나 실제로 햇빛은 신체의 다른 부위에 대해서는 상당한 억제력을 가진 것으로 알려졌습니다. 몸속에 암을 가진 동물에게 피부암을 일으킬 만큼의 햇빛을 쬐었더니 몸속의 암이 사라진 실험 결과도 있었습니다. 실제로 햇빛에 노출을 적게 하는 지역 사람들이 노출을 많이 하는 지역 사람들보다 피부암 발생이 훨씬 많다는 것이 조사 보고 되었습니다. 햇빛이 혈액의 산소 운반 능력을 증가시켜 조직 내에 더 많은 산소를 공급해 주기 때문인데, 이것이 결과적으로 혈압을 낮추고 면역 체계를 증가시켜 암의 발생을 억제합니다.

2) 눈을 통해서 멜라토닌을 만들어 줍니다.

햇빛은 눈을 통하여 사물을 볼 수 있게 하며 뇌 속에 기록하도록 도와주는 일 외에도 송과선을 자극하여 멜라토닌을 만들어 냅니다. 멜라토닌의 기능은 동물 실험 결과 뇌하수체, 부신, 성분비선, 췌장 등과 같은 내분비선의 호르몬 생산을 촉진시켜 주는 역할도 합니다. 남성의 가슴과 등을 햇빛에 노출시키면 남성 호르몬이 120% 증가하고 하반신을 노출시키면 200% 증가한다는 것이 실험에서 밝혀지기도 했습니다.

3) 햇빛을 받으며 운동을 하면 콜레스테롤 수치를 낮춰 줍니다.

똑같은 먹이를 주면서 전등불 아래서 기른 토끼와 햇볕 아래서 기른 토끼의 혈중 콜레스테롤 수치를 측정해 보면 전깃불 아래서 기른 토끼가 훨씬 높습니다. 햇빛을 쬐면서 작업이나 운동을 하면 혈액 속의 당분이 글리코겐의 형태로 간과 근육에 저장 하는 일이 촉진됩니다. 그래서 인슐린 분비 장애로 글리코겐의 합성, 저장이 되지 않아 항상 혈당이 높은 당뇨병 환자가 일광욕을 계속하면 인슐린 주사를 줄일 수 있습니다.

4) 황달을 낫게 합니다.

황달은 적혈구가 파괴되고 담즙 성분인 빌리루빈이라는 물질이 피부에 누렇게 나타나는 것을 말합니다. 이것은 혈액형의 부적합 때문에 나타나기도 하지만 특별히 황색인종의 신생아에게서 자주 나타납니다. 그런데 영국의 한 간호사가 우연히 햇빛이 혈액 속의 빌리루빈을 파괴한다는 것을 발견하게 되었습니다. 그 이후, 일광요법은 신생아 황달의 매우 중요한 치료법 중의 하나가 되었습니다.

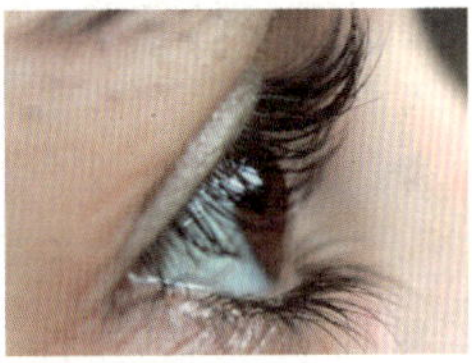

5) 체중 조절에도 도움이 됩니다.

햇빛은 갑상선의 기능을 항진시켜 체내의 에너지 방출을 증가시키므로 체중이 증가하는 것을 방지시켜 줍니다.

6) 관절염

햇빛은 코티손 호르몬을 증가시켜 류마티스성 관절염의 치료에 큰 효과를 나타냅니다.

5 일광욕 하는 방법

♥ 햇빛이 피부에 직접 닿게 하라.
♥ 강렬한 햇빛은 피하라.
♥ 일광욕은 점진적으로 하라.

첫째 날 : 다리 5분간
둘째 날 : 다리 10분 포함 대퇴부 5분
셋째 날 : 대퇴부까지 5분씩 증가
넷째 날 : 배와 허리까지 포함해서 5분씩 증가
다섯째 날 : 가슴까지 포함해서 5분씩 증가
여섯째 날 : 신체의 앞면 전체 30분
일곱째 날 : 신체의 뒷면 전체 30분
그 다음부터는 날마다 3시간 정도

건강을 위한 햇빛 사용법

♥ 겨울에 일광욕을 즐기고자 할 때 가장 좋은 시간은 오전 10시부터 오후 3시 사이이다. 여름에는 아침 일찍이나 늦은 오후에 하는 것이 좋다.
♥ 만일 피부가 약하다면 약 5분씩만 노출시켜 매일 조금씩 증가시키라.
♥ 식사 전후의 약 1시간 30분은 일광 노출을 피하도록 하라. 태양에너지는 소화를 방해하며 에너지 균형을 변화시킬 수 있다.
♥ 태양 아래서 누워 자는 것을 피하라. 심한 화상은 주로 이렇게 할 때 일어난다. 구름이 낀 날이나 안개가 낀 날에도 화상을 입을 수 있다는 것을 기억하라.

♥ 파라아미노벤조익사(PABA)이 첨가된 선크림은 가능한 한 사용하지 말라. PABA는 유해한 광선을 제거하기도 하지만 유익한 햇빛을 제거한다.

이외에도 햇빛은 심장기능, 성기능, 괴저(gangrene) 및 궤양 치료에 큰 효과를 가졌습니다. 성경에는 이런 구절이 있습니다.

"내 이름을 경외하는 너희에게는 의로운 해가 떠올라서 치료하는 광선을 발하리니 너희가 나가서 외양간에서 나온 송아지 같이 뛰리라"(말라기 4장 2절).

햇빛은 하나님의 치료와 사랑의 표현입니다.

햇빛으로 치료되는 질병들

- 소화조직: 만성내상염, 만성변비, 간의경변, 위산과다, 치핵, 유문성흡착, 내장하수증, 중수농양, 유문경련
- 순환조직: 빈혈, 동맥경화증, 위황병, 혈우병, 고혈압(혈압항진증), 심막염, 정맥염, 정맥류의 정맥
- 호흡조직: 기관지 천식, 기관지염, 백일해, 흉막 유착증, 흉막염, 폐렴, 폐동맥 결핵
- 신경조직: 복측회백수염, 무도병, 전염성 경화증, 뇌염, 히스테리, 정신착란, 척수염, 신경쇠약, 좌골 신경통, 마비
- 근골격조직: 섬유조직염, 골절, 임질, 관절염, 통풍, 요통, 근통증, 골연화증, 골척수염증, 류머티스 관절염, 활막염
- 성비뇨기조직: 방광염, 신장염, 전립선염, 결핵증, 요도염

- ◑ 피부병: 여드름, 원형탈모증, 화상, 수두, 반흔, 헤르패스염, 습진, 단독, 버짐, 단성 포진, 신경성 피부염, 소양증, 등창, 건선. 비류, 개선, 공피증, 농가진, 보통 낭창, 해족증

- ◑ 여성병: 무월경, 바르톨린선염, 월경곤란증, 자궁경 내막염, 월경통, 요도염, 질염, 자궁근충염, 결핵성 이관염, 요도염

- ◑ 입병: 치아골양, 치은염, 농후, 구내염, 궤양

- ◑ 눈병: 안검염, 맥락막염, 결막염, 각막궤양, 포진, 과립성결막염, 결핵

- ◑ 귓병: 중막이염, 결핵, 귀고실의 궤양

- ◑ 콧병: 카타르, 사골염, 고초열, 낭장, 취비홍, 용종, 비염, 정맥동염

- ◑ 목외 질병: 후두경련, 후두염, 편도 주위농양, 인두염, 편도궤양, 편도염, 후두결핵, 앙기나

- ◑ 기타: 선종, 칼슘대사장애, 동상, 자간, 유즙결핍, 영양결핍, 구루병, 유행성 이하선염, 경련체질, 강축증, 흉선종창

제5부
건강에 해로운 것의 절제

1 한번 시작하면 해로워도 끊을 수 없는 것들

사람에게는 한 번 빠지면 빠져나오지 못하고 더 깊이 빠져드는 것이 몇 가지 있습니다. ①담배, ②술, ③도박, ④게임 ⑤마약, ⑥스포츠 ⑦음식 ⑧일 등입니다.

이것들은 중독이 되어 파멸에 이르기까지 더 깊이 빠져들게 하는 성질이 있습니다. 술이나 마약은 몰라도 음식과 일은 빠져도 괜찮은 것 아니냐고 할 수 있습니다. 그러나 무엇이든지 지나치면 몸에 해를 끼칩니다. 목숨보다 더 소중한 것은 없습니다. 술이 세다든지 지칠 줄 모르고 일한다든지 위가 튼튼해서 아무리 먹어도 끄떡 없다는 사람은 남의 칭찬이나 사신에 속아서는 안 됩니다.

이런 생활이 계속되면 40대나 50대에 심장병, 암, 당뇨병, 고혈압이 기다리고 있기 때문입니다.

2 금연은 필수

한국은 흡연율이 세계에서도 상위권에 속하는 나라로서 청소년과 여성들의 흡연 율이 점점 높아가고 있어서 장래가 걱정이 되고 있습니다. 일본 국립암센터의 면역부장인 히라야마 씨는 “유행하는 담배병”에서 표1〉과 같은 담배에 관련된 질병을 열거하고 있습니다.

담배병	타아르(발암물질), 니코틴, 일산화탄소, 질소 산화물, 시안화 수소 등
직접흡연 담배병	담배 : 암(후두, 폐, 구강, 식도, 위, 간, 췌장, 방광, 자궁암 등) 호흡기 : (폐기종, 만성기관지염, 천식 등) 순환기 : (허혈성 심장병, 동맥류, 폐색성 혈관염 등) 소화기 : (위, 십이지장궤양, 간경변 등)
간접흡연 담배병	태아 : (사산, 조산, 선천성 이상, 발육장애, 미숙아) 갓난 아기 : (폐렴, 기관지염, 천식, 암) 성인 : 알레르기, 호흡 기능장애, 폐암, 신경증, 자살 등

담배의 보급은 4, 50년 전만해도 그렇게 대규모가 아니었지만 현재는 국내 제품뿐 아니라 외국 제품까지 마음대로 살 수 있어서 흡연 인구가 계속 늘고 있습니다. 담배의 해로움을 아무리 강조해도 한번 니코틴에 중독이 되고 나면 헤어 나오기가 여간 어렵지 않습니다. 담배는 암을 유발하는 물질(initiator)과 촉진시키는 물질(promoter)로서 작용 하며 환경오염이 심한 곳에서는 상승적으로 암 발생률이 높습니다. 흡연은 사람의 생명과 건강을 빼앗아 갑니다. 미국의 저명한 외과 전문의 올턴 올스너박사는 한 개의 담배를 피우면 수명이 14분 단축되고 한 갑을 피우면 4시간 48분이 단축된다고 말합니다.

우리나라에서는 연간 담배로 인한 사망자의 수가 30,000명에 이르는 것으로 추산되며 교통사고 사망자의 3배에 이릅니다. 그리고 앞으로 5~10년 후면 흡연으로 인한 사망자는 2배 이상 늘어날 전망입니다. 담배 연기 속에는 4,000여 종의 화학물질이 들어 있으며 그 중 가장 치명적인 물질은 타르, 니코틴 등입니다.

사람의 건강에 심각한 해를 끼치는 것으로 담배만큼 자주 거론되고 과학적으로 연구 증명되고 의사들로부터 끊도록 지속적으로 충고받고 있는 것도 없습니다. 한 번 빨아들인 담배 연기 속에는 50억 개의 타르 미립자가 들어 있으며 20여 종의 발암 물질이 들어 있습니다. 담배를 피우는 사람은 피우지 않는 사람에 비해 후두암, 구강암, 폐암, 방광암, 위암, 자궁 경부암 등의 발생률이 훨씬 높습니다. 담배는 반드시 끊어야 합니다.

3 술, 파멸로의 달콤한 유혹

담배와 술, 술과 담배는 거의 함께 붙어 다니면서 사람의 건강을 해칩니다. 술은 인류의 역사와 함께 뿌리를 내린 불행의 씨앗입니다. 치명적인 교통사고 원인의 대부분이 음주 운전이며 술과 관련된 질병의 종류도 다 헤아리기 어려울 만큼 많습니다.

러시아에는 5천만명의 알코올 중독자가 있고 미국에는 알코올 중독 노인만 300만명이 넘습니다. 우리나라는 술의 소비량이 급증하여 세계에서 술을 가장 많이 마시는 나라에 든다는 통계 보고입니다.

1) 음주와 간암

세계에서 간암 사망률 1위를 달리고 있는 우리나라는 술 소비 세계 1위와 무관하지 않습니다. 일반적으로 간에 부담을 줄 수 있는 알코올의 양은 남자가 하루 평균 40g(소주 1홉, 맥주 1,000cc), 여자는 그 반입니다. 음주 후, 간의 지방이 3일이 지나야 겨우 빠져나가며 지방이 낀 상태에서 계속 술을 마시면 지방간이 되며 알코올성 간염을 일으키고 나아가서는 간에 결절 조직이 생기고 암으로까지 발전합니다.

2) 음주 운전

알코올은 제일 먼저 뇌에 손상을 줍니다. 기억력, 집중력, 판단력이 떨어지고 상황판단이 둔화됩니다. 신경이 둔해져 반사속도가 늦어지고 시각이 흐려지며 시야도 좁아집니다. 음주 후 3, 4시간 후면 저혈당 현상이 일어나서 졸음이 오기 때문에 술 마신 후 몇 시간이 지났으니 다 깼다고 생각하고 차를 모는 것은 심히 위험한 일입니다.

3) 음주와 심장질환

근래 들어 생활 양식이 서구화되면서 술을 마시는 여성의 수가 급격히 늘고 있습니다.

같은 양의 술을 마신 경우 남자보다 여성의 혈중 알코올 농도가 훨씬 높습니다. 그것은 여성은 남성보다 체내 수분 함량이 낮아 희석시키는 속도가 느리기 때문입니다. 여성이 계속해서 술을 마시면 무월경과 불임증이 옵니다. 임신한 후에도 자연 유산이 되기 쉬우며 술을 마시는 여성의 경우 마시지 않는 여성보다 산부인과 질환이 두 배 이상 많다는 조사 결과가 있습니다. 술로 인한 태아 발육 장애를 태아 알콜 중독증이라 하는데 성장 지연, 언챙이, 안면 형성 기형(아래 턱이 작은 것), 사지와 관절의 기형, 심장기형, 정신 박약 등이며 심하면 사망을 유발합니다.

4) 음주와 암

알코올을 과도하게 섭취하면 술을 마시지 않는 사람보다 구강 및 인후암은 10배, 식도암은 20배, 간암 발생률은 4배 높으며 간암은 대부분 장기간의 음주로 간경변이 된 후 암으로 진전되는 것이 보통입니다.

담배를 많이 피워 니코틴 중독이 된 사람은 자신과 주변 및 사람에게 피해를 주지만 알코올 중독자는 사회적으로 심각한 문제를 일으키고 있습니다. 그 숫자가 결코 적지 않습니다. 와인의 나라 프랑스에는 400만명, 이웃나라 일본에도 200만명 이상이 있습니다. 우리나라 성인 10명 중 1명이 알코올에 중독돼 있고, 하루 평균 13명이 술 때문에 사망에 이르는 등 음주의 사회경제적 비용이 10조원에 달하는 것으로 통계청은 보고하고 있습니다. 더구나 여성과 청소년의 음주율이 계속 증가하고 있는 것은 심각한 문제입니다. 아래와 같은 증상이 나타나면 벌써 알코올 중독이 시작된 것입니다.

알코올 중독 증상

- ▶ 긴장되고 초조하며 피곤하면 술을 찾는다.
- ▶ 술을 한잔 하지 않으면 활기가 없고 우울하며 잠을 못 이룬다.
- ▶ 혼자 마시는 경향이 커진다.
- ▶ 매일 일정한 시간이 되면 마시고 싶어지며 아침에 일어나서도 마신다.
- ▶ 마시기 시작하면 한두 잔으로 끝나지 않는다.
- ▶ 하루에 마시는 횟수가 늘어난다.(소량으로 여러 번 마신다.)
- ▶ 더 독한 술을 찾는다.
- ▶ 일시적인 기억 상실이나 숙취 횟수가 늘어난다.
- ▶ 마신 다음 날 아침 토하거나 구토 증상이 일어난다.
- ▶ 술 때문에 병이 생긴다. (신경통, 간장병, 위장 장애 등)
- ▶ 스스로도 절주, 금주 결심을 하고 남들로부터도 권유를 받는다.
- ▶ 식사는 걸러도 술은 못 거른다.
- ▶ 마시고 잠들었을 때 식은 땀을 흘리거나 악몽에 시달린다.
- ▶ 밖에서 마시고도 집에 와서 또 마신다.
- ▶ 숨어서 몰래 마신다.
- ▶ 술 때문에 직업을 바꾸고 대인 관계에도 지장을 초래한다.

(일본. '알코올 중독자와의 만남' 전국사회복지협의회 알코올중독대책연구위원회 편, 1975년)

술을 마시면 뇌가 술을 깨는데는 42일이 걸린다.

1) 술을 마시면 해마의 부피가 급속하게 줄어들어 인지 과정에 영향을 줍니다. 자제력에 관여하는 전전두피질의 변화를 초래하며, 소뇌, 대뇌피질, 측좌핵의 기능 개발을 변경 시켜 새로운 시냅스를 차단함으로써 뇌의 사멸을 초래할 수 있습니다. 혈중 알코올 농도가 0.05%에 이르는데 이 정도면 뇌의 바깥을 감싸고 있는 대뇌피질 전두엽의 기능이 마비돼 사고와 판단력이 흐려집니다.

2) 과음을 하면 작업 기억력에 변화를 가져와 정보를 저장시키는데 어려움을 겪게 만듭 니다.

3) 술을 많이 마신 다음날 아침에 두통, 구역 등 숙취와 함께 전날 밤 일이 기억나지 않는 뇌의 블랙아웃(필름 끊김) 증상은 해마의 작동이 중단 됐을 때 발생합니다. 술을 너무 빨리 많이 마시게 되면 신경세포 사이의 시냅스를 위해 꼭 필요한 글루타민산염을 전달하는 해마 수용체가 억제됩니다.

4) 술은 우울증, 불안 증상, 공격성, 스트레스 등의 각종 질병 및 정서 장애와 관련성이 있습니다.

5) 간이 알코올 분해를 끝내고 혈중 알코올 농도를 원래대로 돌려놓는데 체중 70㎏의 성인 남성 기준으로 17.5도 소주 한 병을 마셨을 때 5시간 22분, 맥주 2000㏄를 마셨을 때 6 시간 17분 정도 걸립니다. 일반적으로 혈중 알코올 농도가 거의 없어지면 술에서 깨었다고 합니다만, 그러나 '술 취한' 상태는 뇌가 취한 것이지 간이 취한 것이 아닙니다. 뇌가 알고올을 완진히 분해하는데 필요한 시간은 무려 42일입니다.

금주 후 14일이 지나면 역류성 식도염이 완화되고 체중이 줄어듭니다. 3~4주를 금주하면 고혈압 환자의 혈압이 정상으로 되돌아 오고, 4~8주를 금주하면 간기능이 향상됩니다. 금주 후 3개월이 지나면 알코올로 비대해진 혈액세포들이 교체돼 몸이 활기를 띕니다. 이렇게 되었을 때 비로소 실제로 술을 깬 상태인 것입니다.

술을 끊는 방법

- ♥ 술친구를 멀리 한다.
- ♥ 매일 10잔 이상의 물을 마신다.
- ♥ 매일 규칙적인 운동을 한다. 등산, 수영, 조깅, 테니스 등 개성에 맞는 운동을 선택한다.
- ♥ 자극성 음식(고추, 파, 마늘, 후추 등)을 피하고 신선한 채소나 과일을 충분히 섭취한다.
- ♥ 잡곡을 충분히 섭취하여 비타민과 광물질의 체내 작용을 활성화시킨다.
- ♥ 충분한 휴식과 수면을 취한다.
- ♥ 콩과 잡곡을 많이 먹는다. 이 식품에는 세포를 재생시켜 주는 아미노산인 메치오닌이 많이 들어있다.
- ♥ 신앙의 힘을 활용한다. 신앙은 알코올에서 우리를 해방시킬 수 있다.

4 마약의 시작은 건전한 삶의 종말

중독 증상을 일으키는 것은 담배나 알코올뿐만이 아닙니다. 약은 본래 병을 고치기 위해 사용되어야 하지만 신체나 정신을 파괴해버리는 무서운 것도 있습니다. 각성제, 마약이 그것입니다. 현재 우리나라에도 마약 사범이 많고 중독자가 걷잡을 수 없이 늘어가고 있습니다. 헤로인, 코카인, 마리화나(대마초), 몰핀, 필로폰 등의 마약은 뇌신경 세포에 입력되어 있는 기억 정보를 파괴시킬 뿐 아니라 생명을 단축시키는 가공할 만한 독약입니다.

처음에는 주부나 청소년들, 평범한 샐러리맨, 일부 연예인, 접객업소 종사자들을 상대로 살 빼는 약이니, 피로 회복제라는 속임수로 접근하여 파멸에 몰아넣고 있습니다. 단순한 호기심으로 한번 시작한 것이 빠져나올 수 없는 마수에 붙잡히고 마는 것을 생각하면 아예 생각도 하지 않는 것이 최선의 예방책입니다.

5 좋은 약도 주의해야

아무리 좋은 약이라도 부작용이 생길 가능성은 늘 있습니다. 따라서 모든 약은 의사의 지시에 따라 적정량을 사용해야 합니다. 항생제의 남용이나 각종 약물로 생겨난 부작용의 피해는 이루 다 설명하기 어렵습니다. 알약이나 주사, 시럽으로 건강을 유지하려는 생각은 매우 잘못된 것입니다. 되도록 약을 적게 사용하고 건강을 유지하는 방법을 터득하게 하는 것이 본 저술의 목적이기도 합니다. 햇빛, 공기, 물의 사용, 운동, 천연 식품, 휴식, 절제, 확고한 신앙심은 훌륭한 의사입니다.

6 주의해야 할 카페인

사람들이 흔히 즐겨 마시는 커피에는 다량의 카페인이 들어 있습니다. 서기 850년 칼디라는 아랍 목동이 어느 날 염소들이 갑자기 날뛰는 것을 보았습니다. 부시 베리(Bush Berry)라는 풀을 먹은 후 그렇게 된 것입니다. 호기심에서 사기도 실험을 해 보았습니다. 그 풀에는 다량의 카페인이 들어 있었으며 신경을 흥분시키는 작용을 하는 것이었습니다.

카페인은 커피 뿐 아니라 홍차, 코코아, 콜라에도 들어 있어 최근 문제가 되고 있습니다. 미국의 로마린다 보건 대학원의 하딩 박사는 흥미 있는 실험을 하였습니다. 거미에게 커피 2잔에 해당되는 카페인의 양을 주사한 후 거미줄을 치는 것을 관찰했습니다. 카페인을 주사하기 전에는 불과 몇 시간에 30~55개의 원을 만들던 거미가 카페인을 주사한 후에는 놀랍게도 48시간이 되어도 12~13개의 원에 그쳤고 그것마저 보기 싫게 찌그러진 것이었습니다. 거미들은 96시간이 되어서야 정상으로 돌아왔습니다.

카페인은 신경에 영향을 미칩니다. 카페인 20mg 이하를 섭취하면 신경이 매우 예민해지며 피로감이나 졸리는 현상이 적어집니다. 200mg 이상 섭취하면 두통, 신경과민, 경련, 흥분 현상, 심계항진 등이 나타납니다. 커피를 많이 마시면 잠을 못 이루는 이유는 카페인이 혈압을 증가시켜 중추신경 장애와 수면 장애를 일으키기 때문입니다. 또 카페인을 과도하게 섭취하면 갑상선 호르몬 분비 증가로 인해 갑상선 기능 항진증이 되어 맥박이 빨라지고 체중이 감소되며 정신상태가 예민해져 신경질환이 되기 쉽습니다.

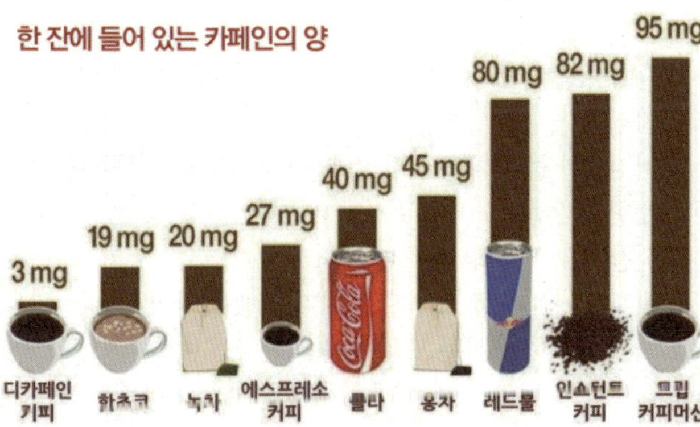

7 자극제의 과다 사용은 조심해야

사람의 혀는 맛을 식별하는데 혀가 잘못 길들여지면 순수한 것보다는 계속 더 강한 자극을 찾게 됩니다. 간을 맞추고 맛을 내서 음식을 즐겁게 먹는 것은 좋은 일이지만 너무 지나치면 건강에 심각한 위험을 초래합니다.

소금은 하루 10g 정도, 설탕은 적을수록 좋으며 10g 이하가 좋습니다. 1600년대에는 설탕을 약국에서 팔았으며 1800년대에 와서야 식품으로 분리되었습니다.

소금이나 설탕의 과다 사용이 생활에서 계속 된다면 결국은 심각한 건강의 위험에 빠진 후 의사의 처방에 의해서 제제를 받는 상태에 이르고야 말 것입니다. 식초도 가능하면 소량을 사용하는 것이 좋습니다.

고추, 후추, 마늘 등 자극성이 강한 조미료는 너무 많이 사용할 경우 위장에 장애를 일으키는 원인이 되기도 합니다. 혀를 즐겁게 하기 위해서 신체의 다른 기관에 해를 주는 것은 매우 위험한 일입니다.

8 건강 생활을 돕는 10가지 원칙

나쁜 줄 알면서도 끊어 버리기 어려운 것이 습관입니다. 그렇다고 머뭇머뭇 따라가다 보면 어느 날 돌이킬 수 없는 불행에 부딪히게 됩니다. 나쁜 것은 하루라도 빨리 버려야 합니다. 나쁜 습관을 버리지 못해 머뭇거리고 있는 사람들을 위해 미국의 금주 상담 전문가인 맥퍼랜드 박사는 다음과 같은 10가지 원칙을 제시합니다.

건강 생활을 위한 10 원칙

1) 술이나 담배 생각이 나면 천천히 심호흡을 하고 "나는 술도 담배도 끊기로 했다"고 자신의 결심을 반복한다.
2) 미지근한 물을 채운 목욕탕에 30~40분 정도, 하루에 2번 목욕한다. 목욕 중에 따뜻한 물 2컵이나 레몬주스를 마신다.
3) 식간에 8~10컵의 물을 마신다.
4) 식후 15~30분 정도 밖으로 나가 산책을 하여 담배를 피우고 싶은 생각을 잊는다. 술을 생각하게 하는 모든 것을 피한다.
5) 견딜 수 없다고 느껴질 때는 목욕을 하거나 따뜻한 물로 샤워를 하여 신경을 안정시킨다.
6) 매운 고춧가루, 후추, 식초, 캐첩(ketchup, 향신료첨가소스), 달콤한 파이나 케이크, 튀김 등은 피한다.
7) 육류에 들어 있는 요산, 암모니아 그리고 홍차, 커피, 콜라 등에 함유되어 있는 카페인은 신경을 자극하여 니코틴과 알코올에 대한 갈망을 일으키기 때문에 육류, 기름기, 홍차, 커피, 콜라 등은 가급적 피한다.
8) 여러 가지 단 음식을 10일 내지 2주일간 끊고, 그 대신 신선한 과일을 많이 먹는다.
9) 식사 때마다 큰 숟가락으로 2~3번 정도의 밀눈(소맥배아-건강식품점에서 구할 수 있음)을 섭취한다. 비타민 종류를 충분히 섭취하여 니코틴과 알코올을 신경계로부터 몰아낸다.
10) 하나님이 나를 도와주신다고 확신하고 의지력을 달라고 기도한다.

다시 말하면 몸에 해로운 것은 피하는 것이 상책입니다. 나 자신 뿐 아니라 가족, 자손들의 건강까지도 달려 있다는 것을 생각하고 우선 가까이 있는 일부터 시작해 보세요.

제6부

맑은 공기와 신선한 호흡

1 물보다 중요한 호흡

물 속에서 30초 정도가 되면 참기 어려워지고 보통 1분 정도 버티면 더 이상은 견디기 어렵습니다. 수영선수나 잠수부들처럼 특수한 훈련을 받은 사람들은 3분 정도 견딜 수 있다고 합니다. 생리학적으로는 5분 이상 산소 공급이 중단되면 뇌세포가 활동하지 않게 됩니다. 혹 회생해도 기억을 상실해 버리는 경우가 있습니다.

호흡이 이처럼 중요하지만 특별한 훈련이나 연구를 별로 하지 않습니다. 음식에 대해서는 "천천히 먹어라" "꼭꼭 씹어 먹어라" "골고루 먹어라" 잔소리를 많이 하지만 호흡에 대해서는 거의 무관심하게 지내왔습니다. 사람이 태어나고 첫 울음소리를 낼 때부터폐 호흡을 시작한 이래 별로 생각해 보지 않고 살아갑니다.

일반적으로 호흡은 1분간에 16~20번 정도 하게 되며 16번 호흡을 할 경우 공기는 시속 90Km의 속도로 기관을 통과하고 있습니다. 재채기나 기침을 할 경우에는 이 속도가 무려 시속 1,200km까지도 된다고 합니다. 거의 공기 중의 소리의 속도와 같게 되는 것입니다.

한 번에 보통 400~500cc의 공기를 호흡하는데 400cc로 가정할 경우 1분 동안 6.4L, 하루에는 약 10,000L에 이릅니다. 물과 건강의 중요성은 매우 잘 알려진 사실이지만 하루 2L의 물에 비해 공기는 이보다 5,000배나 많은 양입니다. 이처럼 매우 중요한 호흡을 오랜 기간 잘못하게 되면 건강에 돌이킬 수 없는 해를 입게 됩니다.

2 효과적인 호흡법

현대인들, 특히 몸이 비대한 사람들은 호흡의 횟수가 빨라지며 심지어는 숨쉴 때마다 목에서 "쌕쌕" 소리가 나기도 합니다. 어린 아기는 호흡할 때 주로 복부가 움직이지만 어른의 경우에는 등과 가슴이 움직이는 경우가 많습니다. 흉식 호흡이라고 불리는 이 짧은 호흡 방법은 충분한 산소를 효과적으로 공급하지 못하게 되고 맙니다.

좀더 깊이 효과적으로 할 수 있는 복식 호흡은 다음과 같이 하면 됩니다. 이렇게 하면 복식 호흡이 되며 하루에 3번, 한번에 3회씩 하면 좋습니다.

1) 제일 아랫쪽의 갈비뼈 밑에 손가락을 대고 코로 숨을 들이키면서 그곳이 밀려나는 느낌이 들도록 한다.
2) 숨을 가능한 최대 한도로 들이킨 다음 갈비뼈 밑에 손가락을 걸어 바깥쪽으로 당기면서 다시 한번 숨을 들이킨다.
3) 갈비뼈에 댄 손으로 가슴을 누르면서 앞으로 몸을 굽히며 앞으로 숨을 내쉰다.
4) 더 이상 숨을 내쉴 수 없게 되면 기침을 2,3번 한다.

복식 호흡의 감각이 아무리 해도 익혀지지 않는 분은 위를 보고 반듯이 누워서 배 위에 손을 모으고 코로 숨을 들이키면서 배가 상하로 움직이는 것이 느껴지면 됩니다. 천식을 앓거나 기관지가 약한 사람은 입을 오므려 천천히 내쉬면 효과적인 호흡이 됩니다.

심호흡을 하게 되면 다음과 같은 유익이 있습니다.

◈ 혈액 속에 산소 공급량을 늘려 주어 정화 작용을 높인다.
◈ 신경을 완화시키며 흥분 상태가 가라앉는다. (금연 중의 긴장 해소에도 도움 된다.)
◈ 식욕이 증진되고 소화도 잘 된다.
◈ 깊고 개운한 잠을 잘 수 있다.
◈ 간장, 뇌, 심장의 기능이 좋아진다.
◈ 감기 예방이 된다.
◈ 기관지, 폐의 질병에 대한 저항력이 증가된다.

3 좋은 호흡을 위한 바른 자세

자세는 태어날 때 타고나는 것이라고 생각할지 모르지만 어릴 때부터 잘 훈련하면 크게 개선될 수 있는 것입니다. 자세가 나쁘면 호흡기 질환이나 심장병, 요통 등에 훨씬 잘 걸린다는 사실이 알려져 있습니다. 좋은 자세란 그림과 같이 똑바로 섰을 때 머리의 정수리와 내려뜨린 손의 가운데 손가락, 그리고 발의 복숭아뼈가 수직이 되는 자세입니다.

그러나 실제로 그림과 같이 크게 나누어 4종류의 나쁜 자세를 예로 들 수 있습니다. 우리나라에는 굽은 등(소위 새우등)인 사람이 많습니다. 이런 자세는 호흡기계통의 병을 일으키기 쉽고 요통이 생기기도 쉽습니다. 이런 사람은 위가 나쁜 경우도 많습니다.

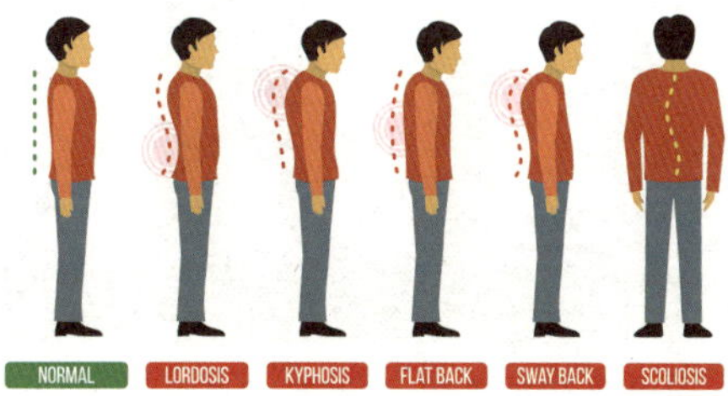

요통이 많기로는 스웨이백(말 등이 아래로 쳐져 들어간 모양)이 가장 심하며 서구인에게 특히 많은 현상입니다. 여성들이 굽이 높은 구두를 신었을 때도 이런 자세가 되기 쉽습니다. 가슴을 펴는 것이 좋다고 하며 등과 허리에 지나치게 긴장을 주는 것도 좋지 않습니다. 등이 오목하게 들어가거나 평평해져도 요통을 일으킬 수 있기 때문입니다.

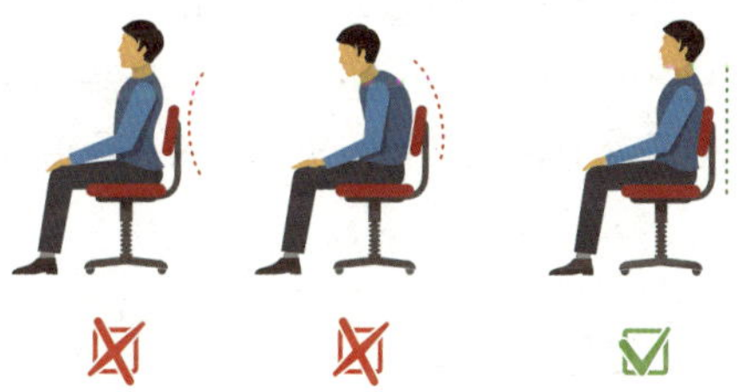

자세는 어릴 때부터 바로잡아야 하지만 지금이라도 늦지는 않았습니다. 다음 순서에 따라 해 보십시오.

1) 벽으로부터 30cm 떨어진 상태에서 양 발을 모으고 선다.
2) 엉덩이를 내밀고 벽에 바싹 대고 허리의 들어간 부분과 등이 벽에 닿도록 한다.
3) 어깨는 벽에서 조금 떨어질지라도 허리의 잘록한 부분이 벽에 달라붙도록 힘을 준다.
   그 상태에서 양쪽 발을 조금씩 벽쪽으로 옮겨가도록 한다.
   허리의 잘록한 부분이 벽에 잘 붙지 않는 것은 어쩔 수 없지만 가능한한 붙인다.

4) 허리와 벽 사이가 손가락 두 개가 들어갈 정도로 되기까지 최선을 다한다. 엉덩이 부분을 긴장시키고 복근에 힘을 주는 것이 비결이다.

자세 교정법

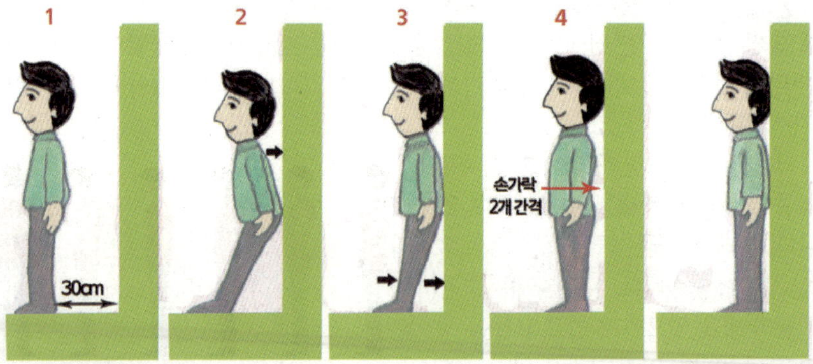

이렇게 하루에 한 번, 3회 정도만 실시해도 5년은 젊게 보일 것입니다. 아무리 애써도 허리가 벽에 잘 닿지 않는 사람은 위를 보고 똑바로 누워 무릎을 굽혀서 가슴에 대고 흔드는 운동부터 시작할 수 있습니다.

단, 이 방법은 등이 전후로 굽은 사람에게는 효과가 있지만 양 옆으로 구부러진 척추 측만증과 같은 경우에는 의사의 지시를 따라야 합니다.

4 호흡의 원리

이제 자세도 바로잡고 호흡법도 익혔기 때문에 호흡의 원리에 대해 설명해 드리겠습니다. 호흡이란 아무리 억지로 들이쉬거나 내쉬려고 애써도 결국은 자연스러운 상태로 돌아가게 되어 있습니다. 호흡은 후두부에 있는 호흡 중추가 조절해 주고 있습니다. 또 호흡의 리듬을 조절해 주는 중추가 있어 균형진 호흡을 하도록 해 줍니다.

호흡은 혈압의 상승, 기온의 변화, 탄산가스의 혈중 농도 등 여러 가지 요소의 자극을 받아 자동 제어됩니다. 그렇다고 전자동은 아닙니다. 심호흡을 하기도 하며 일시적으로 호흡을 멈출 수도 있어서 어느 정도 자신의 의지에 따라 조절할 수도 있는 신비한 기관입니다.

호흡을 할 때 우선 코와 입으로 공기를 들이킵니다. 콧구멍이 두 개 있고 입이 있어서 아무렇게나 공기를 들이쉬어도 된다고 생각해서는 안 됩니다. 호흡에 있어서 코는 매우 중요한 역할을 합니다.

1) 냄새를 맡습니다. 좋은 공기인지 아닌지를 곧바로 알아냅니다.

2) 들이킨 공기를 적당한 온도로 조절하여 기관지나 폐를 보호합니다.

3) 공기에 섞여 들어오는 먼지를 코털, 점막에서 걸러냅니다.

다시 말하면 코는 온도 조절과 정화작업을 통해 바깥 공기를 처리하는 기관입니다.

요즈음 많이 유행하는 알레르기성 비염이나 부비동염(축농증), 아데노이드 비대증 등의 증상이 있게 되면, 코가 막히거나 콧물이 목으로 흘러 코를 사용할 수 없기 때문에 처리되지 않은 공기를 입으로 마실 수밖에 없습니다.

입에는 편도(구개편도)가 있어서 대부분의 세균을 막아주지만 처리되지 않은 공기가 계속 들어가면 세균, 먼지, 건조 등의 원인으로 염증이 생기게 됩니다.

심하게 부어 소위 편도선염이 됩니다. 더욱이 입으로 호흡하면 코로 호흡할 때보다 혈액 속의 산소량이 줄어든다는 연구 보고도 있어서 코의 중요성을 다시 한번 생각하게 됩니다.

편도선도 몸의 상태에 따라서는 신염, 심근염, 류머티스성 질환으로 발견될 수 있으므로 주의 해야 합니다. 코를 통해 인후로 들어온 공기는 후두를 지나 기관에 들어가게 됩니다. 만일 이때 음식을 먹게 되면 연하반사라는 작용으로 후두개가 기관의 입구를 막아 1~2초 정도 호흡이 중단됩니다. 음식이 식도를 잘 넘어가면 호흡은 다시 시작되지만 입안에 가득히 음식을 넣고 있거나 떡 같은 것이 목에 걸리게 되면 숨을 계속 쉴 수 없게 됩니다.

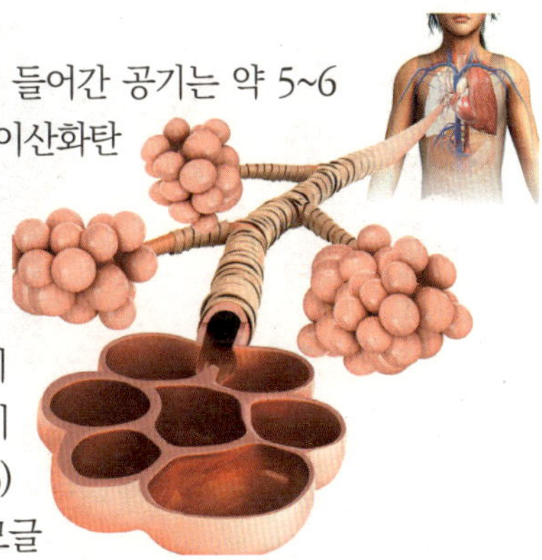

기관으로부터 양쪽 기관지로 나뉘어 폐 속에 들어간 공기는 약 5~6억 개나 되는 포도송이 모양의 폐포에서 산소와 이산화탄소의 교환이 이루어집니다. 그렇게 해서 하루에 600L의 산소를 섭취합니다. 심한 운동을 하면 더 많은 산소가 필요합니다. 적혈구 속에 들어있는 헤모글로빈이 산소와 결합하여 몸 전체에 골고루 배달됩니다. 이때 담배를 피우거나 공기 오염이 심한 곳에서는 산소 대신 일산화탄소(Co)가 산소보다 200~230배나 되는 결합력으로 헤모글로빈과 결합하게 되어 결국 산소의 부족을 일으키게 됩니다. 자연적인 공기 중에는 산소가 21% 들어 있으며 사람이 많이 모인 곳에서는 산소가 감소됩니다. 공기 중의 산소량이 14% 이하가 되면 맥박수가 증가하고 호흡이 가빠집니다. 10% 이하가 되면 호흡곤란, 7% 이하가 되면 질식하여 죽게 됩니다. 영양분이나 수분은 체내에 저장했다가 사용할 수 있지만 산소는 저장되지 않기 때문에 알맞은 산소의 공급이 절대 필요합니다.

5 공기 오염의 문제

모처럼 심호흡을 하여도 공기가 오염된 상태라면 몸에 해로울 뿐입니다. 자동차가 많이 다닌 곳이나 공장 지대에서는 자신도 모르게 발암 물질을 들이킬 수 있습니다. 공기 오염 중에는 담배 연기를 간접적으로 마시는 경우도 피해가 크다는 것이 연구조사에 의해 밝혀지고 있습니다. 담배를 피우고 있는 본인 뿐 아니라 주위에서 담배 연기를 마시는 사람도 해를 입는다는 것입니다. 담배의 해독에 대해서는 이미 살펴보았습니다만 여기서는 간접 흡연의 피해에 대해 생각해 봅시다.

간접 흡연 즉, 직접 피우지 않으면서도 옆 사람이 피우는 담배 연기 때문에 피해를 입는 경우가 사회 문제화 되기 시작한 것은 1975년 세계보건기구(WHO)가 "흡연과 그 건강에 미치는 영향"이라는 전문위원회의 보고를 발표한 데서부터 비롯되었습니다. 이어서 1976년 5월 WHO 제 29회 총회에서는 "흡연으로 발생되는 환경 오염으로부터 비흡연 자를 보호하는 것이 보장 되도록 고려할 것"을 각국 정부에 권고하기로 결의하였습니다.

간접 흡연이 얼마나 해로운지를 보면 흡연하는 부모 밑에서 자란 아기의 폐렴 및 기관지염에 걸릴 가능성이 비흡연 부모 밑에서 자란 아기의 2~3배에 달하는 것으로 나타나 있습니다.

소아 천식의 발생률은 대기 오염과 흡연의 복합 정도에 따라 가정에서 피우는 담배의 개피 수가 많을수록, 그리고 간선도로에 가까울수록 많아진다는 사실을 알게 되었습니다.

담배 연기는 주류 연기(직접 폐로 들어가는 연기)와 부류 연기(불이 붙은 담배 끝에서 나오는 연기)로 나눌 수 있습니다. 그 두 가지 연기의 독성 물질 농도를 보면 부류 연기 쪽에 오히려 더 많이 함유되어 있는 것을 알 수 있습니다. 타르가 2~3배, 니코틴이 2~3배, 벤조피렌이 3.7배, 니트로소아민이 52배, 암모니아가 46배, 일산화탄소가 4.7 배, 질소산화물이 3.6배 등으로 담배에서 피어오른 연기는 생각 이상으로 공기를 오염 시키고 있습니다.

일본 국립 암센타 역학부장 히라야마 박사의 저서 “유행하는 담배병”에 의하면 남편이 하루 20개피 이상의 담배를 피우는 경우 그 아내는 간접 흡연으로 폐암에 걸릴 가능성은 비흡연자의 아내에 비해 2.08배나 높다는 것입니다. 특히 가정 이외에 간접 흡연의 기회가 적은 농촌 지역의 경우에는 간접 흡연으로 폐암이 발생하는 비율이 4배나 더 높은 것으로 나타났습니다. 만일 담배부스에서 다른 사람과 함께 흡연 중이라면, 혼자 흡연 때보다 2배 이상의 독성 물질을 흡입하고 있는 것입니다. 이렇게 되면 담배의 문제는 개인의 문제가 아니라 사회 문제이며 담배는 주변 사람에게도 무차별 피해를 주는 위험물이 되었습니다.

우리나라 대기환경측정업체 APM엔지니어링 연구실에서 동아일보 취재로 한 실험에서 김정호 박사가 평소 담배를 피우는 상황과 똑 같은 실험에서 ‘1235μg(마이크로그램·1μg은 100만분의 1g), 2048μg…’ 측정기에 표시된 초미세먼지(PM2.5) 수치가 담배를 필 때 실시간으로 나오는 초미세먼지의 순간 최대 배출량이 3,000μg이 측정되 었다고 합니다. 이는 실외 초미세먼지 농도 ‘나쁨’ 기준(㎥당 36μg 이상)의 83배에 이르는 수치입니다. 학계에선 통상 담배 한 개비를 다 태울 때 초미세먼지 총 배출량이 12,000μg에 이르는 것으로 보고 있습니다. 하루 5개비만 피워도 60,000μg의 초미세먼지를 흡입할 수 있다는 의미입니다. 한국 성인 남녀가 하루 평균 들이마시는 호흡량은 각각 15.7㎥와 12.8㎥인데, 한 달 내내 100μg에 이르는 고고농도 초미세먼지를 들이마신다고 가정해도 남자는 47,100μg, 여자는 38,400μg를 흡입하게 됩니다. 담배 5개비로 흡입하는 양보다 적은 양입니다.

6 실내의 공기의 문제

공기 오염은 공장 지대나 차량이 붐비는 곳에만 있는 게 아닙니다. 미국 환경청 조사에 의하면 건축 자재에서 나오는 라돈 때문에 연간 13만명의 폐암 환자 중 5% 이상이 관련되어 있다고 보고했습니다.

세계보건기구와 환경보호협회에 따르면 건강을 해치는 실내 공기 오염에 대해 사람들이 너무 무관심하다고 개탄합니다.

주요 오염원으로는 콘크리드, 벽돌, 대리석 등에서 방출되는 라돈 가스(폐암 유발), 특정

단열재나 섬유 등에서 나오는 포름알데히드(호흡기 및 피부 질환), 슬레이트, 석고 보드 등에 들어 있는 석면(석면폐증, 폐암), 가스난로나 가스레인지에서 나오는 질소 화합물(호흡기질환), 냉장고, 에어콘 등에서 나오는 레지오넬라균 등이 문제가 되고 있습니다. 부엌에서 1시간 정도 가스불로 요리를 하는 경우 도심의 공기 오염 3배에 해당하는 일산화탄소, 이산화질소 등의 오염 물질이 발생합니다. 실내 공기 오염을 근본적으로 차단하기는 어렵지만 세심한 주의를 기울이면 개선이 가능합니다.

7 야외의 신선한 공기가 필요하다

누구나 쉽게 실행할 수 있는 건강법 중 가장 우선적인 것은 신선한 공기를 가슴 가득히 들이마시는 것입니다. 가능하면 초목이 무성한 야외나 공원에서 심호흡을 해 보십시오. 자세를 바르게 하고 찬란한 햇빛을 받으며 신선한 공기를 마시는 것만으로도 벌써 활기 있는 삶을 위한 새로운 출발이 되고 세포의 치유가 일어납니다.

공기는 대자연의 정화 능력에 따라 새롭게 정화됩니다. 동물에게서 나오는 이산화탄소는 식물의 탄소 동화 작용을 통해 산소로 대체됩니다. 비가 내려 용해성 가스나 먼지가 제거되고 태양의 자외선에 의해 공기 중의 살균이 이루어집니다. 오존의 산화 작용도 공기 정화를 돕습니다.

8 가장 좋은 음이온이 많은 자연 속의 공기

음이온이 많은 공기가 건강에 유익합니다. 햇빛에 노출된 신선한 공기는 그 일부가 이온화 합니다. 이 때 산소 분자는 음극이 되고 이산화탄소 분자는 양극이 됩니다. 신선한 공기는 음이온과 양이온을 약 4대 5의 비율입니다. 밀폐된 공간에서나 환기가 잘 되지 않는 중앙집중식 통풍 시설물 내에서는 양이온이 상대적으로 증가 하게 되며, 이에 따라 두통, 현기증, 피로감을 쉬 느끼게 됩니다. 음이온을 증가시키기 위해서 에어컨이나 공기 정화기 등 특수 시설을 하기도 하는데, 이러한 것들도 햇빛에 노출된 신선한 공기에는 비교할 바가 못 됩니다. 공기에 음이온이 많으면 환자의 회복과 건강에 좋습니다. 이러한 공기는 나무나 푸른 풀, 바닷가에서 찾을 수 있습니다.

향기로운 소나무 냄새와 전나무, 잣나무의 향기 속에는 생명에 활기를 주는 요소가 있습니다. 우리가 숲 속이나 폭포, 바다 근처에 갈 때 시원함으로 느낄 수 있습니다. 그러나 오염된 대기와 스모그는 우리가 숨쉬는 공기 가운데 음이온을 감소시킵니다.

실내 공기의 음이온은 철제나 플라스틱 가구와 혼방의류(폴리에스텔), 에어컨 등에 부딪히면 방전되어 버립니다. 그리고 전기 기구들은 양이온을 만들어냅니다. 그러므로 자연의 공기를 마시기 위해 노력해야 합니다. 예를 들면 아침에 야외에서 운동을 하여 혈액과 신경계통에 활력을 주어야 합니다. 이 활력은 연기가 자욱하고 사무실과 시끄러운 공장이 밀집된 지역의 방안에 계속 순환되는 공기 중에서는 얻을 수 없습니다. 가능한 한 야외로 나가 숲과 공원을 산책하면서 깨끗하고 신선한 공기를 마음껏 들이키십시오.

사무실에서 에어컨을 가동할 경우 가능하면 최소한 10%의 공기가 새로 들어오게 하십시오. 이렇게 하면 일하는 사람들의 감각과 창조성을 향상시킬 수 있습니다.

◈ 양이온이 많은 장소

휴대폰, TV, 컴퓨터, 가전제품, 전자사무기, 전자 기계 등의 주변, 철 구조 건축물 내부, 에어컨이 설치된 공간, 합성수지 제품과 의복, 자동차 내부, 공기오염이 심한 곳, 불쾌지수가 높을 때, 저기압 분위기, 비 오기 직전

◈ 음이온이 많은 장소

울창한 숲속, 폭포 옆, 휴양지, 바닷가, 분수, 샤워

9 맑은 공기, 건강한 호흡을 위한 여섯 가지 지침

작은 노력으로 건강을 얻을 수 있습니다.

1) 맑은 정신과 활력을 얻기 위하여 매일 규칙적으로 적당한 운동과 심호흡을 하라. 복식 호흡법을 연습하여 몸에 익숙해지도록 하라.

2) 집안이나 일터에서 주기적으로 환기를 한다. 추운 겨울철에도 하루 몇 차례씩 문을 열어 신선한 공기를 마시도록 한다. 지금 당장 창문을 열라. 환기가 잘 되지 않는 공간에 있으면 능률이 떨어진다.

3) 취침시에도 환기에 유의하라. 겨울철에는 차가운 공기를 직접 호흡하기 힘들어도 간접적으로 환기가 될 수 있게 하라.

4) 가정이나 사무실에서 금연하라.

5) 난방 시설을 사용하기 전에 반드시 점검하여 일산화탄소 중독을 방지하라.

6) 주거 지역을 선택할 때는 인구 밀집 지역이나 공기 오염 지역을 피하고, 나무가 있고 햇빛이 잘 들며 통풍이 잘 되는 곳을 택하라.

제7부

건강과 휴식

우리 몸은 오늘도 10만 번 이상 심장이 뛰고 혈액은 혈관을 타고 2,200km를 달리며 20,000번 이상의 숨을 쉬어야 합니다.

1 반드시 필요한 휴식

현대인들 대부분은 시간에 쫓기며 살아갑니다. 아침에 일어나자마자 스마트폰, 신문, TV에서 뉴스를 봐야 하며, 버스를 타고 전철을 갈아타면서 또 스마트폰을 뚫어지게 살피면서 출근을 하고, 회사에 도착하면 전화와 컴퓨터에 매달려 확실한 보장이 없는 사업에 기대를 걸고 애를 태웁니다. 조금만 시간이 나도 새로운 정보를 찾아 좇아 다녀야 하고, 비행기, KTX 등 될수록 빠른 교통편을 택해 빠른 시간에 바삐 출장을 다녀와야 하며, 식사도 될수록 시간이 짧게 걸리는 것을 택합니다. 그러다가 어느날 자신을 돌아보면 여기저기 건강에 문제가 생겨 있는 예가 허다합니다. 쉬고 싶다는 생각은 간절하지만 세상은 그를 움켜잡고 가만 놔두지를 않습니다. 혹 조용한 곳을 찾아가지만 미처 쉴 틈 없이 전화로 회사 일과 거래처의 요구 등으로 애를 태워야 하는 등 일 중독에 걸려 있습니다.

그러나 우리의 몸은 쉬어야 건강을 유지하도록 창조되었습니다. 춤을 추는 사람이 음악의 리듬을 따라 춤을 출 때 흥이 나고 재미가 있듯이, 사람도 활동과 휴식의 주기를 따라 신체의 리듬에 따를 때 건강 생활이 유지되는 것입니다.

우리의 신체를 구성하고 있는 주요 기관들도 활동과 휴식의 주기를 따라서 지속적이고 능률적인 기능을 발휘하게 됩니다. 심장은 사람이 생존하고 있는 동안 쉬지 않고 계속 작동하는 것 같지만 실제로는 일하는 시간과 쉬는 시간이 있습니다. 심장은 맥박과 맥박 사이에 쉬는데, 한번의 맥박으로 보면, 수축기에 해당하는 10분의 1초 동안 일하고, 확장기에 해당하는 나머지 10분의 9초 동안은 쉽니다. 따라서 신체 기능이 정상적인 상태에서 1분간의 맥박수가 적으면 적을수록 심장이 쉬는 시간이 많아지고 산소와 영양분의 공급이 원활해집니다.

신체의 다른 기관들도 일하고 쉬는 기간의 주기를 갖고 있습니다. 입과 위와 소장에서 소화작용을 위해 분비되는 소화 효소들이 한번 섭취한 음식을 소화시키는 데는 약 3시간 반 정도가 소요되며, 식사와 식사 사이의 간격이 5시간 정도 유지되어야 정상적인 소화작용이 지속될 수 있습니다. 또한 신체의 모든 세포도 이러한 활동과 휴식 주기를 갖고 있으므로 충분한 휴식을 통해 신체의 기능을 강화시키는 것이 필요합니다.

2 지쳐 있음을 나타내는 증상

일벌레는 피곤할 틈도 없다고 하지만 벌써 지쳐 있다는 신호를 몸의 여러 증상에서 느끼면서도 그것이 피곤의 신호인지도 모르는 경우가 많습니다.

다음의 증상이 혹 없는지 살펴보십시오.

1) 머리가 무겁다.
2) 몸이 나른하다.
3) 하품이 자주 나온다.
4) 다리가 아프다.
5) 머리가 멍하다.
6) 졸리다.
7) 눈이 피곤하다.
8) 동작이 서툴다.
9) 발에 힘이 없다.
10) 눕고 싶다.
11) 생각이 정리되지 않는다.
12) 악수하거나 이야기하기가 싫어진다.
13) 초조해진다.

14) 집중이 안 된다.
15) 일에 전념할 수가 없다.
16) 작은 일들에 대한 기억력이 없다.
17) 실수가 잦아진다.
18) 여러 가지 일에 신경이 쓰인다.
19) 차분하게 앉아 있을 수가 없다.
20) 끈기가 없어진다.
21) 두통이 자주 온다.
22) 어깨가 결린다.
23) 허리가 아프다.
24) 숨이 차다.
25) 입이 마른다.
26) 목이 쉰다.
27) 어지럽다.
28) 눈꺼풀에 경련이 온다.
29) 손발이 떨린다.
30) 기분이 나쁘다.

이런 증상 중에 5가지 이하가 나타나고 있으면 그럭저럭 괜찮은 상태입니다. 5가지 이상 10가지 사이에 해당되면 지금 하고 있는 일을 중단할 필요가 있습니다.

10가지 이상이면 되도록 빠른 시간에 의사를 만나보아야 될 것 같습니다. 머지않아 심장병이나 정신적으로 심각한 상태에 빠지지 않는다고 보장하기 어렵습니다.

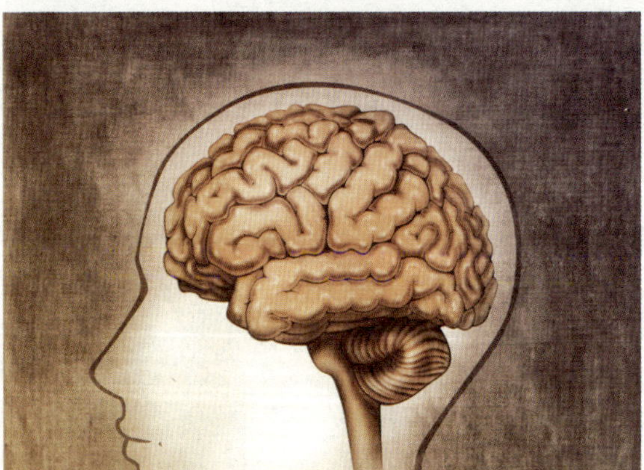

피곤은 우선 피곤하다는 느낌이 먼저 드는 것으로 근육이나 뇌 등이 활동을 못하게 되는 것은 아닙니다. 피로가 극도에 도달하기 전에 간뇌에 있는 "피로 중추"가 대뇌 피질에 브레이크 작용을 하여 작업에 대한 관심과 의욕을 상실하게 만듭니다.

만일 이 놀라운 브레이크 작용이 없다면 계속 일만 하거나 계속 놀기만 하게 되어 생명이 여러 개 있어도 부족할 것입니다.

3 피로의 원인

피로란 정신이나 육체가 과도하게 활동하였을 때 더이상 버틸 수 없기 때문에 쉬라고 경고하는 일종의 자체 방어 기능입니다. 피로에는 중독성 피로, 정신적 피로, 육체적 피로 세 가지 형태가 있습니다. 피로가 생기는 이유는 무엇일까요?

첫째, 피로 물질인 젖산이 근육에 축적되어 근육의 신축력이 감소되므로, 둘째, 세포조직의 활동이 저하되므로, 셋째, 신경 전달 물질인 아세칠콜린이 고갈되어 신경 전달이 잘 이루어지지 않기 때문입니다.

이런 여러 가지 요인이 복합되어 피로감이 오게 되는 것입니다.

일본의 고토오 유이치로 박사는 그의 저서 "고혈압과 뇌졸중"에서 피로의 원인을 다음과 같이 들고 있습니다.

1) 휴양과 수면 부족
2) 운동 부족
3) 균형 잡히지 않은 근육 노동과 잘못된 자세
4) 균형 잡히지 않은 식생활
5) 지나친 비만
6) 생활 환경이 나쁠 때
7) 정신적 스트레스
8) 노화, 체력 부족
9) 도수가 잘 맞지 않는 안경
10) 체질(저혈압, 위하수, 평발 등)

이런 상태를 오래 방치해 두게 되면 머지않아 이떤 병이 생기는 것은 불을 보듯 뻔한 일입니다.

4 가장 좋은 휴식은 잠

일반적으로 한국인들은 쉬는 것을 제대로 못한다고 말합니다. 모처럼 휴가를 내서도 일하지 않으면 괜히 미안한 생각이 들어서 제대로 쉬지 못합니다. 그 반대로 휴일 하루 종일 방안에서 뒹굴며 TV, 스마트폰에 시달리거나 음식으로 속을 거북하게 하여 몸을 더욱 피곤하게 하기도 합니다.

휴식의 가장 중요한 부분은 잠입니다. 우리는 인생의 3분의 1을 잠으로 보냅니다. 이 잠이 마음과 몸의 건강을 유지시켜 주고 노화를 방지하는 열쇠라 해도 과언이 아닙니다.

보통 우리는 하루에 8시간 정도의 잠을 잡니다. 대부분의 사람들은 하루에 6~9시간의 잠을 자는 것으로 알려져 있습니다.

엄마 젖을 충분히 마신 아이처럼 충분한 잠을 자고 난 사람은 정서적으로, 정신적으로 안정되게 됩니다. 성장 호르몬을 비롯하여 사람을 기분 좋게 하고 피로와 스트레스를 완화시켜 주는 코티손 호르몬 등 많은 호르몬들이 사람이 잠자는 동안 두뇌에서 나옵니다. 인체의 핵심 부분인 뇌는 전기 리듬으로 조절되며, 휴식을 취하는 동안 두뇌의 특수 호르몬이 분비되어 다음 동작을 위한 준비가 이루어집니다. 그러므로 규칙적으로 휴식과 수면을 취하는 사람들은 이해력과 판단력이 최고의 효력을 나타낼 수 있는 상태에서 생활하게 됩니다.

잠에 대해서 아직 자세히 알려지지 않은 점도 많지만 일반적으로 알려진 사실은 처음에 잠이 드는 단계, 얕은 잠, 중간 깊이의 잠, 깊은 잠의 순서로 뇌파가 안정되어 간다는 것입니다.

여기까지를 정통 수면 또 논렘수면(Non REM-눈동자가 움직이지 않는 수면)이라고 합니다. 약 90분 정도의 논렘 수면 후 갑자기 눈동자가 움직이기 시작합니다. 이것을 렘(REM- Rapid Eye Movement) 수면이라 말하며 역설 수면이라고도 합니다. 처음에는 10분 이하의 렘 수면(안구 운동 수면)이 계속되지만 다시 논렘 수면(안구 정지 수면)이 있을 때마다 렘 수면(안구 운동 수면)이 길어져 아침에 깰 때쯤에는 20분 정도까지 계속됩니다.

이 두 가지 수면이 고르지 못하면 잠을 잔 것 같지 않다고 합니다. 잠을 잘 잤다고 생각되어도 렘 수면(안구 운동 수면)이 방해를 받으면 며칠 지나면서 두통이나 피로감이 쌓이게 됩니다. 이 렘 수면 시 약 80%정도의 사람이 꿈을 꾼다고 하는데 깨어났을 때 꿈을 기억하는 것은 어느 지점에서 깨느냐에 따라 달라집니다.

5 좋은 잠이란?

잠을 제대로 잘 잔다는 의미에는 밤 10시까지는 잠자리에 들어 논렘 수면(안구 정지 수면)으로 깊이 잠들고, 아침에 렘 수면(안구 운동 수면) 상태에서 기분 좋게 일어나는 것을 말합니다.

렘 수면과 논렘 수면 사이클

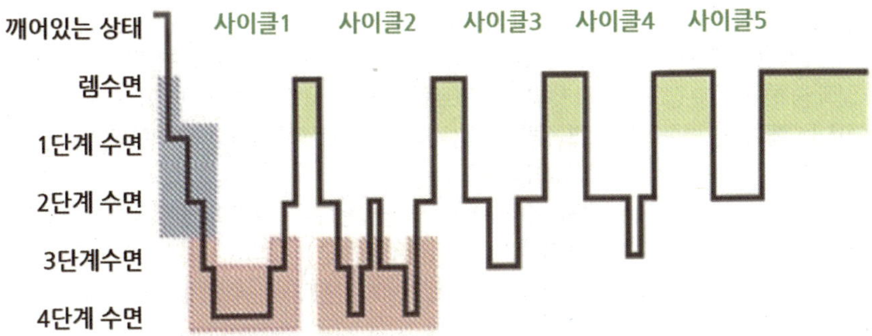

특히 성장 호르몬이 밤 10시부터 아침 4시 사이에 수복 호르몬으로 작용해 주기 때문에 피로를 회복하고 미모를 되찾게 해 줍니다. 밤 10시~12시는 깊은 잠이 필요합니다. 밤 늦게까지 일하는 사람이나 새벽에 너무 일찍 일어나는 사람은 낮잠이 도움이 됩니다. 밤늦게 일한 사람은 오후의 낮잠이나 다음날 일찍 잠자는 것이 좋을 것입니다.

새벽에 너무 일찍 일어난 사람은 오전 중에 잠깐 가수면이라도 도움이 됩니다. 단, 오후에 너무 일찍 잠이 들어 밤 10시쯤 깬다면 그 후로 또 잠을 이루지 못해 수면 패턴이 바뀌기 때문에 잘 조절해야 합니다.

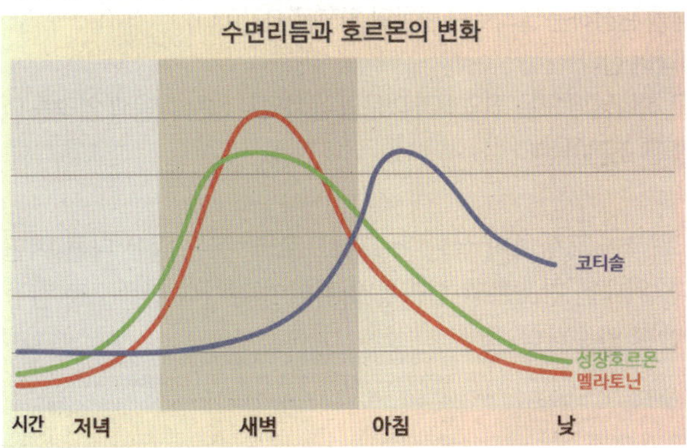

오전보다는 오후에, 오후보다는 밤에 자는 것이 좋습니다. 밤 12시 이전의 1시간의 잠이 12시 이후의 2시간의 잠과 같은 효과가 있습니다. 그리고 적어도 7~8시간의 잠은 건강 유지를 위해 꼭 필요한 것입니다.

6 충분한 잠의 중요성

불면증은 생각보다 심각한 현실 문제가 되었습니다. 스트레스, 음식물의 변화, 약품의 과다 사용, TV, 컴퓨터, 스마트폰, 조명등, 소음 등이 우리를 심각한 불면증으로 몰고 갑니다. 인간이 만든 문명의 이기들과 편리한 생활은 오늘 우리에게 자연이 준 숙면을 빼어갔습니다. 숙면을 위해 이렇게 실천해 봅시다.

1) 수면 시 방은 어두워야 한다(TV, 컴퓨터를 침실에서 치워라. 취침 전 휴대폰 사용을 금할 것).
2) 취침 2시간 전에는 간단한 물 한 잔 외에는 야식은 금한다. 위장은 비워져야 한다.
3) 일과 중 하루 30분 정도 반드시 햇빛을 쬐자(트립토판 생성을 통해 멜라토닌 변환).
4) 식사는 멜라토닌 변화를 위한 견과류와 체리, 바나나, 토마토, 파인애플, 자두, 포도, 쌀, 귀리, 시리얼, 허브, 올리브오일 등을 섭취하면 도움이 된다.
5) 지나친 당류 섭취를 하지 말자(빵, 과자, 사탕 등의 당류는 오히려 수면의 질을 악화시킨다. 당류는 뇌의 각성효과를 일으킬 수 있다. 특히 술, 와인은 금한다.)
6) 적당한 운동을 하자(운동은 신진대사 향상에 최고이며, 신진대사는 수면의 질을 올린다).
7) 적당히 육체적 피곤을 느껴야 한다.
8) 환기가 잘 되어야 한다.
9) 실내 온도는 18도 전후가 알맞다.
10) 습도는 60~70% 정도면 좋다.
11) 커피 등, 카페인 음료 또는 약(진통제 등)은 피한다.
12) 발은 따뜻해야 한다.
13) 이불은 푹신하면서도 가벼워야 한다.
14) 순수한 면 잠옷을 입어야 한다(나일론 계통의 옷은 수면을 방해한다).
15) 규칙적인 수면 시간을 갖자(특히 밤 10시부터 새벽 2시 사이는 꼭 잠들도록 노력해야 한다. 이 시간은 어두워야 분비되는 잠을 관장하는 멜라토닌 변환의 최정점 시간이다).
16) 가능한 일찍 자고 일찍 일어나야 한다.
17) 무엇보다도 신앙심을 가지고 하나님께 모든 죄의식과 미움과 용서되지 않는 마음과 염려를 다 맡기는 깊은 기도는 숙면의 좋은 조건이 된다.

우리는 보다 더 나은 쉼을 위하여 고생하며 삽니다. 그러므로 잘 쉬는 일은 다른 어떤 것 못지않게 중요한 일입니다. 위대한 창조주의 섭리를 의지하며 감사와 만족으로 잠들 수 있는 사람만큼 행복한 사람도 없습니다.

7 훌륭한 피로 해소법

수면을 취하는 방법을 알아봤습니다. 이제 다음 단계로 피로감을 없애는 몇 가지 방법을 알아보겠습니다.

1) 심호흡을 해보세요.

1시간마다 5~10분 심호흡을 하거나 기지개로 몸을 최대한 펴보십시오. 좀 걸어다니는 것도 도움이 됩니다.

2) 잠간씩 조는 것도 도움이 됩니다.

매일 정해진 시간에 자고 일어나는 사람은 그것만으로도 장수의 조건을 갖춘 셈입니다. 그러나 그렇게 할 수 없는 사람도 많습니다. 눈을 감고 있어도 괜찮은 시간이 있다면 그렇게 하십시오. 회의 도중이나 전철에 앉아서, 대합실에서, 어디서든 가능한 때에 잠깐 눈을 붙이는 것은 피로 회복에 도움이 됩니다.

3) 정신을 많이 쓰는 사람은 몸을 움직여야 합니다.

머리를 혹사하는 사람은 몸도 움직여 줘야 합니다. 정신적으로 압박을 많이 받으면 잠을 이룰 수 없게 되는데, 이럴 때 땀을 흘릴 만큼 운동을 하고 나면 소화력도 증진되고 기분도 상쾌해집니다. 그러나 기진맥진할 때까지 하는 것은 오히려 역효과가 납니다.

4) 자신이 몰두할 만큼 좋아하는 일을 섞어 가면서 일하십시오.

사람은 일이 얼마나 많은지보다는 하기 싫은 일을 할 때 훨씬 더 피곤을 느낍니다. 취미, 운동, 음식 등 자신이 아주 좋아하는 것을 가끔씩 해가면서 일하면 스트레스와 피로가 그만큼 줄어듭니다.

5) 한번쯤 입원하는 것을 두려워하지 마십시오.

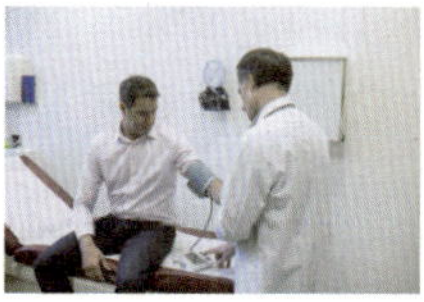

무슨 일이나 끝을 맺는 것이 있어야 합니다. 아무리 좋은 일이라도 계속하게 되면 몸이나 뇌의 활동이 과열됩니다. 한번쯤 건강 종합 진단도 받을 겸 의사와 이야기를 나누고 검사를 통해 자신의 신체 상황을 냉정하게 관찰해 보는 것이 필요할 수도 있습니다.

6) 사랑하는 사람들과 자연 속으로 가 봅시다.

숲속의 푸른 나무와 공기, 새와 작은 벌, 나비들은 마음을 부드럽게 해주는데 더할 나위 없이 좋은 것들입니다. 가능하다면 혼자보다는 가족과 함께 자연 속으로 가시기를 권합니다. 가족과 함께 가면 눈에 보이지 않는 사랑의 고리가 마음속의 피로를 씻어 줍니다.

인류의 위대한 경전인 성경에는 사람들에게 엿새 동안 일하고 일곱째날(토요일)을 창조의 기념일로서 구별하여 쉬라고 기록하고 있습니다. 육체의 피로를 씻을 뿐 아니라 삶의 목적이나 인생에서 가장 중요한 것이 무엇인지를 되새겨 보고 삶을 의미 있게 설계하는 것이 진정한 피로 회복(Recreation, 재창조)이라는 뜻입니다.

피로 회복, 이렇게 해 보세요.

1) 절도 있는 생활의 리듬을 갖는다.
2) 햇빛을 받으며 산책을 하며 심호흡을 한다.
3) 깨끗한 물을 식간에 자주 마신다.
4) 냉, 온 목욕을 한다.
5) 편한 자세로 음악을 듣는다.
6) 적당한 영양 공급을 한다.
7) 마사지 및 지압을 해 준다.
8) 수면을 취한다.

8 새로운 삶을 향한 출발

미국 미네소타주 로체스터에 있는 메이나 클리닉에서는 만성 피로에 대한 치료법을 고안해 냈습니다. 그림과 같은 십자형의 생활이 균형지게 발달해 있는지 카운셀링을 통해 고쳐가는 방법입니다. 십자가의 한 팔이라도 균형을 잃고 짧으면 만성 피로로 이어지는 것입니다. 십자가의 네 팔은 아래와 같습니다.

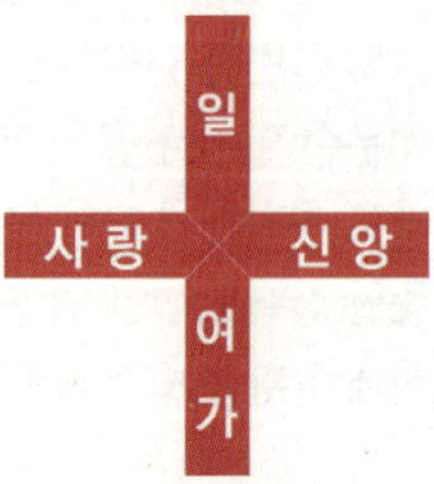

1) 자신에게 적합한 일
2) 행복한 결혼 생활에서 오는 애정
3) 건전한 놀이(레크레이션)
4) 자신보다 위대한 존재에 대한 의지를 의미하는 신앙을 상징하고 있습니다. 여러분의 십자가의 생활 균형은 어떻습니까?

건강의 십자가

한 번의 피로는 회복되었지만 본래 하던데로 생활에 이리저리 끌려 다니다 보면 금방 다시 피로에 지치게 될 것을 염려하는 분은 다음의 새로운 삶을 위한 12개 조항을 참고로 실천해 보십시오.

1) 자신이 이상적으로 생각하는 인물을 마음속으로 그려본다. 매일 한번쯤 그 인물을 생각해본다.
2) 스스로 자신감을 가지고 산다.
3) 자신이 좋아하는 일에 몰두한다. 충분한 수면을 취하고 매일 운동을 한다. 건강을 증진시키는 습관에 길을 들인다.
4) 여가를 마음에 맞는 친구와 자주 보내면서 마음에 있는 이야기를 털어놓는다.
5) 새롭고 뜻있는 일에 흥미를 가진다. 취미, 교제, 탐험 등.
6) 다른 사람에게서 발견한 좋은 점을 기록해 보고 자신도 실천한다.
7) 자신의 특기나 기질을 이해하고 그것을 성장, 발전시키려는 마음을 갖는다.
8) 자신이 해낼 수 있는 한계가 어디까지인지 알아보고 그 한계에 도전한다.
9) 자신이 과거에 극복해 냈던 어려움들을 회고해 보면서 다가올 어려움에 대비한다.
10) 나만을 위해 살지 않고 봉사의 정신을 기른다. 남에게 대우 받으려 하기보다는 내가 남에게 더 나은 대우를 해줄 수 있는지 생각해 본다.
11) 지혜, 올바른 판단력을 위해 전능자(하나님)의 도움을 구한다.
12) 하나님에 대해 신뢰를 가지면서 주변 사람과도 더 좋은 관계를 유지한다.

성경에는 "사람들에게는 이것이 불가능하나 하나님께는 그렇지 아니하느니라. 하나님께서 함께 하시면 모든 것들이 가능하니라"(막 10:27, KJV)는 말씀이 있습니다. 사람의 힘만으로 인생의 모든 문제를 해결해 나가는 데는 한계가 있습니다 그래서 세상에는 수십억의 사람들이 신앙을 가지고 하나님을 신뢰하며 살고 있습니다. 신앙에는 새로운 힘이 있고 삶에 대한 새로운 출발이 있습니다. 신앙 안에서는 전혀 새로운 자신을 발견할 수 있기 때문입니다.

예수 그리스도는 이렇게 초청하십니다.

"수고하고 무거운 짐이 지워진 자들아 다 내게로 오라. 내가 너희에게 쉼을 주리라."(마 11:28).

제8부 성경이 가르치는 건강법

하나님을 신뢰하십시오. 그분은 길이요 진리요 생명이십니다. 건강 문제가 오늘날 대중 매체의 주요 관심거리가 되다 보니 이 사람은 이렇게 저 사람은 저렇게 말해서 도저히 종잡을 수 없는 경우가 많습니다. 건강에 대한 보다 근본적인 원칙은 없는 걸까요? 좀더 깊이 신뢰할 수 있는 건강 원리는 없을까요? 성경은 인류 최고의 경전이며 그 속에는 건강에 관한 놀라운 기록들이 가득합니다.

1 사람의 창조 당시의 생활

성경의 맨 첫 책인 창세기에는 천지 창조의 대략이 기록되어 있습니다. 창세기 1장 26, 27절에는 "하나님께서 말씀하시기를, 우리가 우리의 형상대로 우리의 모양을 따라서 사람을 만들자. 그리하여 그들이 바다의 물고기들과 공중의 새들과 가축들과 온 땅과 땅 위를 기는 각종 기는 것을 다스리게 하자, 하시고 하나님께서 사람을 그분 자신의 형상대로 곧 하나님의 형상대로 창조하시되, 그분께서 그들을 남자와 여자로 창조하셨"(KJV)다고 기록되어 있습니다.

사람은 본래 하나님의 형상을 닮은 고상한 존재로 창조되었습니다. 결코 우연히 생겼거나 원숭이의 후손으로 진화된 것이 아닙니다. 죄가 세상에 들어오기 전에는 사람들이 병이나 아픔, 죽음을 알지 못하고 영원히 살도록 계획되었습니다. 생명 유지를 위해 매우 중요한 기능을 하는 심장의 기능 한 가지만 살펴보더라도 매우 흥미 있는 사실을 발견할 수 있습니다. 심장은 1초 단위로 계산해 보면 0.4초 동안 수축하고 긴장해 있지만 0.6초 동안은 쉬는 상태에 있습니다. 이것을 하루 단위로 계산해 보면 9시간 일하고 15시간 동안 쉬는 셈입니다. 산소와 영양소가 충분히 주어지기만 한다면 심장은 거의 영속적으로 작동할 수 있는 여건을 갖추어 설계되었습니다. 몸이 지나친 과로로부터 보호받도록 피곤, 아픔, 지루함 등을 느껴 경고를 받고 있습니다.

창조주 하나님께서는 사람이 자신의 육체를 최선의 상태로 유지할 수 있도록 온갖 자체 방어 기능을 준비해 두셨습니다. 몸의 자연스런 기능에 제대로 따르기만 하면 오래오래 영원히 살 수 있도록 충분한 기능이 준비되어 있는 것입니다.

2 하나님께서 사람의 건강을 위해 지으신 최선의 환경

사람이 영원히 행복하게 살도록 하나님께서 에덴동산을 지으셨다면 틀림없이 그 환경은 최선의 상태였을 것입니다. 창세기 1장과 2장에는 천지 창조를 간략하게 기록하고 있습니다.

하나님은 맨 첫 번째로 빛을 창조 하셨습니다(창 1:3). 빛은 생명 유지에 빠질 수 없는 중요한 것입니다. 모든 식물과 동물에게 필요한 빛을 만들어 주신 것입니다. 빛은 하나님의 존재의 표시이며 하나님의 영광을 나타내는 것으로서 모든 피조물은 하나님의 영광인 빛 속에서 보호 받으며 생명을 유지할 수 있습니다.

두 번째로는 물과 육지를 구분하셨습니다(6-9절). 물도 역시 생명 유지에 없어서는 안 될 소중한 것입니다. 공중에는 맑은 공기, 즉 사람이 살아가기에 가장 적합한 비율의 원소들로 배합된 공기가 가득 차게 되었습니다.

셋째 날은 온 지면에 채소와 곡식, 나무로 가득 차게 하셨습니다. 그리고 사람의 양식으로 지정해 주셨습니다. "보라. 내가 온 지면에 있는 씨 맺는 각종 채소와 속에 씨를 맺는 열매가 있는 각종 나무를 너희에게 주었나니, 그것이 너희에게 양식이 되리라"(창 1:29, KJV)

사람을 위한 최초의 양식은 채소, 곡식, 견과류, 과일 등 순수한 채식이었습니다. 동물의 고기를 먹는 일은 세상에 죄가 시작된 지 한참 후의 일이었습니다. 그리고 사람에게는 할 일도 지정되었습니다. "하나님께서 말씀하시기를, … 그들이 바다의 물고기들과 공중의 새들과 가축들과 온 땅과 땅 위를 기는 각종 기는 것을 다스리게 하자"(창 1:26) 하셨습니다.

지상의 모든 생물을 관리하는 직분이 사람에게 주어 졌습니다. 가장 아름다운 평화와 질서를 유지하는 생활 속에서 건강과 행복을 두고두고 누릴 수 있었습니다.

창세기 2장에는 창조 사역이 끝나고 일곱째 날에 쉬셨다고 기록되어 있습니다(창 2:1-3). 하나님이 휴식이 필요했다기보다는 사람에게 쉬는 시간이 필요하며 하나님과의 만남을 통해 삶의 참된 목표와 의미를 음미할 수 있는 귀중한 시간이었습니다.

안식일은 삶의 참된 의미를 깨닫고 진정한 기쁨을 누릴 수 있도록 하나님이 정해 주신 특별한 축복의 시간이었습니다. 그런 참다운 쉼은 삶을 영속적으로 유지시키는 힘을 줍니다.

하나님께서 "그 지면의 흙으로 사람을 지으시고, 그의 콧구멍에 생명의 숨을 불어 넣으시니 사람이 살아 있는 혼이 되니라"(창 2:7, KJV)고 기록되어 있습니다. 사람의 목숨은 전적으로 하나님께 의존하고 있는 셈입니다. 창조하신 일에서부터 시작하여 생명 유지에 필요한 모든 것이 다 하나님께서 계획하시고 마련해 주신 것입니다. 인간의 건강과 생명 유지에 대한 모든 것을 고안하시고 이루어 주신 분이십니다.

하나님께서는 사람이 할 수 있는 것과 해서는 안 되는 것이 있다는 것을 알려주셨습니다. "주 하나님께서 그 사람에게 명령하여 말씀하시기를, 동산의 각종 나무의 것은 네가 마음대로 먹을 수 있으나, 선과 악을 알게 하는 나무의 것은 먹지 말라. 네가 그 나무에서 나는 것을 먹는 그 날에 네가 반드시 죽으리라, 하시니라."(창 2:16, 17, KJV). 사람에게는 절제가 필요합니다. 할 수 있는 것과 하지 말아야 하는 것의 판가름, 그리고 옳은 것을 따를 줄 아는 지혜, 이것은 인간으로서 가질 수 있는 최고의 가치이기도 합니다. 판단력과 선택권을 가진 인간이 창조 질서에 조화되게 하나님의 뜻을 실천해 가는 것은 영속적인 삶을 누릴 수 있는 가장 확실한 길이었습니다. 마음 내키는 대로 부절제에 빠지는 것은 곧 질병과 죽음의 길입니다.

이렇듯 건강과 행복에 대해 가장 완벽한 지식을 가지신 하나님께 순종하며 사는 것이 최선의 길입니다. 이스라엘 민족을 이집트에서 인도하여 낸 후 하나님은 이렇게 말씀하셨습니다. "너희가 너희 하나님 나 여호와의 말을 청종하고 나의 보기에 의를 행하며 내 계명에 귀를 기울이며 내 모든 규례를 지키면 내가 애굽 사람에게 내린 모든 질병의 하나도 너희에게 내리지 아니하리니 나는 너희를 치료하는 여호와임이니라"(출애굽기 15장 26절).

3 예방 의학의 고전인 성경

근대에 이르기까지 세균학이 발달되지 못해서 위생 관념이 매우 희박한 실정이었습니다. 1840년대초 오스트리아 비인의 산부인과 의사 이그너스 젬멜 바이스는 자신 운영하는 병동의 환자가 계속 산욕열로 죽어가는데, 조산원이 돌보고 있는 병동에서는 사망자가 매우 적다는 사실을 발견했습니다. 세균이 있다는 것을 몰랐기 때문에 의사와 의학생들이 해부 실습으로 더러워진 손 때문에 전염된다는 것은 꿈에도 생각하지 못했던 것입니다. 젬멜 바이스는 손 씻는 운동을 전개했습니다. 그 결과 눈에 띄게 사망율이 낮아졌지만 고정관념에 사로잡힌 교수진과 다른 의사들의 반감으로 비인에서 쫓겨났습니다. 그는 부다페스트에 가서도 손 씻는 운동을 펼쳤습니다. 그 곳에서도 쫓겨나 정신병원에서 외롭게 죽어갔습니다. 만일 그 당시의 의사들이 구약성경 민수기 19장을 읽었더라면 많은 목숨을 구할 수 있었을 것입니다. 민수기 19장에는 흐르는 물로 몸과 손을 깨끗이 씻는 것이 규칙으로 정해져 있습니다.

그 젊은 의사의 제안이 그 당시에는 배척을 당했지만 현재에 와서 그는 방부법의 선구자로 인정받고 있습니다.

이것들은 작은 예를 든 것이지만 이 외에도 당시 사람들로는 생각지도 못했던 지혜를 성경은 말하고 있습니다.

현대에 유행하고 있는 포경 수술을 성경에는 4,000년 전부터 실행하도록 가르치고 있습니다. 할례(포경수술)는 부인들의 자궁암 발생률을 현저하게 줄여 주는 것으로 밝혀졌습니다. 성경은 전염병 환자를 격리시키도록 지시한 최초의 의학서입니다. 문둥병 등 전염병자를 격리시켜 성경의 지시대로 따랐던 유대인들은 숱한 전염병에서 보호받을 수 있었습니다. 이 외에도 술의 해로움, 식욕의 조절, 정신 위생 등 수많은 건강에 대한 정보가 성경 기록의 여기저기에 들어 있습니다.

우리가 성경을 깊이 연구하면 더욱 훌륭한 지혜를 얻을 수 있을 것입니다.

4 병이 시작된 원인

이렇게 보면 하나님께서는 결코 인류에게 병을 주실 생각은 없었던 것이 확실합니다. 그러나 사람이 처음에 죄를 지었을 때부터 질병과 죽음이 홍수처럼 쏟아져 들어왔습니다. 죄는 곧 죽음을 가져왔습니다. 병은 죽음에 이르는 첫 걸음과도 같은 것입니다. 병의 종점은 죽음이며 사람들이 병을 그토록 싫어하는 이유도 잠깐동안 몸이 부자유하다는 것보다는 혹시 이 병으로 죽음에 이르지 않을까 하는 두려움에 있는 것입니다.

병이 생기게 되는 경우를 다음 네 가지로 생각해 볼 수 있습니다.

(1) 하나님의 말씀을 거역하는 경우

(2) 건강의 원칙을 거스르는 경우

(3) 병원균이나 독극물 등에 접촉된 경우

(4) 노쇠하여 저항력이 떨어진 경우

우선 첫 번째로 중대한 잘못을 저지르고 양심의 가책 때문에 고통을 느끼는 사람은 명랑하고 건강한 생활을 할 수 없을 것입니다. 깊은 죄책감으로 잠을 이루지 못하거나 쫓기는 심정이라면 어떻게 건강과 행복을 누릴 수 있겠습니까?

워치만 니라는 그리스도인은 이런 이유로 병이 생긴 사람은 기도하고 하나님께 용서를 빌며 뉘우치면 놀라울 만큼 치료된다고 하였습니다. 성경에서도 예수님께서 병자를 치료하시면서 네 죄를 용서했다고 말씀하신 경우가 여러 번 있습니다. 병의 치료와 하나님의 용서는 깊은 관계가 있습니다.

두 번째에 해당되는 사람은 가능한 한 빨리 생활 방법을 개선해야 할 것입니다. 현대인의 대다수의 병은 "생활습관병"(일명 성인병)이라고 말합니다. 건강한 생활습관을 가지면 대부분의 병은 자연히 낫습니다. 이 책에서 살펴본 건강 원칙을 곧바로 실천하시기 바랍니다. 머지 않아 여러분의 병은 놀랍게 호전될 것입니다.

세 번째 경우에는 속히 병원균이나 독소를 제거해야 합니다. 신속히 전문의의 지시에 따라 착실히 치료하고 요양하면 치료될 수 있을 것입니다. 독소나 세균도 어떤 형태로든지 건강의 원칙을 어긴 경우에 생기는 것이며 저항력이 약해져서 악화되는 경우가 많습니다. 간단한 디톡스만으로도 몸 속의 독소를 효과적으로 제거할 수도 있습니다.

네 번째 경우는 사람이 피할 수 없는 노화 현상이지만 생활의 태도에 따라 노화의 정도를 늦출 수도 있습니다. 90세가 되어서도 건강하게 삶을 누리는 사람이 있지만 20대나 30대에도 노인 못지않게 병치레만 하는 사람이 많습니다. 건강 습관을 잘 실천해서 자신의 수명이 다할 때까지 활기 있는 삶을 누리는 것이 곧 행복이 아니겠습니까?

5 진정한 의사이신 하나님

누구든지 병에 걸렸을 때 이런 문제를 먼저 생각해 보시기 바랍니다.

1) 나는 하나님 앞에, 그리고 사람들에게 깨끗한 양심으로 살아가고 있는가? 양심에 꺼릴만한 것은 없는가?

2) 순리적으로 살지 못하고 무리하게 몸을 혹사하거나 잘못 사용하고 있지는 않은가?

3) 몸에 독이 되는 잘못된 것을 습관이나 입맛 때문에 끊지 못하고 있지는 않은가? 전염병에 감염되지 않았는가?

4) 나이 때문에 오는 것인가?

원인이 되는 것을 알아내고, 개선할 것은 속히 개선하고, 마음 속에 낫기를 바라는 마음으로 하나님을 신뢰하면 속히 치료될 것입니다.

하나님은 사람을 건강하게 창조하셨습니다. 선천적이거나 자신의 잘못이거나 간에 병을 앓고 있는 사람들에게 그리스도는 치료의 손길로 다가오십니다.

" 네가 낫기를 원하느냐?"(요한복음 5장 6절)

"나는 너를 치료하는 여호와니라"(출애굽기 15장 26절).

성경에는 하나님을 믿고 신뢰하여 건강과 축복을 넘치도록 누린 사람들의 이야기로 가득합니다.

6 마음으로 고칠 수 있는 몸

오늘날처럼 불확실한 미래와 불안한 현재를 살아가는 현대인들에게 근심과 염려, 두려움과 불안은 가장 심각한 마음의 질병이 되고 있습니다. 또한 잘못 살아온 지난날에 대한 막심한 후회와 죄책감은 마음의 부담을 가중시키고 있습니다. 자녀를 낳은 부모만이 자녀가 겪는 삶의 부담을 이해하고 기꺼이 동참하듯이 창조주 하나님만이 사람이 겪는 온갖 부담을 맡아 주실 수 있습니다. 하나님은 우리를 이렇게 간절히 초청하고 계십니다.

"수고하고 무거운 짐이 지워진 자들아 다 내게로 오라. 내가 너희에게 쉼을 주리라."(마 11:28, KJV).
"너희 모든 염려를 그분께 맡기라. 그분께서 너희를 돌보심이니라."(벧전 5:7).

사람의 마음은 신비해서 마음이 병들면 건강하던 몸도 병이 나게 되며, 마음이 건강해지면 병든 몸도 따라서 건강해집니다. 죽고 사는 것이 마음에 달려 있으며 이 마음을 붙잡아주는 힘이 곧 하나님을 향한 믿음입니다.

"사람의 영은 자기의 병을 참아낼 것이나, 상처받은 영은 누가 감당하겠는가?" (잠언 18장 14절, KJV).

7 몸도 마음도 살게 하는 믿음

오른편 심장의 막판이 좁아지는 심장병을 삼판 협작증이라고 하는데 의사들 사이에서는 대개 "T.S"로 통합니다. 노만 커즌(N. Cousin)의 책 가운데, 하버드 대학의 도서관 사서였던 T.S 환자가 하버드 의과대학의 심장 내과 교수 레빈(Levin) 박사를 찾아온 얘기가 적혀 있습니다. 의대생들과 함께 이 환자를 검진하려던 레빈 박사가 급한 일로 출타하면서 학생들에게 "이 환자는 T.S 환자다" 라고 급하게 말하고 자리를 떠났습니다. 의대생 4명이 진찰을 끝내고 돌아간 몇 시간 후 이 환자는 상태가 급속히 나빠져서 응급실로 실려왔습니다. 놀란 학생들이 그 원인을 찾던 중 자신을 "T.S 환자"라고 불렀던 것을 크게 오해하여 이 환자가 충격을 받았다는 사실을 알아냈습니다. T.S를 말기 상태(Terminal Situation)의 약자로 오해한 이 환자는 자신의 죽음이 임박한 말기라고 확신한 것입니다. 의사들이 아무리 설명해도 이 환자는 "레빈 박사도 그랬고 당신들도 그랬듯이 모두 내가 죽는다고 속삭이지 않았느냐"는 말을 남기고 이틀 후에 죽었습니다.

이 경우는 자포자기 속에서 잘못된 믿음으로 생명을 잃은 것입니다.

"삶이 그대를 부정하든지 긍정하든지 간에 한 가지만은 결코 포기해서는 안 된다. 그대 자신에 대한 믿음만큼은 절대로 포기해서는 안 된다" (헤리 E. 포스틱).

12년 동안 피가 멈추지 않고 흐르는 혈루증을 앓던 한 여인이 여러 의원에게서 온갖 약을 썼지만 낫지 못하고 악화되던 중 예수님의 소문을 듣고 찾아온 이야기가 복음서에 나옵니다. 쓰러질 듯 심신이 허약해진 이 여인은 앞에 나가 부탁할 용기나 기력마저 상실한 채 그리스도의 옷에만 손을 대어도 나을 것이라는 믿음을 가지고 몰래 뒤에 와서 예수님의 옷자락을 만지는 순간, 병이 완치된 것을 느꼈습니다. 이 사실을 감지하신 예수님께서는 그 여인을 향하여 말씀하셨습니다.

"딸아, 네 믿음이 너를 완전하게 하였도다. 네 질병으로부터 완전할지어다. 그리고 평안히 가라"(마가복음 5장 34절).

또 38년이나 자리에 누워 있던 중풍병자에게 "네가 온전하게 되고자 하느냐?"고 물으신 후 그 환자의 간절한 소원을 확인하시고는 "일어나 네 침상을 걷어들고 걸어가라"고 말씀하셨습니다. 말씀을 믿고 그는 새 힘이 솟아오르는 것을 느끼며 일어나서 건강한 몸으로 걸어갔습니다(요한복음 5장 5-9절).

"그분께서는 그대에게 건전하고 평화로운 마음으로 일어서라고 명령하신다. 그대가 완전히 나았다고 느껴질 때까지 기다리지 말라. 구주의 말씀을 믿으라. 그대의 의지를 그리스도 편에 두라. 그분을 섬기고자 뜻을 세우고 그분의 말씀대로 행할 때 그대는 힘을 얻을 것이다"(힐링바이블, 제5장, p52).

"사람의 마음을 창조하신 분께서는 마음의 필요가 무엇인지를 아신다. 하나님은 치료해 주실 수 있는 유일한 분이시다. 마음과 육체가 병든 사람들은 그리스도 안에서 잠된 회복자를 바라보아야 한다"(힐링바이블, 제18장 정신치료, p176).

그리스도를 바라보는 사람은 누구나 희망을 가질 수 있습니다. 그분에게 참된 치료가 있고 생명이 있습니다. 일시적으로 병 증세를 없애는 것이 아니라 참되고 영원한 길로 인도하시는 길이요, 진리요, 생명이신 분이십니다. 그리스도야말로 믿을 만한 분이요, 모든 것을 맡길 만한 분이십니다. 지금 그분을 믿고 따르면 양떼를 인도하는 목자처럼 가장 안전하고 평안한 곳으로 우리를 인도해 주실 것입니다.

"여호와는 나의 목자시니 내가 부족함이 없으리로다.
그가 나를 푸른 조장에 누이시며
쉴 만한 물가로 인도하시는도다.
내 영혼을 소생시키시고 자기 이름을 위하여
의의 길로 인도하시는도다.
내가 사망의 음침한 골짜기로 다닐찌라도 해를 두려워하지 않을 것은
주께서 나와 함께하심이라.
주의 지팡이와 막대기가 나를 안위하시나이다.
주께서 내 원수의 목전에서 내게 상을 베푸시고 기름을 바르셨으니
내 잔이 넘치나이다.
나의 평생에 선하심과 인자하심이 정녕 나를 따르리니
내가 여호와의 집에 영원히 거하리로다."
(시편 23편)

성경공부
영육의 건강

3편

31가지 실제적인 건강 개선법

지혜로운 자의 법은 생명의 샘이라.(잠13:14)

실제적인 건강 개선법

Timothy Arnott. M.D

1 운동은 옳은 방법으로

운동을 할 때 "고통 없이 소득 없다(no pain, no gain)"는 속담은 잘못된 통념입니다. 간헐적 운동(intermittent training)이라고 불리는 교차운동(interval training)을 하면 실제적으로 유익을 얻게 되고, 운동 할 때 오는 통증을 상당히 줄일 수 있는 운동법입니다. 운동에는 교차운동이 꼭 필요합니다.

교차운동은 격렬한 운동을 하다가 잠깐동안 그 운동을 좀 낮추어 하는 운동을 말합니다. 하는 방법은 다음과 같습니다. 운동할 때 심장 고동을 재는 기계(심박수 측정기) 를 착용하십시오. 그런 다음 편안하게 운동하다가 이번에는 매분마다 심박수가 10번 덜뛰도록 천천히 낮추십시오. 그런 다음에 더 격렬하게 운동해서 심박수가 매분 10번 더뛰도록 다시 반복하십시오. 이와 같이 교대로 올렸다 내렸다를 반복하는 교차운동으로써 근육이 산소를 계속 연소시켜 근육이 지나치게 일하게 할 위험을 줄여줍니다. 지나치게 일한 근육에는 젖산이 쌓이게 되고 그것 때문에 빨리 지치게 되고 운동이 고역이 됩니다. 또한 쌓인 젖산은 운동에서 얻은 유익을 감소시키며 운동 중에 신체에서 태워야 할 지방량을 적게 타게까지 합니다.

미국생활습관센터의 운동 생리학자인 해롤드 메이어 박사는 교차운동 프로그램을 적용한 사람이 연속 운동을 한 사람보다 체중을 더 줄인다는 사실을 발견하였습니다.

사실 그의 연구에서 10주 만에 교차 운동하는 그룹이 연속 운동을 한 사람들보다 두 배의 체중을 줄였습니다. 특히 교차운동을 한 사람이 연속적인 운동을 한 사람들의 몸의 지방 감소보다 더 많이 감소시켰습니다. 교차운동은 연속 운동 형태에 비해서 체중을 더 줄이게 하고 여분의 힘을 더 갖도록 도와 주는 것입니다.

만약 심장 박동을 체크하는 것이 귀찮다고 생각된다면 교차 운동을 하기 쉬운 방법은 정원(텃밭)을 가꾸기를 선택하는 것입니다. 정원을 가꿀 때에는 자동적으로 정력을 쏟았다가 쉬기도 하고 또 쏟았다가 쉬게 됩니다. 또 다른 쉬운 선택은 걷는 것입니다. 언덕을 올라갔다가 내려오며 걷는 것입니다. 이와 같은 운동을 선택하는 것은 근육을 혹독하게 지치게 하는 것을 막는데 도움을 줍니다. 물론 만약 런닝머신(treadmill)이나 다른 운동 기구를 사용한다면 위에 이야기한 교차 운동훈련 프로그램에 따르는 심박수 측정기를 사용하십시오. 중요한 것은 일생 동안 계속해야 하므로 자신에게 가장 잘 맞는 운동 프로그램을 찾는 것입니다. 어떻게 운동하느냐보다 더 중요한 것은 운동을 계속 하는 것입니다. 사람은 움직이도록 창조되었습니다.

하버드 대학교 보건대학원에서 근무하는 프랑크 후 박사와 그의 동료들은 운동하는 여성 당뇨병 환자들의 심장마비 위험율이 보다 더 낮다는 것을 발견하였습니다. 사실 그의 연구에 의하면 운동을 가장 많이 하는 여자가 가장 적게 하는 여자와 비교하여 그 위험성이 44% 낮았습니다! 같은 연구에서 운동을 가장 많이 하는 여자들이 가장 적게 하는 여자들에 비하여 제2형 당뇨병에 걸릴 위험성이 26% 낮았으며, 뇌졸중에 걸릴 위험성도 40% 낮았습니다. 시간당 5.6km 걷는 여자는 시간당 3.2km 이하로 걷는 여자들에 비해 뇌졸중에 걸릴 위험성이 절반 줄었습니다.

세계 보건기구(WHO)에 의하면 하루에 60분 운동하는 것은 체중 억제에 필요한 시간입니다. 만약 매일 모두 합쳐서 한 시간 운동할 수 없다면 점차 이 목표에 도달하도록 노력하십시오. 걸을 수 있다면 매시간 5.6km정도 조금 빠른 속도로 활발하게 운동하는 것은 여러분의 건강을 지켜줄 것입니다. 그러나 자신의 관절을 잘 관찰하고 가슴에 통증이 오는지 주의하십시오. 심장이나 관절에 무리가 가지 않도록 조심하십시오. 만약 어느 한쪽에 고통이 시작된다면 즉시 의사에게 상의하십시오! 위험할 정도의 강도나 기간 동안 운동하지 않도록 의사와 긴밀히 상의하는 것이 좋습니다. 만약 50세 이상이거나, 지나친 과체중이거나, 당뇨병, 심장병, 높은 콜레스테롤이나, 높은 혈압이 있는 사람은 운동 프로그램 시작 전에 의사와 상의하십시오! 만약 운동하면서 옆 사람과 더 이상 이야기할 수 없을 정도로 숨이 가쁘다면 너무 심하게 운동하고 있는 것입니다.

2 적당한 휴식이 중요성

만약 당뇨병을 현재 앓고 있거나, 당뇨병에 걸릴 위험을 최소화 하려면, 혹은 인슐린의 저항으로 고통 당한다면, 또한 만약 단순히 기억을 향상시키려면, 휴식이 여러분의 가장 중요한 친구입니다.

당뇨병을 피하려면 적절한 휴식이 중요합니다. 시카고 대학교의 스피겔 박사는 건강한 청년이 6일 간의 밤에 충분한 잠을 잤을 때보다 그 6일 간 겨우 4시간만 잤을 때 그들의 조직에 의해 혈당을 흡수하는 능력이 40% 더 낮았다는 것을 발견했습니다. 특히 약 일주일 간 적당한 휴식을 취했을 때보다 그 기간 잠을 못 잔 후에는 췌장에서 인슐린이 30% 더 적게 나왔음을 발견하였습니다. 인슐린의 도움 없이 혈당이 체세포로 들어가는 능력이 제2형 당뇨병에서처럼 30% 떨어졌습니다. 예를 들면 수면이 부족한 건강한 청년의 혈당조절 능력은 경증 당뇨병을 앓고 있는 노인과 비교되는 수준으로 낮아졌던 것입니다. 다시 말해서 수면 부족은 스트레스 호르몬의 양을 올리고 그것은 결국 인슐린에 대한 몸의 저항을 증가시키고 혈당을 몸의 조직에 흡수시키는데 어려움을 가져온다는 것입니다.

또한 최선의 기억력을 위해서는 적당한 휴식이 필요한 것입니다. 독일 르벡대학교의 피스쳐 박사와 동료들이 발견한 것은 건강한 청년들이 밤에 충분히 잠잤을 때 그들이 동일한 기간에 휴식을 취하지 못했을 때보다 손가락 두들기기 운동(a finger tapping exercise)을 33% 더 빠르게 할 수 있었고 30% 더 적게 실수하였다고 합니다. 결론은 무엇일까요? 음악 악기를 연주하는 것 같은 숙련된 기술을 배울 때 최고의 연기를 발휘하기 위하여 충분한 잠을 자야 한다는 것입니다.

하버드 의과대학교의 워커 박사와 동료들은 그와 비슷한 발견을 하였습니다. 한 무리가 키보드에 연속적으로 타이프라이터를 치는 것을 배우는데 같은 기간 동안 잠자지 않고 그것을 되풀이했을 때보다 충분한 잠을 잔 후에 그렇게 했을 때 실수 없이 20% 더빠르게 할 수 있었습니다.

미국생활습관센터에서는 최선의 휴식을 얻고자 하는 환자들에게 다음과 같이 권장 합니다.

♥ 매일 7~8 시간 잠을 자라. 자정 전에 2시간 30분이나 3시간 잠을 자라. 자정 전에 취한 1시간의 잠은 자정 후에 2시간 자는 것과 같다.
♥ 저녁에는 저녁밥을 안 먹거나, 단지 과일만 먹든지, 찐 채소를 먹든지, 가벼운 죽이나 선식을 먹는 것을 고려하라. 잠을 잘 때 위장을 텅 비우면 잠의 질을 극대화할 것이다.

보충하고 싶은 말은 매일 아침 30분의 햇빛을 쬐며, 일주일에 6일을 매일 하루에 전체 총 60분씩 활발히 걸으며, 알코올이나 카페인을 포함하여 자극성 음료를 마시지 말 것을 권합니다.

또 한 가지, 만약 대낮에도 코를 골며, 자주 졸려서 꾸벅 꾸벅 존다면, 당신은 아마도 폐쇄성 수면 무호흡증을 앓고 있을지도 모릅니다. 수면 관련 검사에 대하여 의사와 상의하십시오. 체중을 줄이는 것이 수면 무호흡증을 고치는데 도움이 될 것입니다. 휴식은 효과가 큰 약입니다. 휴식을 위하여 반드시 시간을 내십시오!

3 심장에는 물이 필요하다

린다는 건조한 눈 때문에 오랫동안 고생하고 있었습니다. 그런데 그녀는 미국 생활습관센터에 와서 며칠만에 그녀의 마른 눈 문제가 완전히 해결되었습니다. 어째서 그럴까요? 19일간의 프로그램 동안에 그녀는 더 많은 물을 마시기 시작했습니다. 물을 많이 마심으로 그녀의 건조한 눈 문제가 해결되었습니다.

물은 건조한 눈과 같은 간단한 문제에 유효할 뿐만 아니라 그것은 또한 이 나라의 가장 큰 질병인 관상 동맥 질환에도 효과적인 약입니다. 로마린다 공중보건 대학원에서 잭키 찬은 건강 연구 참여자들을 치료하면서 물이 심장을 보호해 준다는 것을 발견하였습니다. 그 연구에서 물을 많이 마신 여자들이 물을 가장 적에 마신 여자들보다 실제로 치명적인 심장마비 위험성이 40%로 낮다는 것을 발견하였습니다. 물을 많이 마신 남자들은 치명적인 심장마비 위험이 더 낮게 50% 이상 더 낮았습니다. 찬 박사는 더 놀라운 사실을 발견하였습니다. 심장을 보호하기 위하여 순수한 물을 마셔야 한다는 것입니다. 그 연구에서 주스, 소나수, 커피, 차와 같은 음료수를 마신 참여자들에게 치명적인 심장마비 위험이 더 증가하였습니다. 사실 그 연구에서 물 아닌 음료수를 마신 대부분 여자들이 치명적인 심장마비에 걸릴 위험이 두 배 반이나 더 증가하였음을 발견하였습니다.

그 같은 항목에서 남자들은 치명적인 심장마비 위험이 50%나 증가하였습니다. 그러므로 순수한 물을 마시는 것은 매우 중요합니다.

베를린 험벌트 대학교의 스크러더 박사와 그의 동료들이 발견한 것은 날마다 약 2잔의 물과 미네랄 물 한 온수 반 마시는 것은 건강한 사람들이 빨리 일어날 때 혈압이 떨어지지 않게 하였습니다. 더욱이 밴더벌트 대학교의 쉐넌 박사는 두 잔의 물이 기립성 저혈압 즉 사람이 갑자기 일어설 때, 적당히 일하지 않을 때에 신경이 피가 머리까지 흐르게 유지하도록 하는 상태로 치료하는데 효과가 있음을 발견하였습니다. 기립성 저혈압 예방을 위해 충분한 물을 마시는 것은 중요합니다. 노드 카로리나 대학교의 아이젠브로트 박사는 사람이 누운 상태에서 일어날 때 혈압이 떨어지지 않는 사람에 비해 기립성 저혈압이 있는 사람의 뇌졸중 위험이 두 배나 많음을 발견하였습니다.

인체의 수분은 나트륨에 의해서 조절 됩니다. 체내 수분량은 나트륨량에 비례하게 됩니다. 수분의 본능적인 조절은 물과 소금의 균형입니다. 소금과 물의 발란스가 이루어지지 않으면 몸 전체의 발란스가 감소되며 다른 병적 증상들을 동반 하게 될 수도 있습니다. 소금 섭취를 인위적으로 제한하면 갈증을 느끼지 못하게 되고 물을 맛있게 삼키기 힘들어집니다. 또한 자신도 모르게 염분을 손실하는 경우도 있습니다. 주로 카페인과 알콜과 담배입니다. 카페인은 신장에서의 나트륨의 재흡수를 감소시키며 사구체여과율을 높여서 이뇨작용을 하게 합니다. 알콜은 항이뇨호르몬의 분비를 억제하여 이뇨작용을 하게 합니다. 이때 소변으로 염분의 배출이 증가 되게 됩니다. 담배는 미네랄(나트륨, 칼륨, 칼슘, 마그네슘등) 흡수를 방해하여 수분의 활용을 제한 시킵니다.

물을 마시는 몇 가지 실제적인 조언을 드리겠습니다.

♥ 소화기관을 씻어내고 변비 위험을 줄이기 위하여 아침에 많은 양의 따뜻한 물을 마셔라. (240cc 잔으로 2잔 ~ 4잔).

♥ 매일 물을 10잔이나 12잔쯤 마셔라. 운동 시작할 때 특히 더운 기후에 운동할 때 더 마셔야 하며 변비를 막기 위해 적어도 하루에 2.8리터의 물을 마셔라. 그러나 어떤 사람은 심부전이나 신부전 때문에 수분 섭취를 제약해야 하는 경우, 수분섭취와 관련해서 의사의 지시에 따르라.

♥ 가능하면 정화수나 증류수를 식간에 마셔라. 음식이 가장 잘 소화되도록 식사 후 1 시간쯤 지나서 물을 마시고 식사 전 30분 이전에 물을 마셔라.

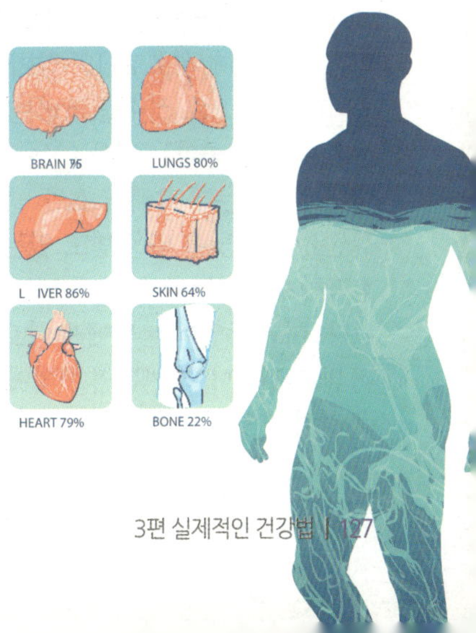

건강한 생활습관대로 살기가 어려운 일처럼 보인다면 여러분을 창조하신 주님께서 마련하신 건강의 자원들을 여러분이 마음껏 누리기를 바라시며 도와 주실 것을 항상 기억하기 바랍니다.

4 햇빛에서 시간을 보내자

어느날 "나는 2년 간 우울증으로 고생했어요"라고 말하는 숙녀를 만났습니다. 서로 대화하는 가운데 그녀가 항상 우울해 있는 것은 아니었다는 것을 알았습니다. 주말에 한 시간 정도 햇빛을 쪼인 후에는 그 우울증이 사라 진다고 말했습니다.

왜 햇빛이 그렇게 중요할까요? 눈을 통해 뇌에 기록된 햇빛은 뇌 안의 세로토닌을 증가시킨다는 것을 과학자들이 발견하였습니다. 좋은 기분을 느끼게 하며 우울증을 없애는데 세로토닌이 필요합니다. 햇빛을 쪼이면 우울증이 많이 사라집니다.

호주의 멜버른에 있는 심장병 연구회에서 램버트 박사는 목의 경정맥에 의해 운반되는 혈관 속에 세로토닌의 양이 흐린 날보다 화창한 날에 8배나 많다는 것을 발견했습니다. 전등으로 실내를 밝히는 빛의 강도보다는 흐린 날일지라도 실외에서 빛을 받는 것이 훨씬 좋다는 것을 아는 것은 중요합니다. 우리는 대부분 거의 모든 시간을 실내에서 지내는데 그래서 흐린 날일지라도 실외에서 지냈더라면 누릴 수 있는 것보다 훨씬 강도가 낮은 빛을 받고 있는 것입니다. 그 결과 우리의 뇌 속에 세로토닌의 양이 심각하게 떨어집니다. 특히 뇌는 겨울보다는 여름에 상당히 많은 세로토닌을 산출합니다. 여름 동안에는 뇌에서 나오는 혈중 세로토닌이 비슷한 상태의 겨울보다 7배나 더 많은 것입니다. 여름의 햇빛이 겨울보다는 더 강도가 강력하고 눈으로 들어가는 더욱 강력한 빛이 더 많은 세로토닌을 만들게 합니다.

이 모든 것은 무엇을 뜻할까요? 만약 우울증이나 에너지 부족으로 고통을 당한다면 햇빛을 더 많이 쬐면 이 증상들이 나아질 것입니다. 가능하면 아침에 우선 밝은 햇빛을 적어도 30분 쬐십시오. 아침의 햇빛은 매우 유익합니다.

아침과 오후에 15분씩 나누어 실외에서 걷는 것도 세로토닌을 증가시키는데 도움이 됩니다. 매일 실외에서 더 많은 시간을 보내는 습관을 만드십시오. 만약 시간이 없다면 햇빛이 아주 강할 때 실외에 나가도록 노력하십시오.

뇌 속의 세로토닌 증가는 햇빛을 쪼이는 즉시 자동적으로 일어납니다. 그러나 몸이 오늘 만든 세로토닌이 내일까지 유지되는 것은 아닙니다. 그러므로 날마다 실외에서 햇빛을 쪼일 필요가 있습니다! 흐린 날이나 겨울 동안에는 빛의 강도가 약하기 때문에 실외에서 더 많은 시간을 보내야 합니다.

그러나 피부를 태우거나 심지어 붉은 색으로 변할 정도로 햇빛을 쪼이지 않도록 조심하십시오. 세로토닌을 증가시키는 것은 눈으로 들어가는 햇빛입니다. 그러므로 세로토닌 증가를 위해서라면 피부를 완전히 덮어 가려도 됩니다. 물론 태양을 직접적으로 쳐다보지 말고 언제나 햇빛을 쬐는 것에 대해서 의사의 권고를 따르십시오.

우울증을 앓고 있지 않더라도 햇빛은 정신적으로나 육체적으로나 건강에 모두 필요한 것입니다. 충분한 햇빛을 쬐도록 노력하십시오!

5 햇빛과 비타민 D의 혜택

우리의 창조주께서는 우리가 또 건강하기를 바라십니다(요삼 2장 참조). 그러나 우리 대부분이 거의 모든 시간을 실내에서 보내기 때문에 햇빛의 큰 혜택을 놓치고 있습니다. 보스톤대학교에서 비타민 D 생리학을 전문적으로 연구한 마이클 홀릭 박사에 의하면 비타민 D는 칼슘과 인의 흡수력을 증가시키며 골다공증, 골연화증, 섬유근육통, 근육 쇠약, 고혈압, 구루병을 예방에 도움이 된다고 합니다.

비타민 D는 또한 면역체계를 조절하여 제1형 당뇨병과 전신성 낭창과 같은 자가면역 질환에서 보이는 면역체계의 기능장애 예방에 도움이 됩니다. 중요한 것은 비타민 D가 세포 분열의 속도를 늦추고 세포가 충분히 성숙하도록 영향을 줌으로써 대장암, 전립선암, 유방암, 난소암을 막는데 도움이 된다는 것입니다.

십여 년 전 프랑스 리옹에서 연구자들은 비타민 D의 800IU(20ug)와 칼슘 1,200mg을 섭취하면 78세에서 90세의 건강한 여인들에게 18개월 동안에 대퇴골절 위험이 43퍼센트 감소하였다고 보고했습니다. 골 밀도도 거의 3퍼센트 증가했지만 통제 집단에서는 골밀도가 동일한 기간 동안에 거의 5퍼센트 감소했습니다.

런던 어린이건강연구소에서 실행한 연구에 의하면 비타민 D를 먹은 핀란드 어린이들은 비타민 D를 먹지 않은 어린이들보다 제 1형 당뇨병에 걸릴 위험이 88% 낮다는 것을 발견했습니다. 더욱이, 핀란드에서 비타민D 권장량인 2,000 IU(50ug)를 먹은 어린이들은 하루에 2,000IU보다 적게 먹은 어린이들보다 제1형 당뇨병에 걸릴 위험이 79% 낮았습니다.

만약 당신이 골다공증, 섬유근육통, 고혈압, 근육쇠약, 전신성 낭창을 앓고 있거나 암의 위험을 낮추기를 원한다면, 특히 대부분의 시간을 실내에서 보낸다면, 혹은 유색인 종이라면, 비타민 D를 규칙적으로 복용하십시오. 미국생활습관센터에서는 모든 환자들의 혈중 25 하이드록시 비타민 D를 검사합니다.

북미와 북유럽에서 진행된 연구 결과를 인용하면 노인의 40~100%가 비타민 D 결핍 상태인 것으로 보고되었습니다. 미국의 메이요 클리닉에서 발표한 내용에 따르면 미네소타에서 실시한 조사 결과 연구에 포함된 아프리카계 미국인, 동아프리카인, 히스패닉, 미국 인디언 전부가 비타민 D 결핍 상태였다고 합니다.

비타민 D는 신체 전반에 걸친 세포 내의 유전인자와 상호작용을 하거나 유전인자에 직접 영향을 미친다고 미국의 비타민D 연구의 권위자 소람 칼사 박사는 말했습니다. 이러한 사실은 비타민 D가 조직의 상처 치유를 돕고 세포가 암세포로 변환되는 위험성을 낮추는 기능이 있음을 시사합니다.

한국 건강보험심사평가원 통계에 따르면 2016년 비타민 D결핍(질병코드: E55)으로 진료받은 환자가 6만 7806명으로 집계되었습니다. 이는 2012년 1만 236명과 비교해 5년 사이 약 562% 증가한 수치입니다. 질병관리본부의 통계로 본 비타민 D 결핍률은 심각합니다 각각 성인 남성과 여성의 91.3%와 95.9%가 비타민 D가 결핍된 상태입니다. 비타민 D의 결핍 유무는 혈액 검사를 통해 판정하는데, 혈청 25(OH)D의 농도가 20ng/㎖ 이하인 경우 결핍입니다. 지난 2010년 국민건강영양조사에 따르면, 10대부터 60대 이상까지 10세 단위의 국민 평균 혈청 25(OH)D의 농도는 20ng/㎖이었습니다. 위도가 낮고 야외활동이 잦은 인도에서도 성인의 40%정도가 비타민 D 결핍입니다. 수 시간 외출했다고 해서 그 시간만큼 비타민 D가 온전히 합성되는 것은 아닙니다. 이론상으로는 하루 20분만 햇빛을 쬐어도 적정한 양의 비타민 D가 생성된다지만 실제로는 그렇지 않습니다. 노인이나 피부가 검은 사람은 비타민 D의 체내 합성 능력이 떨어지므로 햇빛을 더 많이 보고 비타민 D 함유 식품을 섭취해야 합니다. 비만인 사람은 같은 양의 비타민 D를 섭취하더라도 정상 체중에 비해 혈중 비타민 D 농도가 50% 정도 낮다는 연구도 있습니다.

2018년 1월 15일 한국식품커뮤니케이션포럼(KOFRUM)에 따르면 경인여대 간호학과 이윤정 교수팀이 2010~2012년 국민건강영양조사에 참여한 만 10~18세 청소년 중 혈중 비타민 D 검사 결과를 분석한 결과 이같이 파악됐습니다. 전체 조사 대상 10대 청소년의 78.2%(1863명)가 비타민 D 결핍 상태(혈중 비타민 D 20ng/㎖ 이하)였습니다. 연령별로는 비교적 야외활동이 활발한 10~12세 어린이(68.5%가 결핍 상태)보다 13~15세(78.9%가 결핍 상태), 16~18세 등 나이가 많아질수록 결핍 가능성이 높았습니다. 특히 16~18세 학생의 86.3%가 비타민 D 결핍 상태인 것으로 나타났습니다.

또한 각종 질환으로 인해 약물을 복용하고 있는 경우 체내 비타민 D 결핍이 발생할 수있습니다. 항경련제, 항진균제, 항결핵제, 신경안정제, 고함량 마그네슘제제, 혈압약, 지방흡수저하제 등 다양한 약물들이 비타민D의 흡수를 억제하거나 기능을 약화시키고, 체내 고갈을 유도하기도 합니다. 비타민D는 비타민D 수용체와 결합하여 기능을 하는데, 비타민 D 수용체를 가진 대표적인 인체 장기로는 소장 점막 상피 세포, 부갑상선 세포, 갑상선 호르몬 분비 세포, 신장의 원위세뇨관 세포, 췌장 β세포, 위장의 가스트린 분비 세포, 연골 세포, 표피 세포, 면역 세포 등이 있습니다. 이렇게 많은 인체 기관과 장기가 비타민 D를 필요로 합니다.

따라서 비타민D가 부족하면 온 몸 구석구석이 아프거나 이상이 생깁니다. 이유 없이 피로하고 지치는 것도 비타민 D 때문일 수 있습니다. 내당능장애나 제2형 당뇨병의 발병 위험률도 높아집니다. 25(OH)D 농도가 15ng/㎖ 미만인 사람은 4~8년 후 고혈압 발생 위험이 8.1배 증가했다는 연구도 있습니다. 최근에는 원형 탈모 또한 비타민D 부족과 관련이 있다는 연구도 밝혀진 바 있다. 비타민D는 면역과도 관련이 깊어 비타민D 부족 시 폐렴이나 독감의 발병률도 높아집니다.

실내에서 주로 생활하는 한국인은 일단 햇빛을 쬐는 시간조차 부족합니다. 피부 건강 때문에 자외선 노출을 꺼린다 해도 조금이라도 햇빛을 받도록 노력해야 합니다. 체중은 정상 체중을 목표로 하고, 운동도 게을리 하지 말아야 합니다. 노화방지(Anti-aging)를 위해 천연 항산화제가 풍부한 과일과 버섯(특히 말린 표고버섯) 등의 천연식품이나 비타민 D 건강기능식품을 통해 비타민D를 섭취할 것을 권합니다.) 나는 나의 환자들에게 다음의 지침을 따르도록 추천하고 있습니다.

- ♥ 비타민 D(25-하이드록시비타민D) 수준을 40-60ng/㎖ 사이로 유지하라.
- ♥ 적어도 일주일에 세 번씩 얼굴과 손과 팔을 햇빛에 직접 대략 15분 이상 노출시키라. 그러나 피부를 결코 태우지 않도록 조심하라. 피부가 빨갛게 변하도록 그렇게 많이 햇빛에 태우지는 말라. 과도하게 햇빛에 쪼이면 피부암 특히 흑색종에 걸릴 위험을 증가시킬 수 있기 때문이다. 필요한 모든 비타민 D를 얻기 위해 피부를 갈색이 될 때까지 태울 필요는 없다는 것이다.
- ♥ 적당량의 비타민 D는 피부가 화상을 입게 될 때까지 필요한 시간의 4분의 1 정도만 햇빛을 쬐는 것으로 족하다는 것을 기억하라. 너무 많이 햇빛을 쬐지 않도록 조심하라!

우리는 햇빛을 쬐도록 창조되었습니다. 만일 매일 약 15분간 햇빛을 받으러 건물 밖으로 나갈 수 없다면 비타민 D 알약을 보충하여 먹는 것을 고려하십시오. 그러나 국립과학연구소에서 인정한 하루 최대량인 2000IU(50ug)를 결코 초과하지 말아야 합니다.

6 질병을 예방하려면 식물성 식품을 먹자

2003년 12월 23일 미국 농무성은 워싱턴 주에서 병든 젖소(걸을 수 없이 무력한)에서 광우병 예비 진단을 내렸습니다. 12월 25일 영국 웨이브리지 실험실에서는 이 진단을 확진하였습니다. 이 충격적인 발견으로 질병통제센터는 미국의 모든 의사들에게 별종 크로이츠펠트야콥병인 광우병의 임상특징을 주의하고 미국에 이 변종 크로이츠펠트야콥병이 존재하는지 확실하게 조사하기 위하여 광우병이 의심 되는 질병으로 죽은 모든 환자들의 뇌에 대하여 검시하라고 요청하였습니다. 병에 감염된 소의 고기가 6개의 주에 이미 공급되었고 미국 농무성 음식안전조사국에서 병에 걸린 동물의 고기를 회수하기 전에 그 중 일부는 이미 소비되었습니다.

2003년 12월 23일 전에는 미국에서 광우병이 전혀 없었습니다. 그러나 미국의 사슴과 고라니에게 만성소모성 질병(Chronic Wasting Disease)이 역병으로 미국의 12주에 퍼졌으며 최근에는 위스콘신의 흰꼬리사슴 떼에까지 그 질병이 번졌습니다. 사냥꾼들이 그 고기를 먹었을 때 이 야생 동물들 속에 있는 비정상적인 프리온(prion) 단백질이 인간으로 하여금 광우병에 걸리게 하였습니다.

치명적인 프리온 단백질이 뇌와 척수에 한정되어 있는 것으로 널리 믿고 있지만 스위스 취리히에 있는 신경병리학연구소와 프리온병 창고센터에 글러첼 박사와 동료들은 산발적으로 일어나는 크로이츠펠트 야콥병으로 죽은 환자들 약 3분의 1의 비장과 근육 속에 비정상적인 프리온 단백질이 있는 것을 발견하였습니다. 그러므로 치명적인 비정상적 프리온 단백질에 감염된 소, 사슴, 다른 야생동물들은 그들의 고기 속에 이 전염병을 일으킬 병원체를 갖고 있을 수 있습니다.

한국 질병관리본부 자료에 따르면 2017년 국내 프리온 질환(크로이츠펠트야콥병, CJD) 의심 증상으로 검사를 받은 건수가 328건으로 2016년 289건에 비해 39건 (13.5%)이나 늘어났습니다. 또 검사에서 이상이 나타난 사례도 2016년 69건에서 2017년 109건으로 58%나 늘어나 질환의심자가 사상 최고치를 기록했습니다.

뇌척수액 단백질 검사 양성 판정과 혈액 유전자 변이 진단 등 검사에서 이상 사례가 나타난 환자의 95%가량이 프리온 질환인 크로이츠펠트야콥병(CJD) 확진에 이르는 것으로 조사됐습니다.

미국 국립보건연구원 레이스 박사는 미국 내의 야생동물 사슴들 속에 있는 프리온이 광우병의 프리온과 구분할 수 없음을 발견하였습니다.

로마 베로나대학교의 자느소 박사는 우리의 비강에 감각 신경에 매달려 있는 섬모 속에 비정상적인 프리온 단백질이 있음을 발견하였습니다. 인체의 섬모는 2주마다 새로 바뀝니다. 그런데 이 야생동물들이 서로 코를 비벼댈 때에 코의 분비물 속에 있는 프리온이 전파되기 때문에 광우병이 사슴과 고라니 사이에서 급속히 번질 수 있는 것입니다. 사슴과 가축들이 같은 지역에서 풀을 뜯어먹을 때 전염된 야생동물에서 미국의 가축들이 비정상 프리온 으로 오염될 위험이 다분히 있는 것입니다.

가정에서 기른 가축들의 고기들이 살모넬라균, 독성이 강한 대장균, 리스테리아균을 포함하여 박테리아로 급속히 오염되고 있음으로 인하여 그것을 먹는 노년층이나 어린이들이 사망할 수 있으며, 또한 고기에 있는 항생제 내성이 인간에게 옮겨지는 것으로 확인되었습니다. 동물들이 병들 때 그들의 고기들과 제품들도 병이 듭니다. 저온 살균 우유와 저온 살균 안 한 우유 사이의 차이를 화씨 161°F의 15초의 열로만 없앨 수 있다는 것을 알게 되었을 때 나는 여러 해 전에 탈지 우유를 두유로 대체하였습니다. 저온 살균 우유에는 소의 백혈병 바이러스(그것은 젖소, 양, 염소에게 만성 백혈병/ 임파 종을 일으킬 수 있고 침팬지에 백혈병을 일으킬 수 있다), 소의 면역 결핍바이러스(이것의 주요 핵심 단백질은 인간의 후천성 면역 결핍 바이러스와 모양이 비슷하다), 대장균 0157:H7(이것은 어린이에게 신부전증을 어른에게는 피 섞인 설사를 일으킬 수 있다), 살모넬라와 유사 결핵균(이것은 크론병과 관련이 있다는 근거가 쌓여가고 있다) 등이 종종 들어 있습니다.

계란도 역시 점점 더 살모넬라균으로 오염되고 있으며 계란 껍질에서 가장 많은 식중독을 일으키는 균이 많아 발견되어서 노인들에게 위험이 되고 있으며 건강한 어른들과 어린이들에게 설사를 일으키고 있습니다.

식물성 식품을 선택함으로써 위에 기술한 병원체들을 접하지 않게 하여 우리의 생명을 구할 수 있습니다. 광우병이 인간에게 옮겨진 크로이츠펠트야콥병은 정말 치명적이며 치료 방법이 없다는 것을 기억하십시오.

'축산 재해'는 연례 행사처럼 돌아옵니다. 해마다 조류AI, 그 전의 구제역 파동 때 빚어진 잔혹한 대량 살처분과 전 국민적 혼란의 기억이 아직 생생합니다. 그에 따른 국민 세금의 막대한 비용을 국가나 자치단체에서 축산농가에 재해보험 지원, 살처분 등의 명목으로 대부분을 보조해주고 있습니다.

고기 반찬 없는 식단이 의아하게 여겨질 정도로 고기가 흔해진 요즘이지만, 이같은 현상이 보편화한 것은 불과 100여 년 전부터였습니다. 변화는 20세기 초 미국 조지아주의 사료 및 종자 공급상으로 일하던 제시 주얼을 비롯한 몇몇 사업가가 더 큰 이윤을 남기기 위해 닭 수백 마리를 실내에서 모아 키우는 방법을 개발하면서 시작됐습니다. 비타민이 발견되면서 사람들은 닭에게 비타민D를 먹이면 일년 내내 실내에 가두어도 계속 알을 낳는다는 사실을 알게 됐습니다. 공장식 축산의 서막이었던 것입니다.

공장식 축산은 인류에게 거부하기 힘든 선물을 가져왔습니다. 빈곤한 사람들의 영양 부족을 해결했고, 미식의 즐거움을 보편화 했으며 무수한 일자리를 만들고 국가의 새로운 부를 창출했습니다.

그러나 그 숨겨진 비용은 막대했습니다. 광우병, 구제역, 조류AI 같은 가축 전염병 문제, 가축들의 분뇨 처리와 성장 촉진을 위해 남용되는 항생제와 호르몬제, 밀집된 공간에서 가축들을 지속적으로 키우기 위해 사용되는 살충제, 죽는 것보다 고통스러운 삶을 살아가는 동물들의 가혹한 환경 속의 심각한 스트레스 문제 등입니다. 이러한 결과로 생산된 고기들을 먹는 사람들의 몸은 질병들과 유해 성분들과 변형된 세포들로 채워지게 되는 것입니다. 진실로 이제는 완전채식으로 그러한 질병에서 보호받아야 할 때입니다.

7 건강을 보호하는 채소(herb)

우리가 필요하기도 전에 창조주께서는 그 필요를 공급하려 일하십니다. 아담과 하와가 죄 지은 후에 환경이 거칠어졌습니다. 독성이 있기까지 했습니다. 오늘날은 더욱 그렇습니다. 주님께서는 그럴 줄 미리 아시고 그들을 보호하기 위하여 아담에게 "들의 채소(herb)를"(창 3:18) 먹으라고 명하셨습니다. 오늘날 과학 서적들은 채소가 건강을 보호해 준다는 증거들로 가득합니다. 하버드 보건대학원 조시퓨라 박사와 그의 동료들은 과일과 채소를 많이 먹는 미국인들이 가장 적게 먹는 이들보다 관상동맥질환에 걸릴 위험이 20% 낮다는 것을 발견하였습니다. 더욱이 조시퓨라 박사는 푸른 잎채소를 한 컵씩 먹을 때마다 관상 동맥질환이 23%씩 감소한다는 것을 발견하였습니다. 비타민 C가 풍부한 과일과 채소는 또한 심한 관상동맥질환에 걸리지 않도록 보호해 줍니다. 그의 연구는 또한 과일과 채소를 많이 먹는 사람들은 뇌졸중에 걸릴 위험이 31% 낮다는 것을 보여주었습니다.

그것과 마찬가지로 워싱턴주 시애틀에 있는 프레드허치선 암연구센터의 코헨 박사는 십자과 채소(브로콜리, 꽃양배추, 양배추, 싹양배추 등등)를 매주 3컵이나 그 이상 먹는 사람들은 가장 적게 먹는 사람들보다 전립선암에 걸릴 위험이 41% 낮다는 것을 발견하였습니다. 더욱이 워싱턴 D. C. 미국 암 연구소의 피터 박사는 만약 미국인들이 과일과 채소를 매일 5컵씩 먹는다면 적어도 모든 암들의 20%는 예방할 수 있다고 말했습니다.

밭에서 기른 채소나 과수원의 열매들을 먹음으로 예방할 수 있는 암은 구강암, 인후암, 식도암, 폐암, 위암, 결장암, 직장암, 후두암, 췌장암, 유방암, 방광암입니다.

농산물에서 최상의 보호를 받으려면 다음의 권고를 고려하십시오.

♥ 매일 과일과 채소를 9컵(날 것 1컵, 요리한 것 반컵씩) 먹어라.
♥ 모두 합쳐서 9컵 중 일부분은 검푸른 채소를 반컵씩 세 개 먹어라.
♥ 매일 먹는 채소나 과일 중 비타민 C가 풍부한 과일과 채소(고추, 싹양배추, 자몽, 키위, 귤)를 먹어라.
♥ 카로틴 색소가 풍부한 황색과 오렌지색 채소와 과일을 많이 먹어라(고구마, 살구 등). 이것은 조직에서 활성산소를 제거하고 혈액에 콜레스테롤이 침착하는 원인을 예비하며 암으로 유도하는 DNA의 손상을 막을 것이다.

최고도의 항산화제가 들어 있는 과일과 채소(블루베리, 딸기, 케일, 시금치, 마늘)에 주목하십시오. 하지만 살충제 잔유물과 화학약품 코팅이 신선한 농산물을 오염시킬 수 있음을 조심하십시오. 그러므로 다음의 열매들은 부드러운 식용 비누 혹은 베이킹 소다나 밀가루로 씻어 먹거나, 껍질을 벗겨 먹을 것을 권합니다. (사과, 고추, 오이, 연한 콩, 복숭아, 배, 시금치, 딸기, 토마토, 겨울호박, 사두 등) 껍질에는 더욱 풍성한 항산화 물질이 포함되어 있으므로, 무농약이면 더욱 최상의 영양을 보충할 수 있습니다. 채소의 섬유질은 배변을 촉진시킬 뿐만 아니라 인체에 잔류한 수은, 중금속을 흡수하여 배설시켜줍니다.

과일과 채소의 수많은 혜택을 생각하면 할수록 다음의 진리의 말씀을 이해하게 될 것입니다. "나의 하나님께서 그리스도 예수님을 통하여 영광 중에서 그분의 풍요하심을 따라 너희의 모든 필요를 채워주시리라."(빌 4:19)

8 탄수화물이 많은 식품의 선택

많은 사람들이 탄수화물이 많은 음식을 피하고 있습니다. 어떤 사람들은 "탄수 화물은 친구인가 아니면 적인가?" 질문합니다. 탄수화물을 멀리하려는 시도는 중지하십시오. 다음과 같은 옛말이 있습니다. "다른 모든 것이 실패했거든 제품의 사용설명서를 읽어라" 인류의 창조주께서 크게 인정하신 식품을 알아봅시다. 그분께서 그것을 "매우 좋았더라"고 말씀하셨습니다(창 1:31). 195종의 과일, 채소, 곡물, 콩 속에 든 탄수화물의 평균 함량은 78%나 됩니다. 거기에다 견과와 씨앗을 첨가한 227종의 과일들, 곡물, 콩, 채소, 견과, 씨앗들의 평균 탄수화물의 함량은 60%입니다. 그것들의 단백질 함량은 14% 들어 있습니다. 만약 견과를 다른 범주의 음식물과 같은 비중으로 여긴다 할지라도 견과와 씨앗은 양념처럼 약간씩만 먹는 것이 가장 좋기 때문에 창조주께서 주신 음식 중 탄수화물 함량은 60% 아래로 결코 떨어지지 않는다는 것을 알 수 있습니다. 만약 우리가 견과와 씨앗을 양념으로 사용한다면 창조주께서 주신 음식의 탄수화물 함량은 65% 내지 70%가 됩니다.

왜 창조주께서 인간 가족을 위한 그분의 음식물 속에 탄수화물을 그처럼 많이 넣어 주셨을까요? 탄수화물은 뇌의 세로토닌을 높여서 우울증에 걸릴 위험을 낮추고, 갑상선 기능을 적절하게 조절하여 체중을 적당하게 조절하여 줍니다. 탄수화물은 우리 몸의 세포 표면에 특수 단백질과 지방을 만드는데 쓰여집니다. 이 단백질과 지방에는 당이 붙어 있어서 그것이 세포들끼리 서로 의사소통 하는데 도움이 됩니다.

오직 탄수화물 연료만이 육체적 지구력을 극대화합니다. 또한 탄수화물은 생명에 필수적인 보호 영양소 플라보노이드 같은 파이토케미컬, 산화방지제를 함유하고 있습니다. 마지막으로 뇌를 위해 가장 좋은 연료는 포도당인데 그것은 주로 탄수화물로 만들어집니다!

이상의 탄수화물의 유익 외에도 탄수화물이 적은 음식이나 고단백질 음식을 먹으면 어떤 다른 문제들이 있을까요? 낮은 탄수화물 고단백질 음식들은 뼈에서 칼슘을 빼내는 것입니다. 그러면 신장에 막중한 부담을 주게 되며 그것들은 높은 탄수화물, 고섬유 음식이 콜레스테롤을 낮추는데 있어서 절반의 효과 밖에 못 내게 됩니다. 저탄수화물 고단백 음식은 소변으로 배설되는 칼슘을 증가시킴으로서 신장 결석의 위험을 증가시킵니다. 탄수화물이 낮은 음식은 인체 생리를 기아 상태로 변하게 합니다.

의학자들이 저탄수화물의 식사가 안전하고 체중조절에 효과적이라는 것을 발견한 적이 있을까요? 스탠포드대학교의 브라바타 박사와 동료들은 1966년에서 2003년 사이에서 94개의 저탄수화물 식사에 대한 107개의 연구를 검토한 결과 과체중 환자들 중에 체중의 감량이 탄수화물을 줄이는 것에 있지 않음을 발견하였습니다. 체중 감량은 식이요법의 기간과 칼로리의 제한에 영향을 받습니다. 특히 저 탄수화물 식사가 콜레스테롤, 중성지방, 혈당, 굶을 때 인슐린, 혈압을 낮추지 않았습니다. 마지막으로 가장 낮은 탄수화물 식사로 71명에게만 실험해 보았습니다. 브라바타 박사는 저탄수화물 음식에 대한 조사를 요약하였습니다. "탄수화물이 낮은 식사는 거의 효과가 없었다고 결론지었다."

우리의 창조주께서 본래 탄수화물이 풍부한 음식을 마련하여 주셨습니다. 바로 이 최상의 음식을 선택할 때 우리의 건강은 더욱 증진될 것입니다. 하나님의 법칙과 반대로 가면 우리는 그 위험한 결과를 경험할 수밖에 없다는 사실을 명심하십시오.

9 매일 먹어야 할 견과와 씨앗

창조주께서 우리에게 주신 최초의 음식의 일부는 견과와 씨앗이었습니다. 최근의 과학 문헌들은 식사에 이 영양 풍부한 음식을 포함시키는 것이 지혜로운 것임을 확증하고 있습니다.

하버드 의과대학교의 장 박사는 일주일에 견과를 5번이나 그 이상 먹는 여자들은 전혀 또는 거의 안 먹는 여자들보다 제2형 당뇨병에 걸릴 위험이 27% 더 낮은 사실을 발견하였습니다. 또한 견과를 자주 많이 먹는 여자들이 덜먹고 적게 먹는 여자들보다 16년 동안에 체중이 가장 적게 증가했다는 것을 발견하였습니다.

17년의 기간 동안에 보스톤 브리감 여성병원의 앨버드 박사는 일주일에 견과를 두 번이나 그 이상 먹는 남자들은 견과를 드물게 혹은 전혀 안 먹는 남자들에 비해 돌연사의 위험이 절반 밖에 안된다는 것을 발견하였습니다. 급성 심근경색은 돌연사의 80%를 차지합니다. 발견 즉시 치료를 받지 않으면 사망률이 30~40%에 달합니다. 심근경색의 위험 요인은 흡연과 고지혈증, 고혈압, 당뇨병 등과 같은 성인병입니다. 이러한 생활습관병들이 있을 경우 일반인보다 6배 가량 더 위험한 것으로 알려져 있습니다.

하버드 보건대학원의 후 박사는 일주일에 한 움큼의 견과를 5번 이상 먹는 여자는 견과를 드물게 혹은 전혀 안 먹는 여자들보다 관상동맥질환에 걸릴 위험이 절반 이하로 낮은 것을 발견하였습니다.

견과는 비타민 E, 마그네슘, 불포화지방이 풍부한데 이 모든 것들은 심장병, 당뇨병 그리고 그 합병증의 위험을 감소시킨다고 믿고 있습니다. 견과와 다른 식물성 음식들은 양질의 지방을 내포하고 있습니다. 그러나 식품공장에서 식물성 기름을 짜서 그것을 모든 음식물 중에 가장 해로운 것들 중의 하나로 변질시키고 있는데 일반적으로 "부분적으로 경화된 식물성 기름"으로 알려진 트랜스 지방(trans fat)으로 변질시켰습니다.

하버드 보건대학원 솔매론 박사는 우리가 식물성 경화유를 경화되지 아니한 기름으로 대체한다면 제2형 당뇨병의 40%는 제거할 수 있다고 추정하였습니다. 사실 트랜스 지방에서 섭취되는 칼로리의 수치가 2% 증가할 때마다 제2형 당뇨병에 걸릴 위험이 39%나 증가하는 것입니다. 더욱이 시카고 로쉬 노인건강연구소의 모리스 박사는 "부분적인 식물성 경화유"를 상당량 먹는 것은 알츠하이머 병(노인성 치매)에 걸릴 위험을 거의 두 배 반이나 증가시킨다는 것을 발견하였습니다.

그러므로 부분적인 식물성 경화유를 사용한 모든 포장된 가공식품을 피하십시오. 그러나 소금에 절이지 않은 견과를 매일 30g 또는 한 웅큼씩 꼭 섭취하십시오. 가장 좋은 견과는 아몬드, 호두, 헤이즐넛, 피칸(pecans)입니다. 또한 매일 다음의 씨앗들 중의 한 가지를 두세 수저씩 섭취하십시오. 견과류는 볶거나 그대로 섭취할 경우 흡수량이 적기 때문에 반드시 각 견과류의 적정 시간동안 미리 물에 불려 효소저지물질을 중화시킨 후에 말려서 먹는다면 소화흡수가 충분하게 됩니다. 효소저지물질을 제거하지 않은 견과류나 씨앗을 그대로 섭취하게 되면 우리몸에서 그것을 소화하기 위해 췌장에서 과다한 효소를 만들어내서 췌장이 과로하게 됩니다. 견과류를 먹으면 속이 안좋은 경우는 이러한 효소저지물질때문에 소화흡수가 되지 않고 방해를 받기 때문에 발생하는 현상입니다.

견과류 불리는 시간은, 아몬드 12시간, 호두와 피칸 4시간, 캐슈넛 2~3시간, 아마씨 6시간, 해바라기씨 8시간입니다. 현미를 포함해서 많은 경우 발아할 정도도 불리면 흡수율이 매우 높아집니다.

♥ 해바라기씨(구리, 마그네슘, 비타민 E, 셀레늄) ♥ 참깨 씨앗(칼슘, 구리, 철분)
♥ 피스타치오(비타팀 (E, 엽산, B1) 구리, 칼륨, 망간, 칼슘, 철분, 단백질, 섬유질)
♥ 아몬드(철분, 칼슘, 마그네슘, 비타민 E) ♥ 호두(칼슘, 아연, 철, 단백질)
♥ 잣(인, 칼륨, 엽산, 철분, 아연, 비타민 E) ♥ 수박씨(아연, 마그네슘)
♥ 호박씨(철분, 마그네슘, L아르기닌, 아연) ♥ 피칸(망간, 구리, 마그네슘, B1, E)
♥ 아마씨(오메가3 필수지방산, 리그난) ♥ 케슈넛(비타민B5, B6, B2, B1)
♥ 땅콩(비오틴, 구리, 망간, 몰리브덴, 비타민B3, 엽산, B1, E, 단백질)

10 가장 좋은 음식 통곡류(정백하지 않은 곡식)

하나님께서는 여러분에게 관심이 깊으십니다. 그분께서는 여러분이 과거에 먹어 왔던 음식보다 더 영양분이 많은 통곡류 음식을 먹기를 바라십니다. 인간을 위해 창조주께서 마련하신 음식 중 가장 중요한 부분인 통곡류를 검토해 보겠습니다.

얼마나 건강을 잘 보호해 주는지 주목해 보십시오. 핀란드 헬신키에 있는 국립보건연구소의 모토넨 박사는 통곡류를 가장 많이 먹는 사람들은 그것을 가장 적게 먹는 사람들보다 제2형 당뇨병에 걸릴 위험이 61% 낮으며 정백한 곡물 대신에 정백하지 않은 통곡류를 더 많이 먹을수록 그 위험성이 그만큼 더 낮다는 것을 발견하였습니다. 비슷하게 보스톤에 있는 시몬스대학의 펑 박사는 통곡류를 가장 많이 먹는 남자들은 통곡류를 가장 적게 먹는 남자들보다 제2형 당뇨병에 걸릴 위험이30% 낮다는 것을 입증하였습니다. 흥미롭게도 그녀는 정제되지 않은 곡물을 가장 많이 먹는 남자들은 제2형 당뇨병의 위험을 증가시키지 않는다는 것을 또한 발견하였습니다. 환언하면 제2형 당뇨병의 위험을 낮추기 위하여 흰 쌀이나 상화 밀가루나 흰 빵을 피하는 것으로 족하지 않고 통곡류를 먹어야 한다는 것입니다.

덧붙여서 보스톤 하버드 보건대학원의 류 박사와 동료들은 통곡류를 가장 많이 먹는 여자들은 관상동맥 질환에 걸릴 위험이 25% 낮다는 것을 발견하였습니다. 류 박사와 그의 동료들은 통곡류를 가장 많이 먹는 여성들은 뇌졸중에 걸릴 위험이 31% 감소한다는 것을 또한 제시하였습니다. 이 연구에서는 다른 건강에 관련된 요소들을 통제

했으므로 이와 같은 결과는 통곡류를 먹는 효과 때문이라고 볼 수 있습니다. 증거는 더욱 분명합니다. 정제된 곡물 대신에 통곡류를 더 많이 먹을수록 당뇨병, 심장병, 뇌졸중에 걸릴 위험이 그만큼 더 낮아집니다. 통곡류를 선택하게 되면 섬유질 흡수를 극대화하게 되고 대장암의 위험을 낮춥니다.

13개의 잘 통제된 연구를 종합 분석 후에 토론토대학교의 호우 박사는 섬유질을 많이 섭취하는 사람들은 섬유질을 매우 적게 먹는 사람들보다 대장암에 걸릴 위험이 47% 낮다는 것을 입증하였습니다.

우리의 창조주께서 통곡류 속에 섬유질을 넣어두신 이유들 중 몇 가지를 알아봅시다.

♥ 통곡류 속에 있는 섬유질은 장에서 콜레스테롤이 혈류 속에 다시 흡수되지 않도록 함으로써 그것을 제거하는데 도움이 된다.
♥ 섬유질은 수분을 흡수하여 대변 양을 증가시키고 부드럽게 해준다.
♥ 섬유질은 장 속의 압력을 감소시켜 게실염과 같은 여러 가지 잡다한 장 질환에 걸릴 위험을 낮춘다.
♥ 통곡류는 장 속의 박테리아에 의해 발효되어 장에 자양분을 공급하고 대장암을 막는 지방산(탄산수가 적은 지방산)을 생산하고 유익한 박테리아의 성장을 돕는 반면 해로운 박테리아의 성장은 억제한다.

이 모든 혜택들을 누리기 위하여 다음 사항을 고려하십시오.

♥ 매일 100% 통곡류를 3컵(반컵짜리로 6개만큼) 정도 먹어라.
♥ 백미보다는 현미를 먹어라.
♥ 흰 밀가루 대신 통밀가루로 만든 파스타를 먹어라. 만약 제2형 당뇨병에 걸려 있거나 체중을 감량하기를 원한다면 통밀가루 파스타일지라도 적게 먹어라.
♥ 정백한 밀가루 대신 100% 통곡류로 만든 빵을 먹어라.
♥ 통곡류로 만든 씨리얼만 먹어라.
♥ 가능하면 흰 밀가루, 흰쌀 보다는 통밀 혹은 통곡류 가루 혹은 여러 곡물 선식을 먹으라.

미국생활습관센터의 의사들은 당뇨병 환자들이 흰 밀가루나 강화 밀가루를 소량만 먹어도 혈당이 갑자기 상승하는 것을 주목했습니다. 만약 최선의 건강을 원한다면 창조주께서 마련하신 통곡류를 항상 선택하십시오. 최선의 건강은 통곡류의 모든 부분을 먹느냐에 달려 있습니다.

11 아마씨가 사람에게 좋다

우리의 창조주께서 우리 생활의 가장 사소한 일에도 관심을 쏟으시고 흥미 있게 보십니다. 아마씨는 작으면서도 큰 유익을 주는 것의 표본입니다. 아마씨는 건강에 필수적이고 몸이 생산할 수 없는 지방인 알파 리노레닉 산(alpha-linolenic acid)이 풍부합니다. 이 필수 지방은 몸속에 염증을 감소시키고 심장병이나 뇌졸중을 일으키는 응혈을 막도록 도우며 치명적인 심장의 부정맥을 방지해주고 콜레스테롤과 중성지방을 낮추며 동맥을 더 넓게 열어주도록 돕습니다. 이 필수지방은 관상동맥 질환, 고혈압, 제 2형 당뇨병, 신장병, 류마티스성 관절염, 궤양성 대장염, 크론씨병, 만성폐쇄성폐질환을 호전시킵니다. 필수 지방은 뇌의 적절한 발달과 기능에 필수적인 것으로 혈압을 낮추고 응혈을 예방하며 혈관을 넓히고 면역 기능을 극대화하고 염증을 감소시키는 트롬복산, 류코트리엔, 프로스타글라딘이라하는 호르몬을 만드는데 필요합니다.

하버드 의과대학교의 후 박사와 동료들은 알파-리노레닉산을 가장 많이 섭취하는 사람들은 가장 적게 섭취하는 사람들에 비해 치명적인 심장마비에 걸릴 위험이 거의 50%로 낮다는 것을 발견하였습니다.

더욱이 드로게릴 박사와 동료들은 심장마비를 앓는 환자들이 알파-리노레닉산이 높은 음식을 먹었을 때 그들이 심장마비 앓는 환자들을 위해 신중히 마련된 표준 음식을 먹는 환자들보다 5년 후에 죽을 위험이 70% 더 낮았다고 란세트(The Lancet)지에 발표하였습니다.

생선을 먹는 것도 비슷한 유익을 줍니다. 그러나 생선에는 필수 지방과 함께 PCBs, DDT, DDE 같은 독소들과 수은과 같은 맹독 중금속이 들어 있습니다. 존스홉킨스 공립 보건대학원 걸라 박사와 동료들은 인체 내에 수은 함량이 높으면 심장마비에 걸릴 표준 위험이 두 배 이상 높다는 것을 발견하였습니다. 국립 건강통계센터의 스커버 박사는 지난 한달 동안에 생선을 3번 혹은 그 이상 먹은 여자들이 동일한 기간 동안에 생선을 전혀 안 먹은 여자들에 비해 수은 수준이 4배나 더 높다는 것을 발견하였습니다. 확실히 우리 몸은 우리가 먹는 것의 성분으로 구성됩니다. 만약 우리가 먹는 음식이 중독성 화학물질을 포함하였다면 우리의 체질도 그렇게 될 것입니다. 그러므로 식물성 식품에서 중요한 필수 지방을 섭취하는 것이 최선이라는 것입니다. 다음의 권고를 따르십시오.

♥ 고기, 생선, 우유, 달걀, 치즈는 채소와 콩, 통곡류, 과일, 견과, 씨앗으로 대체하라.
♥ 매일 신선하게 갈아서 가루로 만든 아마씨를 한 두 숟갈씩 먹어라.
♥ 일주일에 한웅큼씩 주3회 먹어라.
♥ 투명하지 않은 가공 처리된 기름들은 엄격하게 제한하라. 산폐된 기름들은 생명에 필수 지방을 산출하는 것을 감소시키기 때문이다.
♥ 아마씨, 들깨, 호두, 올리브, 아보카도, 치아씨드, 해바라기씨, 헤이즐넛, 아몬드, 땅콩, 피칸과 같은 불포화지방이 풍부한 음식을 많이 섭취하라.

하나님께서 우리의 몸을 설계하시고 창조하셨습니다. 그러므로 그분께서 최상의 건강을 어떻게 유지할 수 있는지 가장 잘 아십니다. 아마씨와 같이 작으면서도 건강을 증진시키는 식품에 주의를 기울임으로써 최상의 건강을 유지하기를 바랍니다.

12 초콜릿 대신 캐롭이나 과일을 선택하자

몸 속에 여러 가지 건강에 대한 초콜릿의 나쁜 영향을 피하기 위해 초콜릿 대신에 캐롭(Carob-콩류)을 선택하는 것을 적극적으로 고려하십시오.

미국 소화기 질환의 잡지에 라이트 박사와 카스텔 박사는 기고하기를, 참가자들이 단지 초콜릿 시럽 120CC를 마신 후에 식도로 산이 들어가지 못하게 막는 식도 끝 괄약근의 압력이 거의 50% 떨어졌다고 했습니다.

한 연구에서 민톤 박사와 동료들은 아프고, 촉진할 수 있는 유방 섬유낭종이 있는 여자들의 83%가 그들의 음식에서 커피, 차, 콜라, 초콜릿을 제거한지 1개월에서 6개월 내에 그 혹이 완전히 사라진 것을 발견하였습니다. 이 음료들은 세포의 활동을 비정상 수준 이상으로 급격히 상승시키는 것으로 알려진 카페인 테오브로민, 또는 메틸크산틴을 함유하고 있습니다.

구엔 박사와 동료들은 호르몬과 대사 연구 잡지의 보고서에, 단지 105CC 상당의 초콜릿 바 (bar)를 먹은 사람은 초콜릿을 빼고 설탕만 같은 양을 먹은 사람에 비해 소변에 칼슘 147%와 수산염 213%를 더 손실했다고 했습니다. 가장 흔한 신장 결석은 그 성분이 수산칼슘입니다. 이처럼 초콜릿은 신장 결석의 위험을 증가시키고 뼈의 칼슘을 빼내버리는 현상을 증가시킵니다.

초콜릿 대신에 캐롭을 선택해야 할 다른 이유들은 다음과 같습니다.

- ♥ 초콜릿의 쓴맛을 감추기 위하여 다량의 설탕을 첨가하고 있다.
- ♥ 초콜릿 105CC에 250kcal 이상 들어 있으므로 고칼로리 음식이다.
- ♥ 초콜릿은 카페인을 함유하고 있다.
- ♥ 초콜릿은 카페인보다 테오브로민을 더 많이 함유하고 있다.
- ♥ 초콜릿은 아난다미드(anandamides) 같은 뇌 기능을 변화시키는(brain-altering) 화학물질이 들어 있는데 그것보다 강한 유사물질이 대마초에서 발견된다.
- ♥ 초콜릿은 암페타민과 관계가 있는 페닐에틸아민(phenyle thylamine)과 같은 중독성을 일으키는 요소를 함유하고 있다.
- ♥ 초콜릿은 식욕 억제 능력을 교란시키고 많은 지방을 갖고 있어서 그 지방에서 나오는 칼로리가 전체 칼로리의 50% 이상이나 된다.
- ♥ 초콜릿은 세로토닌 대사를 혼란시키는 것으로 알려진 트립타민(tryptamine)을 함유하고 있다.

이와 같이 초콜릿은 맛도 쓸 뿐 아니라 여러모로 해롭습니다. 그러나 캐롭은 카카오와 비슷한 맛이지만 천연적인 단 맛까지 가지고 있어 설탕을 넣지 않아도 되며 칼로리도 낮습니다. 캐롭은 카페인이 들어있지 않고 지방이 적으며, 칼슘, 철분, 식물섬유 등 몸에 좋은 성분이 풍부합니다. 젤라토의 안정제로도 사용됩니다. 창조주께서 선택해 주신 음식은 식욕을 돋우기 위하여 설탕을 첨가할 필요가 없습니다. 초콜릿 대신에 캐롭이나 사과, 배, 복숭아, 자두, 버찌, 살구, 딸기와 같은 신선한 과일로 바꾸면 건강을 개선시키고 우리에게 더 맑은 정신을 갖게 해 줄 것입니다.

13 반드시 필요한 비타민 B12

미국 생활습관센터에 입원한 내가 좋아하는 환자들 중 한 사람이 있었습니다. 그는 여러 해 동안 생활습관주의자였으며 채식주의자였습니다. 마지막 2년은 그가 완전한 채식주의자로서 오직 통곡류, 콩, 과일, 채소, 견과류와 씨앗만을 먹었습니다. 그러나 건강에 대해 그렇게도 많이 아는 이 환자가 매우 심각한 문제에 봉착하였습니다. 그는 호모시스테인이라는 아미노산 수치가 높았습니다. 또 이 환자의 비타민 B12 수치는 매우 낮은 수준인 밑바닥에 있었습니다. 왜 이것이 중요할까요? 연구자들은 만약 혈액 속에 호모시스테인이 높으면 아마도 '산화 작용'에 의해 그것이 혈관과 뇌 조직에 손상을 줄 수 있다는 것을 발견하였습니다.

그것은 위험한 형태의 산소인 활성산소가 우리의 몸 세포에서 나올 때 혈관, 콜레스테롤과 DNA를 포함해서 주위 조직에 손상을 주는 것입니다. 만약 호모시스테인 수치가 높으면 높을수록 '활성산소'에 의한 조직 손상도 많아집니다. 그러므로 만약 최상의 혈관과 뇌의 건강을 원한다면 비타민 B12를 많이 섭취함으로써 호모시스테인의 수치를 낮추어야 합니다. 나의 한 친척은 거의 40년 간 완전 채식주의자였습니다. 가끔 요리 속의 소량의 계란을 먹는 것 외에는 이 사람은 완전한 채식주의자였습니다. 80세에도 이 사람이 여전히 훌륭한 건강을 누렸습니다. 그는 약물에 의존하지 않았고 혈압이 높지도 않고 병원에 입원한 적도 없었습니다. 그는 암이나 심장병도 없었습니다. 그러나 80세를 넘기면서 이 사람의 기억력이 희미해지기 시작했습니다. 그는 또한 걷기 힘들어졌고 의자에서 일어나기조차 힘들었습니다. 파킨슨병과 치매증상이 보이기 시작했습니다.

이와 같이 건강한 식사를 해온 사람에게 왜 이런 증상이 일어났을까요? 무엇이 문제일까요? 그래서 우리는 그의 피에서 호모시스테인 수치를 재 보았습니다. 그것은 정상인의 상한선의 두 배 이상이었습니다. 이 사람은 완전 채식을 하고 있었던 여러 해 동안에 비타민 B12를 섭취하지 않았던 것입니다. 의학적 연구에 의하면 아미노산 호모시스테인의 수준이 높은 사람은 이 수치가 낮은 사람보다 심장병이나 뇌졸중으로 죽을 위험이 2배 혹은 3배 더 높다는 것입니다.

특히 가장 높은 호모시스테인 수준을 가진 사람은 알츠하이머 병에 걸릴 위험이 4배 이상으로 크다는 것이 발견되었습니다. 그러므로 이 호모시스테인을 낮게 유지하는 것이 중요합니다. 그렇게 하기 위하여 적당량의 비타민 B12를 섭취해야 합니다. 호모시스 테인은 메티오닌이란 아미노산이 분해되면서 나오는 유해물질로 혈관 벽을 파기해 혈전을 잘 생기게 하고, 악성 빈혈을 일으키게 만듭니다. 비타민 B9과 비타민 B12가 부족하면 호모시스테인이 과도하게 생성되어 동맥경화, 심근경색, 뇌졸중, 치매 등 각종 심뇌혈관질환의 발병 위험이 커집니다.

채식 위주의 음식으로 바꿀 때 여분의 비타민 B12를 먹는 것이 매우 중요합니다. 콩, 짙은 녹색 잎채소, 감귤류와 같은 엽산이 풍부한 음식을 많이 먹어야 합니다. 참깨, 콩, 아마씨, 피스타치오, 마늘, 바나나는 비타민 B6가 풍부합니다. 이 세 가지 비타민 B 즉 비타민 B12와 엽산(비타민 B9)과 비타민 B6가 호모시스테인 수치를 낮추는데 도움이 됩니다. 그러므로 채식 위주로 식습관을 바꿀 때에는 매일 이 작은 비타민 B12 한 알을 먹도록 하십시오. 그렇게 하면 잘 했다고 깨닫는 날이 올 것입니다! B12는 혀 밑에서 녹여 먹거나 씹어 먹는 걸 기억하십시오. 그러나 그것은 종합 비타민제와 같이 먹지 마십시오. 왜냐하면 종합 비타민 속의 미네랄이 비타민 B12를 불활성화 시킬 수 있기 때문입니다. 예전에는 비타민 B12가 동물성 식품에만 함유되어 있는 것으로 알려져 왔지만, 최근 연구에는 해조류 및 채소 등에도 함유 되어 있다는 것이 밝혀졌습니다. 비타민 B12가 들어있는 식물성 식품으로는 미역, 다시마, 김 등의 해조류와 시금치, 메주콩, 보리, 카레가루, 해바라기씨 등이 있습니다. (특히 발효식품인 된장, 간장, 청국장, 김치 등에 풍부하게 들어 있어서 하루 권장량에 필요량을 위해서는 김치 혹은 김 2-3장만 먹어도 보충할 수 있습니다.) 이것이 충족되지 않는 식사라면 반드시 비타민 B12를 섭취하도록 하십시오. 날마다 적어도 0.5mg의 비타민 B12 정제를 복용하기를 권합니다. 거의 매일이 아니라 매일 먹어야 합니다! 날마다 비타민 B12를 0.5mg을 먹는다는 것은 완전 채식 식생활을 따르는 대부분의 사람들에게 호모시스테인을 만족할만한 수준으로 유지하는데 아마도 최소한의 양이 될 것입니다. 복용한 비타민 B12 0.5mg 중에서 오직 약 1%만이 흡수되며 하루 흡수량은 비타민 B12를 넉넉히 먹기를 권합니다. 비타민 B12는 혀 밑에서 녹여 먹어야 흡수가 잘 됩니다.

14 비타민과 미네랄 보충하기

몸이 건강하기 위해서는 수분, 당질, 단백질, 지방, 무기질, 비타민 등의 영양소가 필요합니다. 채소와 과일에는 수분, 무기질, 비타민이 풍부하게 들어 있습니다. 그리고 채소와 과일에는 건강을 증진시키는 식이섬유와 파이토케미컬이 풍부합니다. 2016년 국민건강 영양조사의 한국인 채소와 과일 섭취량에 따르면, 성인 남자는 매일 채소 320g, 과일 177g을 섭취하고 있어 권장섭취량(채소 500g, 과일 300g)보다 부족한 것으로 조사됐습니다. 성인 여자는 매일 채소 242g, 과일 206g을 섭취하고 있어 권장섭취량(채소 560g, 과일 200g)보다 매우 부족한 것으로 조사됐습니다. 그러나 이 중 김치가 차지하는 비중이 높은 편이므로 다양한 채소 섭취량은 매우 부족한 상태입니다.

영국 런던대학교 연구진이 2001년부터 35세 이상 65,000명을 대상으로 12년 동안 연구한 결과에 따르면 매일 과일과 채소를 560g 이상 섭취할 경우 조기 사망률은 42%, 암으로 인한 사망률은 25%, 심장병으로 인한 사망률은 31% 감소되었습니다. 채소는 과일보다 사망률을 감소시키는 효과가 더 우수했습니다. 요즘 채소와 과일은 예전에 비해 그 영양소가 1/20으로 줄어 들어서 이정도 양을 섭취하려면 매일 최소한 채소 8접시와 과일 3접시 정도는 먹어야 하는데 사실상 이렇게 먹기가 쉽지 않습니다. 그러므로 미네랄과 비타민의 부족 현상은 심각하며, 충분히 섭취하려면 녹즙을 마시는 것이 가장 효과적이고 좋습니다.

녹즙은 비타민, 미네랄을 보충하는 가장 확실한 방법이며 살아있는 푸른 잎에 들어있는 비타민과 미네랄이 보통의 약재와 다른 점은 살아있는 영양 즉, 세포를 만드는 원료가 되는 효소를 모두 흡수할 수 있기 때문입니다. 약에 들어있는 비타민이나 미네랄은 복용을 해도 원래 형태로는 즉시 효과가 없고 몸속에서 복잡한 변화를 거쳐야 효소로 바뀌며 그때부터 효과를 나타냅니다. 그러나 살아있는 식물의 비타민이나 미네랄은 처음부터 효소의 형태로 존재하기 때문에 빠르게 흡수할 수 있습니다. 녹즙에는 신선한 채소의 활성효소, 비타민, 무기질, 엽록소, 항산화제, 기타 수많은 영양성분 등 인체에 꼭 필요한 각종 물질인 푸른 생야채의 성분이 거의 그대로 들어 있습니다. 녹즙은 알카리성으로 육식, 백미, 스트레스 등으로 산성화 된 체질을 건강상태의 약 알카리성 체질로 만들어 줍니다. 녹즙은 체내에 축적되어 간을 괴롭히는 약물, 공해, 알콜, 담배 등의 독성을 해독, 정화하는 작용이 뛰어나며, 세포 재생 및 면역증강 효과를 가진 원자, 분자의 섬유소가 함유되어 있습니다. 야채류의 섬유질 속에 포함된 살아 있는 효소 등은 정백식품, 고기와 같이 생명이 없는 물질을 체내에서 되살려 살아있는 세포로 이용하게 하는 활동을 합니다. 즉, 인체 제기능의 촉매 역할을 담당하는 것입니다.

녹즙을 먹는 요령은 건강한 사람은 재료 한 가지만 사용하여 녹즙을 마셔도 괜찮으나 암환자는 적어도 3 ~ 5 가지 이상 혼합해서 녹즙을 만들어야 마시기도 쉽고 효능도 더욱 상승됩니다. 녹즙은 물을 혼합하거나 냉장고에 보관하지 말고 즉시 마셔야 합니다. 비타민 C와 미네랄은 산소와 결합하면 산화되서 파괴 또는 불용성이 되면 효능이 저하됩니다. 불가피 할 경우에는 냉동 보관 후 따듯한 물에 밀봉채로 녹여서 즉시 섭취하는 것이 좋습니다.

녹즙을 통해 항산화 파이토케미컬을 충분히 섭취하면 우리 몸에서 생성된 독소인 활성산소가 세포를 손상시켜 발생하는 노화, 암, 순환기계 질환, 당요병, 알츠하이머 치매, 파킨슨병 등을 막을 수 있습니다. 항산화 영양소와 파이토케미컬은 우리 몸을 활성산소로부터 보호하며, 만성 퇴행성 질환을 예방하는데 도움을 줍니다. 비타민 C와 비타민 E, 셀레늄이 항산화 영양소로, 퀴세틴, 안토이시아닌, 이소플라본, 리코펜 등이 황산화 파이토케미컬로 작용합니다. 효과적으로 녹즙을 마시기 위해 다음과 같이 권합니다.

♥ 녹즙은 공복에 마셔야 흡수율과 속도가 빨라진다.
♥ 날마다 마셔야 한다. 건강한 사람은 하루에 1잔만 마셔도 좋겠지만 암환자는 많이 마실수록 좋다. (암전문의 막스 거슨박사는 하루에 10잔 이상을 마셔야 한다고 주장한다)
♥ 잎, 줄기, 열매, 뿌리 모두 재료로 사용하는 것이 좋다.
♥ 제철에 나는 과일과 야채를 사용하는 것이 좋다.
♥ 되도록 여러가지 과일과 야채가 섞일수록 좋다. (되도록 여러가지 색깔이 섞일수록 좋다)
♥ 모든 채소에 당근을 주 재료로 많이 넣어 짜면 먹기도 좋고 영양소 섭취에도 좋다.
♥ 설탕 등 감미료는 섞지 말아야 하나 식초를 몇 방울 떨어뜨리면 흡수를 돕는다.
♥ 녹즙의 효과를 보기 위해서는 장기간 마셔야 한다.
♥ 처음부터 많이 마시려고 하지 말고 소주잔만큼부터 시작하여 점치적으로 늘려 나가면 된다.
♥ 가능하면 녹즙기와 스크류 방식 쥬서기를 사용하고 믹서와 원심분리기기는 사용하지 않는다.

과일과 채소에 풍부한 건강증진 성분

영양소	기능	함량이 높은 채소와 과일
비타민 A (베타카로틴)	상피세포의 건강 유지, 시각 기능, 뼈의 발달, 면역 기능	당근, 치커리, 시금치, 단호박, 파프리카, 케일, 미나리, 금귤, 단감, 살구, 망고, 참외
엽산	핵산 합성, 빈혈 예방, 태아의 신경관 발달	시금치, 치커리, 미나리, 아스파라거스, 브로콜리, 깻잎, 상추, 쑥갓, 배추, 콩나물, 딸기, 참외, 키위, 자몽, 오렌지
비타민 C	콜라겐 합성, 상처 회복, 면역 기능, 항산과 작용	풋고추, 파프리카, 피망, 케일, 브로콜리, 시금치, 치커리, 셀러리, 양배추, 레몬, 딸기, 오렌지, 귤, 자몽, 키위
칼륨	체액의 평형 유지, 신경 자극 전달, 혈압 저하	부추, 아욱, 참나물, 근대, 쑥, 신선초, 시금치, 치커리, 미나리, 바나나, 단호박, 늙은 호박, 멜론, 참외
철	조혈 작용, 면역 기능, 해독 작용	로메인 상추, 비트 잎, 무청, 쑥, 근대, 미나리, 상추, 오디, 참외
식이섬유	배변 작용 촉진, 포만감 제공, 만성 퇴행성 질환 예방	모든 종류의 채소와 과일
파이토 케미컬	항산화 효과, 항암 작용, 항균 작용, 심혈관계 질환 예방, 눈 건강 증진	모든 종류의 채소와 과일 ※채소와 과일의 종류에 따라 함유하고 있는 파이토케미컬이 다름

파이토케미컬 식품 및 기능

식물의 색	파이토케미컬	급원식품	기능
빨간색	리코펜	토마토, 수박, 파프리카(적색), 핑크, 자몽, 핑크 구아바	항산화 작용, 심혈관계 건강, 암 예방
	엘라그산	라즈베리, 딸기, 블랙베리, 크렌베리, 석류, 호두	항산화 작용, 암 예방
노란색	베타카로틴	당근, 단호박, 케일, 청경채, 미나리, 파프리카, 금귤, 살구, 망고, 셀러리 등 녹색 채소	항산화 작용, 암 예방
	헤스페라딘	오렌지, 귤, 유자, 자몽, 레몬	심혈관계 건강
초록색	이소티오시아네이트 (설포라판), 인돌	브로콜리, 케일, 콜리플라워, 양배추, 무순, 겨자 잎, 콜라비	세포 건강, 암 예방
	베타카로틴	치커리, 시금치, 피망, 케일, 미나리, 셀러리 등 녹색 채소	항산화 작용
	루테인	시금치, 쑥, 로메인, 상추, 피망, 케일, 셀러리, 브로콜리	눈의 건강
	이소플라본	검정콩, 노란콩	식물성 에스트로겐(여성호르몬)으로 작용, 골다공증, 유방암, 자궁암, 전립선암 예방, 혈압 저하, 심혈관계 질환 예방
보라색	안토시아닌	블루베리, 크랜베리, 라즈베리, 검은콩, 적포도, 가지, 적채, 셀러리 등 녹색 채소	항산화 작용, 심혈관계 건강, 시작 기능 향상
	레스베라트롤	적포도, 블루베리, 땅콩	항산화 작용, 심혈관계 건강, 암 예방
흰색	퀘세틴	양파, 사과	항산화 작용, 암 예방
	알리신	마늘, 양파	항균 작용, 해독 작용

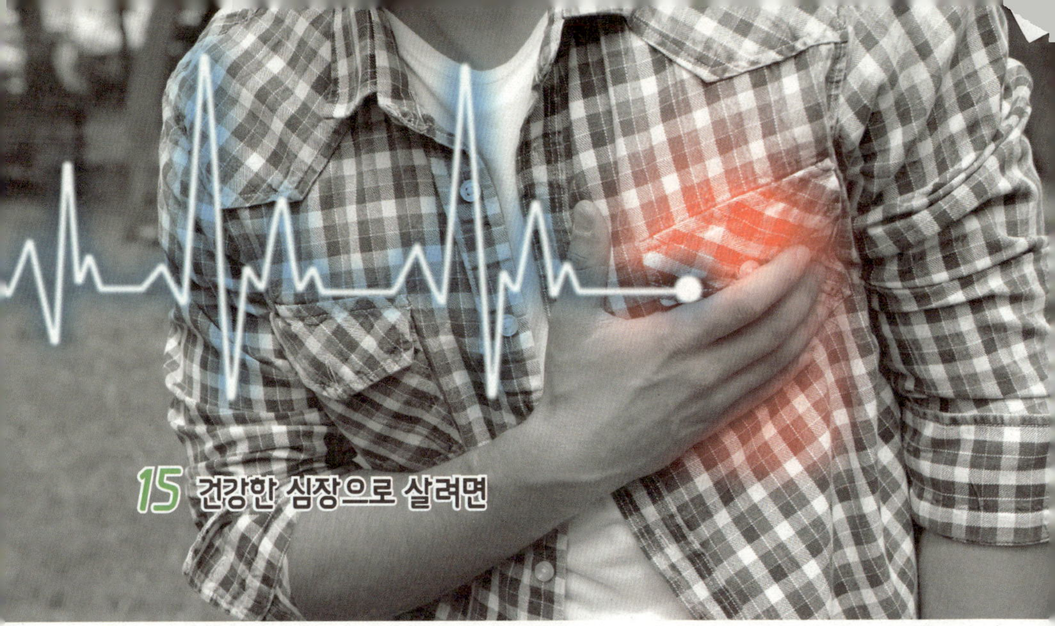

15 건강한 심장으로 살려면

미국에서는 심장 질환이 어떤 다른 질병보다 매년 더 많은 거의 75만 명의 생명을 단축시키고 있습니다. 고려대 통계학과 박유성 교수가 발표한 '성별, 사망원인별, 연령별로 조정한 인구예측' 보고서(2011)에 따르면 심장병은 한국인 최대 사망원인 2위. 2030년이 되면 5명 중 1명은 심장병 때문에 숨을 거둘 것으로 예측하였습니다. 선천성 심장질환을 제외하면 전반적으로 나이가 들면서 심장병 발생 위험이 높아집니다. 하지만 심장병은 어렸을 때부터 시작된다고 볼 수 있습니다. 동맥 안쪽에 지방이나 콜레스테롤 등이 쌓이면서 혈관이 서서히 좁아져 심장마비를 일으키는 경우가 많기 때문입니다. 당뇨병이나 동맥경화, 고지혈증이 발현되면서 심장병이 나타나게 됩니다. 심장병의 근본적인 주 원인은 동맥경화증, 즉 관상동맥의 벽에 콜레스테롤의 축적입니다. 흡연과 인슐린 내성이 동맥경화증을 촉진시킵니다. 분명히 심장병의 위험을 축소시킬 수 있는 하나의 뛰어난 방법은 금연입니다. 흡연 습관을 버리는 것입니다. 우리는 혈당 지수가 낮은 음식을 선택함으로써 인슐린 내성과 싸우는데 도울 수 있습니다. 그런 음식에는 사과, 배, 살구, 자두, 복숭아, 버찌, 딸기, 콩, 팥, 녹색채소, 귀리, 보리, 호밀, 견과, 씨앗이 포함됩니다.

오늘날 미국에서 심장병의 높은 비율에도 불구하고 하버드 보건대학원의 스탬퍼 박사와 동료들은 미국인 중 한 무리는 다른 모든 미국인들보다 심장마비 위험이 82% 낮다는 것을 발견하였습니다. 그 비결은 무엇일까요? 그들은 금연하고 그들의 체질량 지수(Body Mass Index -BMI)를 25이하로 유지하며, 날마다 적어도 30분 활발하게 걷고, 통곡류를 먹으며, 오메가3 지방(아마씨, 호두, 진한 녹색채소)과 엽산(콩, 진한 녹색 채소에서 발견됨)을 풍부하게 먹었습니다. 그들은 또한 대부분의 미국인들보다 식물성 음식을 더 먹었고 '부분적으로 경화된' 식물성 기름(마가린, 튀긴 음식에서 발견됨)을 될수 있는 한 먹지 않았고, 혈당을 적게 올리는 음식들 즉, 콩, 채소, 과일(사과, 배, 복숭아, 버찌, 자두, 살구, 딸기), 찜한 통곡류, 소금을 치지 않은 견과와 씨앗을 먹었습니다. 프래밍함 심장혈관연구소 진료원장인 윌리암 카스텔리 박사는 미국에서 가장 오랫동안 지속된 심장 연구를 지휘하였습니다. 그가 20년 동안 프래밍함 심장연구를 지휘하면서그 기간동안 콜레스테롤 수치가 150이하로 유지한 사람을 어떤 사람도 심장마비를 일으키는 것을 본 일이 없었습니다. 그와는 대조적으로 모든 심장마비의 35%는 콜레스테롤 수치가 150에서 200 사이를 넘나드는 미국 사람들 중에서 발병하였음을 발견하였 습니다. 프리티킨장수센터의 로버트 박사는 단지 3주간 거의 100% 식물성 음식을 먹인 결과 콜레스테롤 수치가 평균 191에서 154로 떨어지는 것을 입증하였습니다. 구체적으로 이 음식은 지방에서 10% kcal, 단백질에서 15~20%의 kcal, 정제되지 않은 탄수화물 70~75%의 kcal를 섭취하도록 구성되었는데, 곡물은 하루에 5컵 정도, 채소는 하루에 4컵 정도, 과일은 매일 3컵 정도를, 단백질은 거의 식물성만 주었고, 술과 담배, 커피는 금지시켰습니다.

만약 여러분이 채식주의자인데도 콜레스테롤 수치가 높아서 더 낮추려고 애쓰고 있다면 우유와 계란과 치즈를 멀리할 것을 권합니다. 투헤이 박사와 동료들은 유제품을 먹는 채식주의자들의 평균 총 콜레스테롤 수치는 174인데 비하여 유제품을 전혀 먹지 않은 완전 채식주의자들의 평균 총 콜레스테롤 수치는 145 또는 150 이하인 것을 발견하였다고 보고하였습니다.

클리브랜드 진료소의 의과 의사, 콜드웰 에셀스틴 박사는 관상동맥 질환을 제거시킬 프로그램을 짜고 관상동맥 세 개가 다 막혔던 18명의 환자들(도합 49회의 심근경색을 앓았음)의 평균 총 콜레스테롤 수치는 237이었습니다. 에셀스틴 박사는 모든 환자들에게 통곡류, 콩, 채소, 과일을 먹였습니다. 그는 또한 양념으로 소금치지 않은 견과와 씨앗을 주었으며, 기름이나 유제품, 쇠고기, 닭고기, 생선은 주지 않았습니다. 5년 후에 그들 중 아무도 그들의 관상동맥 질환이 악화된 일이 없었습니다. 환자들 중 11명을 선정하여 혈관 촬영을 하였는데 18명 중 73% 비율로 관상동맥 경색이 역전되는 것을 체험하였습니다. 그들이 전에 8년 동안에는 49회의 심근경색이 있었지만 그 후 12년 동안에는 그들 중에 아무도 심장마비 또는 심근경색이 없었습니다. 에셀스틴 박사가 필요시에는 약을 사용했지만 그들의 평균 총 콜레스테롤 수치는 145였으며 18명의 환자들 모두의 콜레스테롤 수치가 150이하로 떨어졌습니다.

관상동맥 심장 질환과 싸울 때에는 심장을 건강하게 하는 음식을 먹음으로써 콜레스테롤 수치를 150이하로 낮추는 것만이 가장 필요한 것입니다. 목숨은 실제로 심장이 멎어야 중지하기 때문에 피를 깨끗하게 하려면 항산화제 식품이 매우 중요합니다.

딘 오니쉬 박사와 그의 동료들은 "생활방식과 심장 질환"이라는 제목으로 실험했습니다. 그들은 앞서 언급했던 것과는 매우 다른 식이요법을 환자들에게 제시했습니다.

1일 콜레스테롤 섭취량은 200mg에서 5mg으로, 지방의 양은 25%에서 10%로 매우 엄격하게 제한하면서도, 전체 칼로리의 양은 같은 식단을 마련하였습니다. 이러한 식생활은 채식으로 이루어진 식생활을 의미합니다. 환자들이 먹던 심장 질환의 약을 모두 끊은 상태에서 동물성 식품을 완전히 끊고, 과일, 채소, 곡류, 적은 양의 견과와 씨앗류로만 이루어진 식사를 환자들에게 제공한 결과, 믿기 어려운 결과가 나왔습니다. 1년 후에 전체 콜레스테롤이 24% 감소하였으며, LDL 콜레스테롤은 37% 감소하였습니다. 동맥경화증이 있는 환자 중 82%에게 상당한 회복이 이루어졌으며, 14%의 사람들에게는 아무런 변화가 없었습니다. 불과 12달 사이에 50% 이상 막혀 있던 혈관 내부가 5.3% 더 넓어졌는데, 이것은 혈액의 흐름이 23% 향상되었음을 의미합니다.

성공적인 채식 요법

♥ 모든 종류의 동물성 식품을 중단하라 ♥ 5mg 이하의 콜레스테롤 유지하라

♥ 75%의 복합 탄수화물을 섭취하라 ♥ 알콜과 카페인을 섭취하지 말라

♥ 15% 이하의 단백질을 섭취하라 ♥ 전체 섭취 칼로리의 양은 제한하지 않는다

한 가지 특이한 사항은, 환자들에게 약을 먹으면서 같은 식단을 제공했을 경우에는 혈관의 병세가 회복되는 기간이 더 많이 지연되었습니다. 딘 오니쉬 박사가 실험한 방법을 통해서, 채식으로 짧은 기간에 혈관의 건강이 회복될 수 있다는 사실이 증명되었을 뿐만 아니라, 약을 사용하지 않고도 더 좋은 결과를 얻을 수 있다는 사실이 입증되었습니다. 완전 채식 요법을 이용한 치료 방법에 대해서 좀 더 자세히 살펴봅시다.

식이요법 이외의 치료 방법

채식 요법을 포함하여 꼭 이루어져야 할 생활방식의 변화는 다음과 같다.

♥ 저지방, 채식 식사 ♥ 스트레스 해소 ♥ 술, 담배, 카페인을 금할 것

♥ 적당한 운동 ♥ 건전하고 보람 있는 사회 활동(교제)

이러한 방법으로 5년 이상 생활방식을 바꾼 사람들의 혈액의 흐름을 검사했더니, 일반 병원에서 시행되고 있는 NCEP 식이요법으로 5년 이상 생활한 환자들보다 훨씬 양호한 결과가 나왔습니다. 혈관성 심장 질환은 가장 흔한 질병 가운데 하나임에도, 대부분의 환자와 의사들이 겉으로 드러나는 병의 증상을 해결하는 데만 초점을 맞추고 있습니다. 그러나 먹는 것을 포함한 생활방식 전체를 바꾸는 천연치료 방법은 병의 뿌리를 치료해 줍니다.

16 혈압을 낮추라

한국 질병관리본부가 2017년 11월 6일 발표한 '2016년 국민건강영양조사'와 '2017년 청소년건강형태온라인조사' 결과에 따르면 30세 이상 성인의 비만, 고혈압, 고콜레스테롤혈증 등 만성질환 유병률은 전반적으로 증가한 것으로 조사됐습니다. 남자 성인의 43.3%가 비만, 35%가 고혈압, 19.3%가 고콜레스테롤혈증, 12.9%가 당뇨병을 앓고 있고 여자의 경우 비만(30%), 고혈압(22%), 고콜레스테롤혈증 (20.2%), 당뇨병(9.6%)을 갖고 있습니다.

오늘날 많은 사람들은 혈압을 낮추는 방법을 알고 싶어 합니다. 미국 성인들의 50% 이상이, 그리고 50세 이상의 장년층의 80% 이상이 적절한 혈압보다 더 높은 혈압을 가지고 있습니다. 이상적인 혈압은 120/80 이하입니다. 영국 옥스퍼드 대학교의 애플바이 박사는 암과 영양에 관한 유럽 전향적 연구 보고서 자료를 검토 분석하고 오로지 채식만 하는 완전 채식주의자들은 연구에 참여한 어떤 집단보다도 가장 낮은 혈압을 가진 것을 발견하였습니다. 육식한 남성 중 15%가 고혈압인 반면에 채식만 하는 남성들은 다만 5.8%만이 고혈압을 가졌습니다. 고혈압은 지속적으로 140/90이나 그 이상의 혈압으로 정의되었습니다.

하버드 의과대학의 색크 박사와 동료들은 약물이 혈압을 낮추는 것처럼 음식도 혈압을 낮출 수 있다는 것을 발견하였습니다. 사실 식이요법만으로도 남자 고혈압 환자의 수축기혈압(최고수치)이 11.5포인트 떨어졌고 정상 혈압을 가진 사람의 혈압은 7.1

포인트 떨어졌습니다. 여성의 혈압은 조금 덜 감소했습니다. 이와 같이 혈압을 낮추기 위하여 연구자들은 육식 위주의 식사를 하는 사람들에게 식물성 식사로 바꾸게 하고 과일과 채소를 날마다 9컵씩 먹게 했으며 저지방 유제품과 함께 칼슘이 풍부한 음식을 먹게 하였습니다. 확실히 식물성 음식을 먹으면 먹을수록 혈압이 그만큼 더 낮아졌습니다. 모든 육식 제품을 제거할 때 가장 낮은 혈압을 유지할 수 있었습니다. 프랑스 그레테일 의과 대학의 리바 박사는 한 연구에서 환자들이 우유를 먹었을 때 수축기 혈압이 단지 1.4 포인트 떨어졌으나 두유를 먹었을 때 18.4포인트 떨어졌다는 것을 입증하였습니다. 창조주께서 마련해 주신 본래의 음식 즉 과일, 통곡류, 콩, 채소, 견과류, 씨앗을 선택하면 언제나 낮은 혈압을 갖게 됩니다.

혈압을 적당히 유지하려면 다음의 생활습관을 날마다 선택하십시오.

- ♥ 날마다 과일과 채소를 9컵(익힌 것으로는 반컵)씩 먹어라
- ♥ 식물성 식품을 선택하라
- ♥ 매일 야채수를 만들어 먹어라(무, 당근, 우엉, 건조 무청, 건조 표고, 방법 참조)
- ♥ 부득이한 경우 날마다 칼슘 구연산염 500mg~100mg를 섭취하라
- ♥ 쇠고기, 닭고기, 생선, 치즈 대신 콩, 통곡류, 소금에 절이지 않은 견과와 씨앗을 먹어라
- ♥ 한 가지 성분만 포장된 음식을 선택하라. (예를 들면 롤드오트, 현미, 강낭콩, 렌즈 콩, 통밀 파스타)
- ♥ 부분적으로 경화된 식물성 기름, '영양가를 높인' 강화 밀가루, 옥수수 시럽 또는 소금이 들어간 포장 음식을 피하라.
- ♥ 일주일에 6일, 날마다 모두 합하여 60분간 활발하게 걸어라.
- ♥ 날마다 적어도 230g 컵으로 10-12컵의 물을 마셔라
- ♥ 일주일에 적어도 3일은 얼굴, 손, 팔을 햇빛에 노출시켜라
- ♥ 날마다 비타민 D 1,000 IU(25ug)에서 1,200 IU(30ug)를 복용할 것을 고려하라
- ♥ 커피, 차, 콜라, 소다수, 카페인, 담배를 피하라
- ♥ 저녁 식사 때에는 오로지 신선한 과일이나 증기로 찐 채소를 먹든지 혹은 오후 3시 이후에는 아무 것도 안 먹든지 하라
- ♥ 매일 밤 7시간 내지 8시간 자라. 특히 자정 이전에 2시간 반이나 3시간 자는 것이 가장 좋다.

이것들은 적절한 혈압을 위하여 주신 창조주께서 선택하신 방법들입니다.

17 췌장을 보호하려면

췌장암은 소화기 계통의 암 중에서 위암, 직장암, 담낭암 다음으로 한국인들에게 많이 발생하는 암입니다. 조기 진단이 어려울 뿐 아니라 심할 경우 5년 이상 생존하는 사람들이 통계적으로 약 2%에 불과할 정도로 치명적인 질병입니다. 미국에서는 매년 약 21,000명이 췌장암에 걸립니다. 췌장은 위장의 뒤쪽에 자리 잡고 있는 기관으로 단백질, 지방, 탄수화물을 분해하는 소화 효소와 인슐린을 생산하기 때문에 췌장에 문제가 생기면, 소화와 혈당 조절에 문제가 생깁니다. 흔히 만성 췌장염 환자들에게 췌장암의 발병률이 가장 높아서 췌장염의 치료와 예방은 췌장암을 막는 최선의 길이라 할 수 있습니다. 췌장염은 췌장에 생긴 염증으로, 췌장의 정상 세포들이 상처난 조직과 칼슘 축적물로 대치되게 됩니다. 종종 가벼운 당뇨병을 동반하기도 합니다. 일반적으로 췌장염은 쓸개나 담관에 생기는 질병으로 음주로 인해 발병되는 경우가 많습니다. 이 외에도 내장을 수술하는 과정이나 검진하는 과정에서 입을 수 있는 상처, 전기 충격, 의약품의 잘못된 복용 등을 통해서 췌장에 염증이 발병될 수도 있습니다. 특히 다음과 같은 의약품들은 췌장염의 원인이 될 수 있습니다. 스테로이드, 에스트로젠, 입으로 먹는 피임약, Thiazides, Azathioprine, L-asparaginase, Furosemide, Ethacrynic acid, Phenformin, Chlorothiazide, Sulfonamides, 등등입니다.

간염이나 유행성 이하선염과 같은 전염성 질병에 의해서 생길 수도 있습니다. 이러한 것들 외에도 많은 요소가 있기 때문에, 췌장염을 일으키는 모든 인자를 모른다고 말하는 것이 좀 더 정확한 표현이라고 할 수 있겠습니다. 최근에는 신경성 식욕 불량과 췌장염 사이에도 어떤 관계가 있을 수 있다는 연구 발표가 있었습니다. 췌장염의 증세는 복부의 윗부분에 약하거나 심한 통증을 느낍니다. 그리고 통증이 등이나 하복부로 퍼져서 일정하게 유지되는 경우도 있습니다. 메스껍거나 토할 수 있으며, 복부가 민감한 느낌이 들게 됩니다. 통증의 완화를 위해서 다리를 가슴으로 끌어당긴 다음에 옆으로 누우면 도움을 얻을 수 있습니다. 음식을 먹거나 술을 마시거나 토할 경우에는 통증이 심해지며 미열을 동반할 수 있습니다.

췌장염은 식이요법이 중요하므로 다음과 같이 할 것을 권합니다.

- ♥ 모든 종류의 술을 금지하라. 모든 종류의 술은 췌장에 해롭다.
- ♥ 췌장의 부담을 덜어주기 위해서, 환자는 증세가 가라앉을 때까지 물만 마시면서 금식해야 한다. 이것은 매우 중요한데, 왜냐하면 음식물이 위장에 들어가면 췌장이 자극을 받거나 소화 효소를 만들어 내기 위해서 무리하게 일을 해야 하기 때문이다.
- ♥ 설탕의 섭취를 삼가야 한다. 정제된 탄수화물이 많이 함유된 식생활을 하게되면 트라이글리세리드의 수치가 높아질 경우, 췌장염이 발병될 수 있다.
- ♥ 췌장의 회복을 위해서는 칼로리와 지방의 양을 최저로 낮춘 식사를 해야만 한다. 때때로 혈중 지방치가 높을 경우에 췌장염이 생길 수 있기 때문이다. 만성적인 췌장염일 경우, 췌장에서 분비되는 리파아제가 결핍되어서, 지방의 흡수율이 심하게 저하되기 때문에, 반드시 저지방식을 해야만 한다.
- ♥ 수분의 섭취량을 잘 조절하는 것이 필수적이다. 많은 양의 수분이 복부 내에서 흡수 되어 사라지는데, 수분이 몸 밖으로 즉시 배출되지 않기 때문에 복부에서 사라지는 물의 양을 정확하게 알 수 없다.
- ♥ 과식을 삼가라. 과식은 췌장을 자극할 뿐만 아니라, 과로하게 한다.
- ♥ 의약품을 복용하는 것은 별 효과가 없을 뿐만 아니라, 오히려 종종 상태를 악화시킨다.
- ♥ 카페인, 지방, 술은 위산이 분비되도록 자극하기 때문에 반드시 삼가야 한다.
- ♥ 만성이 되어서 시간이 지남에 따라서, 환자는 심한 통증, 메스꺼움, 구토와 같은 증세들을 경감시키기 위해서 진통제를 습관적으로 먹게 되는 경우가 있는데, 이럴 때 상태는 더욱 악화할 수 있다. 췌장의 절제수술을 고려하고 있던 심각한 환자가 천연 치료로 회복된 경우가 있다. 뜨거운 물로 복부를 자주 찜질해 주고, 숯가루를 복용하면서 동시에 숯가루 찜질팩을 만들어서 찜질해 주고, 입으로 들어가는 수분의 양을 조심스럽게 조절하면서 천연식이 요법을 시행하면 괄목할 만한 차도를 볼 수 있다.

췌장에 도움을 줄 수 있는 약초들: 에키네시아, 민들레 뿌리, 골든씰(골든씰은 임산부에게는 사용하지 않아야 하며, 장기간의 복용은 피하는 것이 좋다).

췌장염이나 췌장암은 다음과 같이 천연치료를 통해 회복할 수 있습니다.

♥ 흰 설탕, 흑설탕, 가공하지 않은 설탕, 과당, 벌꿀, 당밀, 잼, 젤리, 젤로 등을 비롯한 모든 종류의 당분을 피하라.
♥ 파이, 과자, 케익, 당분이 들어간 후식을 섭취하지 말아야 한다.
♥ 치즈, 우유 그리고 우유가 함유된 유제품을 섭취하지 않는 것이 좋다. 우유에는 저혈당증을 일으킬 수 있는 로이신이 함유되어 있다.
♥ 흰 빵, 크래커, 흰 마카로니, 백미, 스파게티를 비롯한 정제된 곡물(표면이 도정된 곡물)로 만든 식품을 삼가고, 현미나 통밀과 같은 정제되지 않은 곡물을 섭취하라.
♥ 건포도, 대추, 무화과 등과 같은 매우 단 과일과 같이 농축된 음식은 적어도 1년 동안 삼가는 것이 좋다. 1년 후 실험적으로 소량을 섭취하면서 증세의 재발 여부를 확인해 가면서 사용하는 것이 좋다. 바나나, 수박, 망고, 고구마도 모두 이러한 부류에 속하므로 조심스럽게 사용돼야 한다. 어떤 사람들은 포도에 증세를 나타내기도 한다.
♥ 카페인과 니코틴, 술은 신체의 혈당을 조절하는 일에 해를 주므로 철저히 금해야 한다. 커피, 차, 콜라, 초콜릿에는 카페인이 함유되어 있으며, 각종 의약품에도 카페인이 함유되어 있다.
♥ 모든 종류의 소다수(인공 음료수)에는 다량의 설탕이나 감미제가 들어있다. 과일 주스는 농축된 식품이므로 필요한 경우에는 그 양을 소량으로 제한해야 한다. 과일 주스를 마시는 것보다는 신선한 과일을 먹는 것이 훨씬 유익하다. 무슨 종류이든지 농축된 식품은 연약해진 췌장에 부담을 주므로 삼가는 것이 좋다.
♥ 각종 양념은 신경 계통에 좋지 않은 영향을 미치며, 증세를 악화시킬 수도 있다. 식초와 설탕이 함유된 식품 대신에 레몬 주스나 소금을 사용하는 것이 좋다.
♥ 과일과 채소는 가능하면 조리를 하지 않은 신선한 상태로 섭취하는 것이 좋다.
♥ 지방과 칼로리를 최저로 낮추고, 모든 종류의 동물성 지방의 섭취를 금한다.

18 인슐린 수치를 낮추라

만약 최상의 건강을 원한다면 인슐린 수치를 낮게 유지하십시오. 과체중은 인슐린을 높입니다. 인슐린은 세포 성장을 자극하여 암을 촉진할 수 있습니다. 사실 가장 과도하게 비만인 미국인들이 정상 체중을 가진 사람들보다 암으로 죽을 위험이 52~62%로 더 높다는 보고도 있습니다. 체중을 줄이기 위하여 아침 식사는 100% 통곡류와 과일, 소금을 넣지 않은 견과 한줌을 먹도록 하십시오. 점심 식사는 증기에 찐 100% 통곡류 위에 향긋한 콩 수프를 얹고, 찐 채소나 생채소 위에 토마토 퓨레(수프)나 캐슈(cashew) 소스 그리고 소량의 올리브나 아보카도(avocado)를 얹어서 먹도록 하십시오. 오후 3시 후에는 아무것도 먹지 않든지 아니면 저녁에는 단지 사과 하나 또는 신선한 과일, 아니면 약간 스팀에 찐 채소 한 접시를 먹는 것이 좋습니다. 만약 의사가 허락한다면 능력에 따라 점차 걷는 시간을 증가시켜 하루에 합쳐서 1시간 활발하게 걷도록 노력하십시오.

특히 인슐린을 낮게 유지하기 위하여 혈당을 쉽게 올리는 음식이나 심하게 가공 처리된 음식을 피하십시오. 미국 국립암연구소의 마이커드 박사와 동료들은 과체중이면서 설탕이 가장 적게 든 음식이나 혈당을 올리지 않을 음식을 먹는 사람들은 혈당을 많이 올릴 음식을 먹는 사람들보다 췌장암에 걸릴 위험이 2분의 1에서 3분의 1밖에 되지 않는 것을 발견하였습니다.

그와 비슷하게 프란세스키 박사와 동료들은 종양학 연보에 혈당을 가장 많이 높이는 음식을 먹는 사람들은 그런 음식을 피하는 사람들보다 대장암에 걸릴 위험이 70~80%나 더 높다고 보고 했습니다. 하버드 의과대학교에서의 한 연구는 혈당을 빨리 높일 음식을 먹는 사람들은 그런 음식을 피하는 사람들에 비해 관상동맥 질환에 걸릴 위험이 거의 3배나 높다는 것을 발견하였습니다.

또 다른 연구는 당뇨병 환자들이 혈당을 가장 적게 올릴 음식을 먹을 때 혈액내당화혈색소 수치가 27%나 떨어지는 것을 지적하였습니다. 그 같은 보고는 혈당을 가장 많이 높일 음식들을 열거하였습니다. 이와 같은 음식을 즐겨 먹는 사람들은 제2형 당뇨병에 걸릴 위험이 가장 높다는 것을 발견하였습니다. 그런 음식들은 감자튀김, 포테이토 칩, 흰 밀가루 빵, 백미, 파스타, 감자, 콜라, 모든 설탕으로 달게 한 음료수(탄산 소다수와 탄산화시키지 않은 것들) 모두를 포함합니다.

그러므로 암, 심장마비, 당뇨병의 위험을 줄이기 위하여 그런 음식들을 피하십시오. 또한 포장된 음식(팩에 넣은 음식)이 한 가지 성분 이상 들어 있거든 그것을 사지 마십시오. 이것이 미국생활습관센터에서 내가 환자들에게 주는 메시지입니다.

당뇨의 원인은 유전자가 스위치를 생산해 낼 의욕을 잃은 상태이기 때문입니다. 기름기가 있는 음식을 먹으면 유전자가 세포의 스위치를 생산해 내지 않기 때문에 치명적입니다. 지방의 혈중 농도가 높아지면 끈적끈적해진 피에 산소가 원활히 공급되지 못해 유전자의 생산성이 떨어지는 것입니다. 특히 과식과 스트레스, 과로는 피해야 합니다.

당뇨의 치료법

- ♥ 식탁 위의 지방 제거: 60명의 당뇨 환자들에게 지방이 전혀 포함되지 않는 식사(Fat-free diet)를 공급했더니 혈당치와 소변으로 빠져나오는 당의 양이 급격히 줄어들었다. 식단에서 지방을 완전히 제거한후 3~4일 만에 급격한 줄어들었다. 식물성 기름일지라도 철저하게 제한해야 한다. 지방이 많이 함유된 천연적인 상태의 견과류(호두, 아몬드, 잣 등)도 너무 많이 섭취하지는 말아야 한다.
- ♥ 규칙적인 운동: 운동은 당뇨병 환자에게 매우 놀라운 결과를 가져다줄 뿐아니라, 합병증으로 올 수 있는 심장 실환의 예방에도 도움이 된다.
- ♥ 고섬유질 식사: 섬유질을 많이 섭취하면 식사 후의 혈당치를 낮추어 주고, 인슐린의 요구량을 줄여 주며, 세포 조직이 인슐린에 대해서 민감하게 반응하게 해 준다. 정제되지 않은 천연 섬유질은 당뇨병의 정복에서 필수적인 무기이다.
- ♥ 과식을 조심할 것: 특히, 비만형의 환자나 비활동적인 사람들에게 있어서 과식은 매우 해로운 결과를 가지고 온다.

♥ 복합 탄수화물(전분과 섬유질이 합성된 상태의 탄수화물)과 콩과 식물의 섬유질을 많이 섭취할 것: 복합 탄수화물은 인슐린의 요구량을 낮추어 준다. 또한, 섬유질은 탄수화물의 흡수를 지연시켜 주므로 식사 후에 당이 올라가는 것을 막아 준다. 한 실험 집단에 8종류의 마른 콩으로 마련된 식사를 제공한 결과, 일반적인 식사를 한 사람들보다 혈당의 최고치가 45%가량 낮아졌다.

♥ 설탕과 식초가 함유된 식품을 경계할 것.

♥ 우유와 설탕의 혼합물을 경계할 것.

♥ 커피를 금할 것: 커피는 혈당을 비정상적으로 높인다. 카페인이 함유된 모든 종류를 금해야 한다. 당뇨병에 걸린 쥐에게 카페인을 주입하고 6시간 후에 혈당을 검사하였더니 평상시보다 2배나 높은 혈당치가 나왔다. 그러나 건강한 쥐에게 카페인을 주입하였더니 혈당치가 낮아지는 반대의 결과가 나왔다.

♥ 질산염이나 아질산염으로 처리된 가공식품을 경계할 것: 고기의 장기 보존을 위해 처리한 화학 물질인 질산염(아질산염)은 암이나 당뇨를 유발하는 것으로 밝혀졌다.

♥ 당뇨병 환자에게 있어서 식사 시간은 매우 중요함: 규칙적인 시간에 식사 하게 되면, 인슐린 제조 공장인 췌장은 규칙적인 일정에 따라서 기능을 수행하게 되고, 휴식 시간에는 스스로 고장 난 부위를 치료하게 된다. 또한, 식사를 급히 하면, 혈당의 고저 폭이 불안정하게 증대된다.

♥ 마늘은 소변으로 빠져나오는 당의 양을 줄여 준다(당뇨 조절).

♥ 먹는 피임약은 혈당의 조절을 어렵게 만들 수 있다.

♥ 당뇨병은 염증에 약하며, 염증의 치료를 지연시키기 때문에, 신체를 항상 좋은 상태로 유지하는 것이 중요하다. 이러한 면에서 충분한 휴식과 수면은 매우 필요하다.

♥ 흡연을 금할 것: 흡연자는 비흡연자보다 인슐린의 요구량이 증대된다. 담배를 자주 피우는 사람의 경우에는 최고 30%까지 인슐린의 요구량이 증가한다.

♥ 비만형 당뇨 환자의 경우, 1~5일의 금식은 매우 유익한 결과를 가져 올 수있다: 단, 금식은 전문가의 지도로 이루어져야 하며, 일반적으로 유아 당뇨 환자의 경우에는 금식해서는 안 된다.

♥ 요리하지 않은 생채식을 늘릴 것: 요리하지 않은 신선한 채소 섭취량을 늘렸더니, 인슐린 요구량이 줄어들었다.

당뇨병에 유익한 식물과 약초

◈ 야채수를 만들어 먹어라(무, 당근, 우엉, 건조 무청, 건조 표고, 방법 참조)

◈ 식물 : 부루쉘 스프라웃(어린 양배추), 꼬투리째 먹는 콩(깍지 강낭콩, 깍지 완두), 알파파, 양파

◈ 약초 : 페드라휴메카(Pedra Hume Caa), 포디알코(타히보=Taheebo)

19 술과 담배를 끊어라

알콜은 신경에 독성이 되고 신경세포막의 단백질 수용체를 간섭하여 실제로 신경 전달 및 판단과 의지력 같은 전두엽 기능을 손상합니다. 그 결과 알콜은 화학적 전두엽 절제 수술을 한 것과 같이 되어, 사람을 이성이 아닌 정욕과 욕망의 지배 하에 버려두게 합니다. 매년 폭력 범죄 희생자 4명 중의 한 명은 그 범죄자가 범행 전에 술을 마셨다고 합니다. 희생자들은 이전이나 현재 배우자에 의해 저질러진 폭력 중에서 공격자 3명 중 2명은 그 공격 전에 술을 마셨다는 것입니다.

컬럼비아대학교의 포스터 박사는 전체 미국 알콜 소비량의 절반이 미성년자나 과음하는 성인들이라는 것을 발견했습니다. 질병통제예방센터의 나이미 박사는 술을 과도하게 마셔 자제력을 잃은 사람 중 절반은 평소 과음하는 사람이 아님을 것을 발견했습니다. 사실 과도하게 마셔 떠드는 음주자 중의 73%는 적당한 음주자였으며 이러한 사건들의 69%는 26세 이상 성인들에게서 일어났습니다. 과도한 음주자들은 적당한 음주자들보다 14배나 음주 운전할 위험이 있습니다. 자더 박사에 의하면 혈중 알콜 농도 0.08%에서 0.1%인 16세~20세의 음주 운전자들은 혈중 알콜이 전혀 없는 젊은이들보다 교통사고로 죽을 위험이 52배다 높았습니다. 경찰청에 따르면 음주운전 교통사고는 매년 2만여 건 꼴로 발생하고, 연평균 552명이 목숨을 잃었습니다. 여성들은 특히 알콜 독성 영향에 취약합니다. 영국 옥스퍼드의 배럴 박사는 매일 술 3잔씩 마시는 여자들은 전혀 안마시는 여자들보다 유방암 위험이 46% 더 높으며 술을 한잔 더 마실 때마다 7.1%씩 위험이 증가했습니다. 아마도 태아는 알콜 해독에 가장 취약할 것입니다 덴마크 알허스대학병원의 케즈모넬 박사는 1주에 5병 이상 술을 마시는 임산부는 사산할 위험이 거의 3배인 것을 발견했습니다. "알콜과 건강에 관한 제10회 미국 의회 특별 보고"에 의하면 알콜은 성인 치매의 원인 중 알츠하이머 다음으로 흔한 원인입니다. 알콜을 계속적으로 마시면 뇌 세포의 손실을 가져옵니다. 심각한 경우에는 뇌의 손실량을 MRI에서 볼 수 있습니다. 그러나 어떤 복잡한 기계로 입증할 수 없을지라도 한 잔의 술을 마시는 것으로 뇌에 화학적 변화를 일으키기에 충분합니다.

담배를 피우는 여성은 안 피우는 여성보다 심장마비에 걸릴 위험이 5배나 높다는 것을 호주 로이얼뉴캐슬병원의 돕슨 박사는 발견했습니다. 그러나 담배를 끊은지 3년 후에는 심장병에 걸릴 위험이 낮아져 담배를 안 피우는 사람들과 같아진 것도 발견했습니다. 뉴캐슬대학교의 맥엘더프 박사도 담배 끊은지 1~3년 지난 남녀들의 심장마비 위험이 극적으로 감소한 사실을 발견했습니다. 시애틀대학교의 리 박사는 심장마비 후 겨우 살아난 흡연자가 담배를 끊은 후 두 번째의 심장마비 걸릴 위험이 흡연을 계속 할 경우 비 흡연자들보다 50% 컸으나 담배를 피우다 금연한지 3년 뒤에는 금연자 수준으로 급감했음을 발견했습니다. 다른 보고서에 의하면 담배를 끊은지 20년 된 사람들의 폐암 걸릴 위험은 현재 흡연자의 위험의 4분의 1밖에 안 된다고 제시했습니다. 보스톤 브리함여성병원의 퍼치 박사는 췌장암의 위험이 담배를 끊은지 꼭 2년만에 절반으로 감소한다는 것을 발견했습니다. 런던 로이얼프리의과대학교의 워너매디 박사는 흡연자들이 담배를 끊었을 때 뇌졸중에 걸릴 위험이 절반 이상 줄었다는 것을 발견했습니다. 덴마크의 한 연구에 의하면 흡연자가 담배를 끊었을 때 기관지염과 폐기종으로 입원한 숫자가 43% 감소했습니다. 프랑스의 한 연구에서 연구자들은 금연한지 25년 되었을 때 방광 암 위험이 80% 감소했다는 것을 발견했습니다. 마지막으로 미국암협회의 치오 박사는 담배를 안 피운 기간이 길면 길수록 대장암 위험이 그만큼 낮아진다는 것을 발견했습니다. 담배를 끊으면 보상이 따릅니다. 노력했지만 금연이 어렵다고 느낀 사람들에게 도움 되는 조언을 하겠습니다.

♥ 술, 담배를 끊을 날짜를 정하고, 차차 줄이다가 끊지 말고 한번에 끊어라.
♥ 금주, 금연한지 첫 2, 3일간은 오로지 신선한 과일과 100% 과일즙만 먹어라.
♥ 이후부터는 식물성 음식을 먹고, 식간에 매일 200cc 컵으로 10~12잔의 물을 마셔라.
♥ 평생토록 카페인과 알콜을 마시지 말라.
♥ 저녁 식사는 되도록 매우 가볍게 먹어라.
♥ 금주 금연을 한지 한 2주 동안은 매일 복합 비타민을 먹어라.
♥ 100% 통곡류로 만든 빵(밥)이나 씨리얼로 전환하라.
♥ 식사 후에 걸어라. 특히 식사를 많이 했을 때에는 반드시 걸어라.

♥ 술, 담배 욕구가 강할 때 복식호흡을 깊게 천천히 하고, 물 한잔을 마시거나 잠깐 걸어라.
♥ 당신의 창조주를 진실한 분, 진정한 친구로 모시고 그분을 보다 더 잘 알기 위하여 매일 아침 첫 번째로 그분과 대화를 나누며 깊이 생각하는 한 시간을 가져라.
♥ 매일 당신의 습관을 그분에게 맡겨라. 당신의 중독된 습관을 정복하도록 도울 하늘의 능력을 그분께 간구하라. 그러면 자유의 길로 인도하실 것이다.
♥ 술,담배의 옛 습관으로 돌아가기 쉽게 하는 것은 환경이나 장소나 무엇이든 피하라.

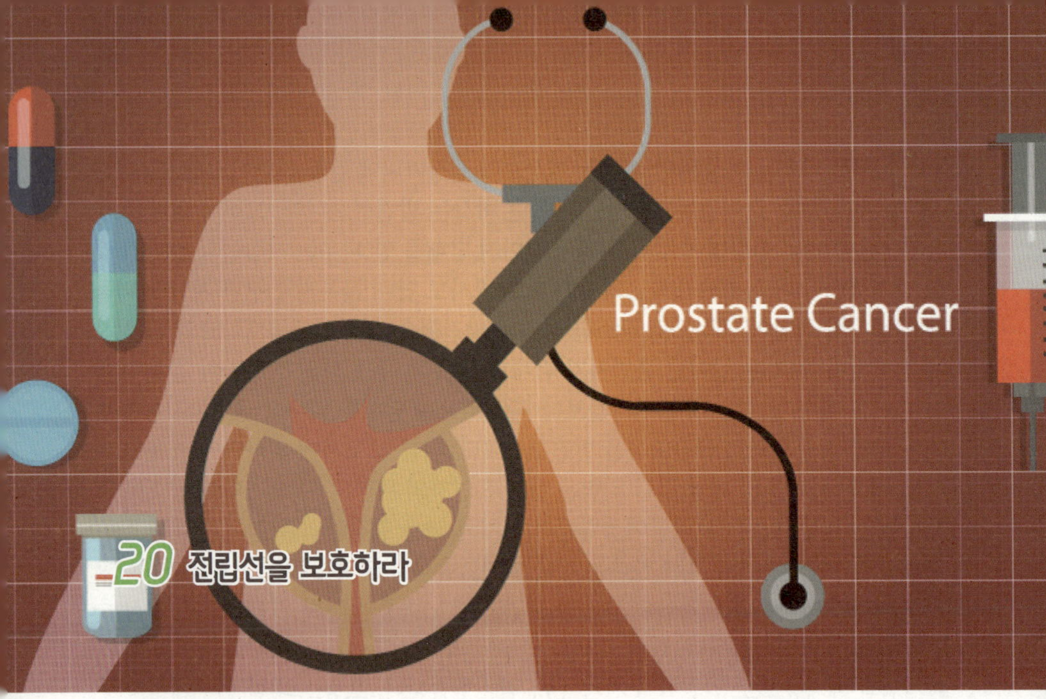

20 전립선을 보호하라

전립선암을 고찰하면서 몇 가지 용기를 주는 자료를 살펴보겠습니다. 듀크대학교의 브르크 박사와 동료들은 높은 셀레늄 수치를 가진 남자들이 셀레늄 수치가 가장 낮은 남자들보다 전립선암에 걸릴 위험이 76% 낮다는 것을 발견하였습니다.

로마린다대학교의 재콥슨 박사는 하루에 한 번 이상 두유를 마시는 사람들이 두유를 드물게 혹은 전혀 안 마시는 사람들보다 전립선암에 걸릴 위험이 70% 낮다는 것을 발견하였습니다.

아호넨 박사는 암의 원인과 조절이라는 잡지에 그들의 혈중 비타민 D가 높은 남자들이 비타민 D가 가장 낮은 남자들보다 전립선암에 걸릴 위험이 1/3 이하라는 것을 발견하였습니다.

또 다른 연구는 허리둘레가 가장 적고 가장 낮은 인슐린 수치를 가진 남자들이 가장 큰 허리둘레와 가장 높은 인슐린 수치를 가진 남자들이 전립선암에 걸릴 위험의 12% 밖에 안된다고 보고하였습니다.

지오바누 박사는 국립 암연구소 잡지에 일주일에 토마토 10컵 이상 먹는 남자들은 일주일에 한 컵 반 이하 먹는 남자들보다 전립선암에 걸릴 위험이 35% 낮다고 하였습 니다.

한 박사는 한 연구에서 유제품을 가장 적게 사용하는 남자들이 유제품을 가장 많이 먹는 남자들보다 전립선암에 걸릴 위험이 34% 낮다고 보고하였습니다.

마지막으로 한 연구에서 레이치맨 박사는 비타민 A 수치가 가장 높은 남자들은 비타민 A 수치가 가장 낮은 남자들보다 전립선암에 걸릴 위험이 절반도 안 된다고 보고하였습니다.

이와 같은 연구에 근거하여 다음의 지침이 전립선암에 걸릴 위험을 낮추는데 도울 것입니다.

- ♥ 토마토 퓨레(puree)를 많이 먹어라. (토마토 퓨레는 잘 익은 토마토를 으깨어 껍질, 씨 등을 없앤 과육이나 액즙 그대로를 토마토 펄프(tomato pulp)라고 하며, 이것을 소금을 첨가하지 않고 끓여 졸인 것을 토마토 퓨레(tomato puree)라 한다. 한국에 서는 흔히 가정에서 토마토를 믹서기에 갈아서 아무 것도 넣지 않고 끓인 후, 가열 소독한 유리병에 담아 아무런 보존제 없이도 수년씩 보관하며 먹는데, 이것을 토마토 캔닝이라고 부르기도 한다. 이것은 가정에서 간단히 할 수 있고 소화 흡수가 잘 된다.
- ♥ 날마다 브라질 넛(견과) 3개, 혹은 해바라기 씨앗 1컵을 먹어라. (셀레늄 400mg)
- ♥ 우유대신에 두유를 마셔라.
- ♥ 치즈 대신에 캐슈나 두부로 만든 소스(sauces-양념)를 사용하라.
- ♥ 흐린 날일지라도 매일 15분간 햇빛을 직접 쪼이라. 그러나 강한 햇빛을 너무 많이 쬐어 화상을 입지 않도록 조심하라.
- ♥ 햇빛을 보지 못해 비타민 D가 부족한 경우 날마다 비타민 D를 모두 합쳐서 1,000IU (25ug)~2,000IU(50ug)를 먹어라. 그러나 그 이상은 결코 먹지 말라.
- ♥ 십자화과 채소(cruciferous)를 많이 먹어라(적양배추, 브로콜리, 양배추, 컬리플라워, 케일, 청경채, 시금치, 배추 등).
- ♥ 귤과 황색 과일과 채소를 선택하라.
- ♥ 50세 이후부터는 매년 전립선 검사를 받고, PSA 검사(혈청전립선 특이 항원검사)를 받아라.

21 갱년기 장애를 극복하려면

갱년기 장애는 남성에게도 여성에게도 일어나는데, 특히 여성이 갱년기 장애를 호소하는 경우가 많습니다. 폐경이라는 특유 현상이 일어나는 것과 사소한 장애에도 관심을 가질 시간적 여유가 있으면 더욱 그렇습니다. 그러나 폐경은 어머니가 될 수 있는 기능이 정지한 것일 뿐, 결코 여성이라는 성 자체가 사라진 것은 아닙니다. 가령 지금 아이를 또 낳아야 하는 것이 아니라면 그다지 낙담할 것은 없습니다. 우리는 생물학적 존재로서의 사람인 동시에, 문화적 존재로서의 인간으로 살고 있습니다. 폐경 따위에 관계없이 삶의 방식 여하로 얼마든지 존재 가치가 있습니다. 고령자들을 보면 남성보다 여성이 더 활력 있습니다. 생명력이 강하고 순응성이 높기 때문입니다. 다만, 폐경이 어떤 장애와 결부된 경우라면 문제가 될 수 있습니다. 그러나 장애가 올 때 오히려 체질과 생활 방식을 바꿀 수 있는 좋은 기회가 됩니다.

대개의 여성은 초조, 결혼, 임신, 출산과 같은 호로몬 분비의 관문을 지납니다. 폐경도 그 관문의 하나인데, 특히 이 시기에만 장애가 일어나는 것은 아닙니다. 갱년기 장애가 일어나는 근본 원인은 다른데 있습니다. 생리 기능적으로 보면 갱년기 장애의 직접적 원인은 성 호르몬의 분비 부족, 자율신경실조, 정신적 스트레스의 영향을 들 수 있습니다. 난소에서는 난포 호르몬과 황체 호르몬 두 가지 호르몬이 분비되고 있는데, 여성다움을 만들기도 하고 여성 특유의 기능을 유지하기도 합니다. 나이와 더불어 난소 기능이 저하됨에 따라 이들 호르몬의 분비도 감소됩니다. 이 사실 자체는 자연적인 변화로서, 조만간 누구에게나 일어나는 일입니다. 그런데 난소 기능의 저하가 급격해

지면 몸의 여러 부위에서 서로 관련을 가지고 작용하고 있는 내분비 기능 전체가 혼란스러워지기 시작합니다. 물론 반대로, 다른 내분비선의 기능 저하가 원인이 되어 내분비 기능의 혼란이 일어나고, 그것 때문에 여러 호르몬의 분비가 급격히 감소하기도 합니다. 어느 쪽이든 내분비 기능의 혼란이 일어나면 불안감이 높아지거나 화끈거리는 느낌이 없어지지 않거나 합니다.

자율신경은 혈관이나 내장에 분포해 있는 교감신경과 부교감신경이라는 상반된 작용을 가진 두 종류의 신경으로 서로 균형을 유지하면서 각각의 기관조직의 기능을 그때그때 필요한 상태로 유지합니다. 예를 들면, 잠을 잘 때면 위장에서는 부교감신경이 우위가 되어 기능이 왕성해지고, 몸 성분의 생합성이 활발히 이루어집니다. 반대로, 사업에서 부도 나거나 할 때는 느긋하게 음식을 먹거나 할 여유가 없으므로 교감신경이 우위가 되어 위액의 분비는 매우 나빠집니다. 이 자율신경의 기능이 떨어지면 여러 가지 장애가 나타납니다. 특히 중년 이상이 되면 혈행불순이나 동맥경화 등과 겹치기 쉬우므로 현기증, 냉증, 두통, 어깨결림, 불면 등의 증상을 일으키기 쉽습니다. 또 이 시기에 정신적 스트레스가 일어나기 쉬운 것은 몸 전체가 쇠약해지고, 그만큼 저항력이 약해져 있기 때문입니다. 이유없이 비꼬이기도 하고, 몸의 변조를 필요 이상으로 호소하기도 하며, 초조감이나 히스테리 등이 일어나기 쉽습니다.

뇌와 눈, 귀, 피부의 쇠퇴를 막는 식품을 적극적으로 섭취하는 것이 도움이 됩니다. 갱년기 장애는 물질대사의 불균형과 생리 기능 전체의 저하에 의해 나타난다 할 수 있습니다. 폐경이라는 사실 자체에 문제가 있는 것은 아니나, 때가 되면 낫는다고 내버려 두어서도 안 됩니다. 물질대사의 불균형이나 생리 기능의 저하는 영양의 균형이 깨어졌을 때 일어나는 현상입니다. 잘못된 식생활에 의한 장애는 나이가 들수록 나타나기 쉬워지므로, 음식의 섭취에 더욱 신경 쓸 필요가 있습니다. 백미나 육류, 우유, 계란, 흰설탕, 화학조미료 등의 식생활을 하고 있다면 현미, 채식으로 바꾸는 것이 무엇보다도 중요합니다. 특히 주식으로 현미를 섭취하는 것이 중요합니다. 현미는 압력솥을 쓰면 충분히 부드럽게 밥을 지을 수 있으므로 소화기에 지나친 부담을 줄 염려도 없고, 각종 유효성분을 보충할 수 있습니다. 풍부하게 함유된 비타민 B군은 자율신경 기능의 정상화에 매우 유효합니다. 비타민 E는 성 호르몬의 분비를 촉진하며, 피의 흐름을 원활하게 합니다. 그 밖에 비타민 C나 리놀산, 판토텐산 등 다채로운 성분이 신경과 호르몬 등의 조절 기능을 정상화 시켜 줍니다. 부식으로는 철에 따라 야채와 해조류, 버섯을 섭취하십시오. 특히 근채류는 냉을 방지하고, 해조류에는 칼슘과 요드, 인, 철 등 각종 미네랄이 함유되어 있어 적극 섭취하면 뇌와 눈, 귀, 피부 등의 쇠퇴를 막아 주는 효과가 탁월합니다.

갱년기 장애 회복을 위한 조언

- ♥ 정신의 안정을 유지하기 위해 노력한다. 스트레스에 시달리지 않도록 마음을 넓힌다.
- ♥ 과식과 편식을 피한다. 음식은 계획적으로 만들어 남는 것을 먹게 되는 상황을 만들지 말라. 언제나 똑같은 것을 먹으면 대사도 치우치게 되므로, 변화 있는 식단을 연구한다.
- ♥ 현미, 채식으로 바꾼다. 근치의 결정적 요건이다. 현미를 주식으로 하고, 야채(당근, 우엉, 마늘, 부추 등), 해조류, 버섯류(특히 목이버섯)를 부식으로 한다. 부족할 경우 선식이나 천연 건강식품을 보충한다.
- ♥ 근채류를 적극적으로 먹는다. 온실 야채를 즐겨 먹으면 몸이 냉하기 쉽고, 자율신경의 불균형이 일어나기 쉽다.
- ♥ 해조류를 끼니마다 먹는다. 해조류는 혈액과 호르몬의 조절계 기능을 건전하게 만든다. 그리고 풍부한 미네랄이 뇌와 감각기의 쇠퇴를 방지한다.
- ♥ 오미자, 맥문동, 당귀, 작약 뿌리를 각 5그램(1회분)씩을 달여서 한잔으로 마신다.
- ♥ 메밀은 몸의 조직에 활력을 주고 기력을 높이는 작용이 뛰어나므로, 주식 대신 자주 먹으면 좋다.
- ♥ 팥은 편통을 좋게 하며, 정혈 작용이 뛰어나다.
- ♥ 참깨는 리놀산과 칼슘이 풍부하여 뇌신경을 건전하게 유지하고, 노화를 방지한다.
- ♥ 인삼은 항스트레스력을 높이는 작용이 뛰어나고, 정신의 안정을 유지시켜 준다.

22 몸을 압박하는 의복과 악세서리

질병에 압도적으로 노출된 젊은 여성들의 생활습관이 있습니다. 요즘은 별로 액세서리에 대하여 말하지 않게 되었는데 액세서리라는 것은 건강에는 매우 위험합니다. 이를테면 박쥐에게 무게 0.3캐럿(0.06g) 되는 작은 목걸이나 귀걸이를 달아 두면 그 박쥐는 힘없이 넘어져 일어서지 못하게 됩니다. 이처럼 뱀에게도 목걸이를 걸면 그야말로 뱀이 기어 갈 수가 없게 되어 마치 하나의 막대기처럼 되어 뒹굴러 갑니다. 액세서리는 그만큼 위험한 것입니다. 사람도 그렇지만 몸을 컨트롤하고 있는 것은 머리로부터 명령을 실어 나르는 저주파 전기입니다. 이것은 각 신경을 통해 피부에까지 명령을 실어 나르는데, 목걸이나 귀걸이, 금속시계, 팔찌 등을 하고 있으면 그것이 합선되어 명령이 제대로 전달되지 않게 됩니다. 그러니까 목으로부터 아래쪽으로는 제대로 전하지 못하게 간섭이 되는 것입니다. 여성의 경우 액세서리를 함으로써 자궁근종이나 유방암 등이 매우 많이 생기게 되고 종양도 잘 생기게 됩니다. 이러한 질병들은 생활 습관과 식습관을 바꾸기만 해도 현저히 줄일 수 있는 것입니다.

액세서리에 대해서는 또 한 가지 문제가 있습니다. 사람은 25세 이후에는 하루에 뇌세포가 10만개씩 줄어간다는 점에도 관계가 있습니다. 액세서리를 하고 있으면 그대로 방전이 되어 뇌는 하루 종일 명령을 내보내고 있어야 합니다. 그렇게 되면 줄어드는 뇌세포의 양이 다시 3배가 되어 25세가 지나면 벌써 30만개가 감소하는 셈입니다. 이렇게 해서 발병되기 쉬운 병이 치매와 시력장애와 청각장애가 생기게 됩니다. 목걸이나 귀걸이를 하고 있는 사람은 모두가 시력과 청각장애가 생긴다고 해도 과언이 아닙니다. 좌우의 시력이 달라지는 것부터 시작하여 난시가 생깁니다. 또 귀는 대개 저음이 들리지 않게 되고 이명, 난청이 됩니다. 요즘은 젊은 사람 중에 귀가 잘 들리지 않는 사람이 많이 나타나고 있습니다. 이처럼 액세서리를 착용하는 것은 매우 위험한 생활습관입니다. 비록 자석, 게르마늄 같은 치료용일지라도 잠깐이 아닌 지속적으로 착용하면 인체 자체의 조절 능력이 수동적이 되어 기능을 상실하게 만들어 오히려 해롭습니다.

여성들에게 심각한 또다른 문제는 굽이 높은 하이힐입니다. 뒷굽이 1cm 높아지면 혈압이 10mmHg 올라가게 됩니다. 만일 5cm가 높아지게 되면 벌써 혈압은 50mmHg가 오르는 셈이 되므로 신발을 벗는 순간 갑자기 혈압이 내려가므로 저혈압과 같이 눈앞이 캄캄해지는 수가 있습니다. 뒷굽을 높게 하는 것은 매우 위험한 일입니다. 따라서 될 수 있으면 굽이 낮은 신발을 신는 것이 바로 건강에 도움이 되는 것입니다. 미국 여성은 이 점을 잘 알고 있습니다. 요즘은 대개 하이힐을 신지 않습니다. 평소의 생활에서는 역시 굽이 낮은 신발이 편리하고 활동적입니다. 요즘 시대는 일상적으로 하이힐을 신고 있으면 남의 웃음 거리가 될 정도가 되어 있습니다. 미국의 여성들에게 있어서 하이힐은 특별한 경우를 위해 핸드백에 넣어 가지고 다니는 것이 보통입니다. 여성들은 특히 여러 가지로 주의가 필요합니다. 젊은 어머니들에게 말하고 싶은 것은 어린 딸아이에게는 액세서리를 절대로 몸에 지니지 않도록 해야 합니다. 목걸이나 귀걸이를 해준 두 살 난 여자아이가 자궁을 떼어내지 않으면 안되었던 예도 있습니다. 한편 남성도 목걸이나 귀걸이를 하고 있는 사람이 있는데 이것은 그야말로 정력을 망가뜨리는 원인이 됩니다. 이것은 동물실험으로도 확인되었으며 수컷으로서의 구실을 하지 못하게 되었습니다. 그 동물은 수컷 구실을 못하므로 가엾게도 한쪽 구석에 웅크리고 앉아 있는 태도만 취하고 있었습니다. 그러므로 절대로 그런 것을 몸에 지니지 않도록 해야 합니다.

여성들이 입는 옷도 매우 심각합니다. 허리를 조이거나 드러내는 옷, 허벅지 피부를 조이거나 하반신을 찬바람에 노출시키는 옷은 인체의 흐름을 방해하는 대표적인 의복입니다. 가슴을 조여 압박하는 브레지어도 마찬가지입니다. 거들도 주의가 필요합니다. 인간의 허리 신경에는 일종의 중계탑이 있는데 여성 자신의 입고 있는 거들은 이 중계탑을 조이고 있게 됩니다. 이 탑에는 대퇴부나 무릎의 관절 안쪽에 있는 근육으로 인간이 일어서거나 앉거나 걸을 때에 몸을 지탱해주는 전달회로가 들어 있는데, 계속 조이게 되면 이 탑이 망가지게 되는 것입니다. 그렇게 되면 근육은 움직이지 않게 됩니다. 이렇게 되면 뼈에 무리가 와 몸이 줄어들어가는 변화가 생깁니다. 그리고 정형외과에 가면 잘 알 수 있는 일이지만 무릎의 관절염이라는 것은 대게 여성들에게 생깁니다. 남성의 경우는 부상에 의해 생기는 수가 많고 여성의 경우는 거들의 착용이나 허리를 조이는 생활 때문에 무릎의 근육 신경이 망가져 생기는 것을 알 수 있습니다.

앞에서도 말했듯이 신경은 저주파 전기의 전달에 의한 것입니다. 액세서리나 거들 등은 말초신경을 조금씩 마비시킵니다. 또 근육도 조금씩 굳어져가고 관절도 휘어져 갑니다. 그렇게 되면 신경 신호의 전달은 줄어들 수 밖에 없습니다. 이렇게 해서 근육의 작용은 완전히 멈추고 허리나 발, 다리, 손 등이 굽어져 갑니다. 다리를 질질 끌고 정형외과를 드나드는 여성의 발가락을 보면 예외 없이 모두가 굽어져 있는 무지외반증입니다. 그래도 양말을 신고 있을 때에는 저주파의 전기가 어느 정도 유지되는데 양말을 벗고 맨발이 되는 순간 자리에 웅크리고 앉게 됩니다. 이것은 발가락에 전혀 신경이 없기 때문입니다. 이와 같은 무서운 일이 생기고 있습니다. 또 주의해야 할 것은 순면 속옷을 입고, 침실의 몸이 닿는 침구는 면으로 된 것을 사용하여 정전기를 방지해야 합니다. 의복이 일으키는 정전기가 몸의 철분과 자기에 영향을 끼쳐 누전이나 단전을 일으켜 체온을 조절할 수 없게 됩니다. 이때의 자기장은 적혈구를 엉겨 붙게 만들어 말초 혈관의 흐름이 막혀 온갖 질병의 원인이 됩니다. 그러므로 이러한 점에 앞으로 더욱 주의하고 특히 아이들에게는 절대로 액세서리를 착용하지 않도록 해야 하며, 상체와 하체의 흐름을 단절시키는 의복과 해로운 습관들을 제거해야 합니다. 가장 좋은 의복은 인체 순환이 잘 되도록 가장 편하며 활동에 자유로우며, 몸의 온도 유지와 보호하기에 적절한 의복입니다. 그렇지 않으면 더욱 많은 유방암, 자궁암, 순환 장애, 불임, 각종 신경통과 생활습관병이 여러분의 몸과 정신을 구속하게 될 것입니다.

- ♥ 목걸이, 귀걸이, 반지, 팔찌, 금속시계, 금속벨트 등 모든 악세서리를 몸에서 제거하라.
- ♥ 몸의 전기 흐름을 방해하는 헤드폰, 이어폰 등을 오래 착용하지 말라.
- ♥ 머리, 가슴, 허리, 허벅지, 발목, 발 등을 조이는 모자와 브레지어, 거들, 벨트, 쫄바지, 의복 등과 발목을 조이는 양말은 몸에 작은 압박도 주지 않는 것으로 바꾸라.
- ♥ 특히 날씬하게 보이게 하려는 허리를 조여 장기를 압박하는 것은 절대로 피해라.
- ♥ 몸을 따뜻하게 하지 못하는 핫팬츠, 미니스커트, 배꼽바지 등은 긴 옷으로 입으라. 심장에서 먼 허리 이하 하반신은 따뜻하게 감싸야 한다.
- ♥ 정전기가 나는 옷은 피하고, 특히 속옷은 순면이나 정전기가 없는 것으로 입으라.
- ♥ 침구는 가급적 순면으로 하되 특히 몸이 닿는 쪽은 정전기가 없어야 한다.
- ♥ 침실에서 양이온이 많은 것들(전자제품, 금속, 플라스틱 등)은 가급적 치워라.
- ♥ 양말은 순면으로 발목을 조이지 않는 것으로 선택하고 발은 최대한 따듯하게 하라.
- ♥ 물을 가급적 인체온도와 같은 온도로 충분히 먹어 신체 수분량을 충분히 유지하라.
- ♥ 인체 염도(0.9) 이하의 저염식은 오히려 순환을 저해한다. 적절한 좋은 염분을 섭취하라.
- ♥ 야채수 요법으로 체세포 재생을 최대한 살려 체질을 바꾸라.

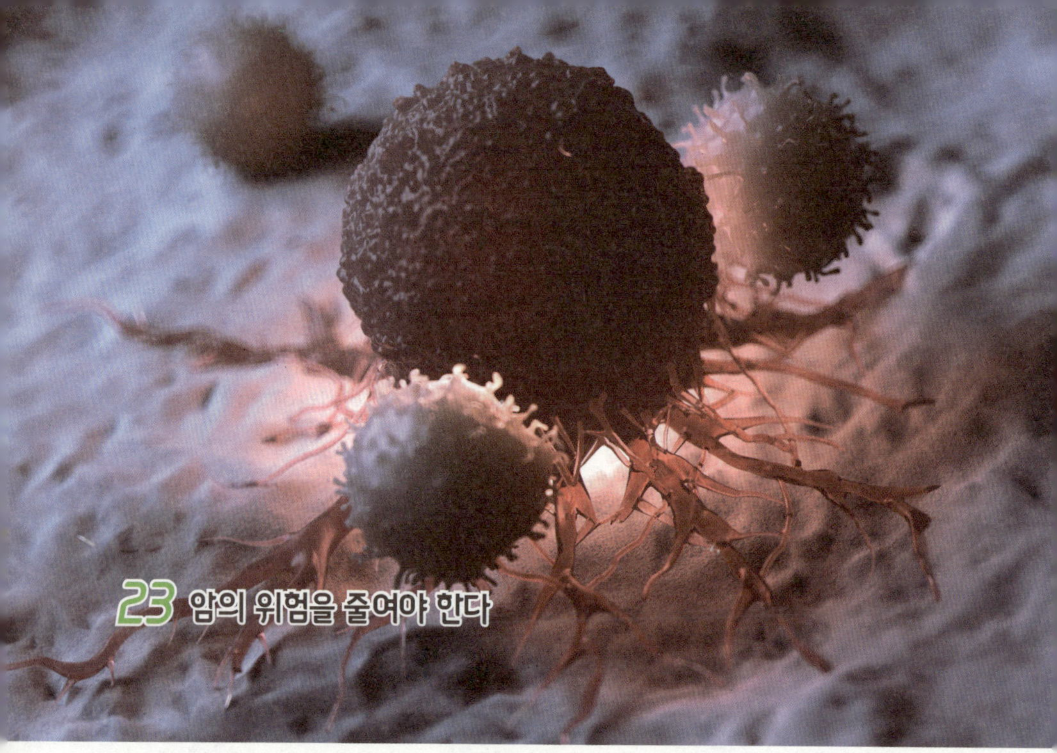

23 암의 위험을 줄여야 한다

암은 미국인들의 두 번째로 많은 사망 원인입니다. 그러나 미국 암 협회는 암 환자 중 3분의 1은 빈약한 식사와 관련되었고 다른 3분의 1은 흡연과 관련되었다고 평가하였습니다. 그러므로 암 가운데 3분의 2는 충분히 예방할 수 있는 상태였던 것입니다. 특히 담배를 피우는 사람들에게 식이요법과 운동은 암을 예방할 수 있는 가장 강력한 수단입니다.

2016년 9월 27일 통계청이 공개한 '2015년 사망원인통계' 자료를 보면 지난해 한국인 중 사망자 수는 총 27만5895명으로, 전년보다 3.1% 늘었습니다. 지난해 한국인을 죽음에 이르게 하는 가장 큰 원인은 통계집계를 시작한 이후 33년째 여전히 '암'으로 나타났습니다. 한국인의 사망원인 1위는 악성신생물(암)이었습니다. 지난해 총 7만6855명이 각종 암 질환으로 목숨을 잃었습니다. 인구 10만명당 암 사망률은 150.8명이었습니다. 암 종류별 사망률은 폐암(34.1명)이 가장 높았고 간암(22.2명), 위암(16.7명)이 뒤를 이었습니다. 10년 전인 2005년 위암 사망률은 22.5명으로 폐암에 이어 2위였지만 점차 줄어 지난해 16.7명을 기록했습니다. 반면 대장암은 2005년 12.4명에서 지난해 16.4명으로 늘었고, 췌장암도 6.9명에서 10.7명으로 급증했습니다. 대장암과 췌장암은 서구화된 식습관의 영향을 받는 대표적인 질환으로, 앞으로도 이로 인한 사망 증가세가 이어질 것이라는 분석입니다. 연령별로 암 사망률을 보면 30대는 위암이 1위였고 40·50대는 간암, 60세 이상은 폐암으로 나타났습니다.

미국암연구소와 세계암연구재단은 암의 위험을 낮추는데 있어서 식사와 영양의 역할에 대한 과학적 문헌을 광범위하게 재검토하기 시작하였습니다. 12개국에서 온 20명의 연구자들은 10,000개의 과학적 문헌을 검토하고 그들이 발견한 결과를 2006년에 발표하였습니다. 본 장에서 제시되는 정보는 1997년에 발표된 재검토 보고서에 기초한 것입니다. 이 보고서에 의하면 전 세계적으로 암 환자의 30~40%는 즉 일년에 3~4백만 명의 암 환자는 적절한 음식과 운동과 적절한 체중 조절로 능히 예방할 수 있다는 것입니다. 특히 흡연자든 비흡연자든 폐암 환자의 20~30%는 과일과 채소가 풍부한 음식으로 예방할 수 있을 것입니다.

연구자들은 또한 위암 환자 중 66%~75%는 채소와 과일이 많은 음식을 먹고, 소금을 줄이고 소금에 절인 음식을 적게 먹음으로 예방할 수 있다는 것을 발견하였습니다. 연구 위원들은 또한 알코올을 피하고 적절한 체중을 유지하며 규칙적인 운동을 하면서 채식 위주의 음식을 먹을 때 유방암의 위험을 33~50%까지 줄일 수 있다는 것을 발견하였습니다. 그러나 최상의 보호를 받기 위해서는 이와 같은 습관들을 사춘기 때부터 시작해서 장년기까지 유지해야 합니다.

그 보고서에는 또한 규칙적인 운동을 하면서 술을 끊고 채소는 많이 먹고 고기는 적게 먹음으로써 대장암의 위험을 66~75%까지 줄일 수 있다고 기록되었습니다. 이와 같은 발견을 뒷받침 해 주는 것은 암에 관한 유럽의 전향적 연구 결과가 있습니다. 4년 반 동안 12개 국의 50만 명의 유럽인들을 추적한 것인데 가장 많은 양의 섬유질을 먹는 사람들이 섬유질을 가장 적게 먹는 사람들보다 대장암의 위험이 40% 감소되었습니다.

오로지 식물만이 식이섬유를 가지고 있기 때문에 식물성 식품을 가장 많이 먹는 사람들이 대장암에 걸릴 위험이 가장 낮은 것입니다.

미국암연구소 보고에 의하면 알코올을 끊고 채소와 과일이 풍부한 음식을 먹으면 구강암과 인두암을 33~50%로 줄일 수있다는 것을 발견하였습니다. 마지막으로 이 연구위원들은 아폴라톡신으로 오염된 음식을 피하고 술을 마시지 않을 때 간암의 33~66%까지를 예방할 수 있다고 결론 내렸습니다.

암을 예방하기 위해 다음의 권면을 유의하십시오.

♥ 채소, 과일, 콩, 통곡류가 풍부한 곡물로 된 식물성 식품을 선택하라. 콩과 통곡류는 반드시 완전히 익혀서 먹어야 한다.
♥ 날마다 채소와 과일은 5컵씩 먹어라. 브로콜리, 아스파라거스, 콜라비, 양배추과의 녹색채소들이 좋다. 과일은 진한 노란색 계통이 유익하다.
♥ 통곡류, 콩, 뿌리채소를 날마다 7컵 이상 먹어라. 특히 당근, 비트가 좋다.
♥ 콩과 식물은 일주에 5번 이상 섭취하되, 청완두 같은 덜익은 콩은 페닐알라니과 리진이 많이 포함되어 있으므로 일주에 1~2번으로 규제하라.
♥ 치료를 위해서는 첫 석달동안 식사의 50~80%는 요리하지 않은 신선한 야채나 과일을 섭취하는 것이 좋다. 매 식사 1쪽의 마늘은 항암작용을 한다. 증기로 살짝 쪄도 좋다.
♥ 정제된 설탕을 피하라. 베이킹소다, 베이킹파우다 등이 함유된 식품을 삼가라.
♥ 고기를 피하라. 특히 붉은 고기를 피하라. 달걀, 우유, 버터, 치즈, 요구르트는 치워라.
♥ 지방 섭취는 전체 칼로리의 15% 이상 넘지 않도록 제한하라.
♥ 가공 처리된 기름을 피하라. 특히 쇼트닝, 마아가린, 동물성 지방은 금하고, 아보카도, 올리브, 가공되지 않은 신선한 코코넛 등을 섭취하라.
♥ 하루에 소금을 한 숟갈 이상 먹지 말라.
♥ 남은 음식은 즉시 냉장고에 넣어라.
♥ 첨가제나 잔류물이 첨가된 음식을 피하라. 화학 양념류, 화학조미료 등.
♥ 태운 고기, 불고기, 말려 소금에 절여 보존 처리된 고기, 고기 통조림, 훈제된 고기를 먹지 말라.
♥ 유해하거나 자극성 식품을 삼가라. 후춧가루, 매운고추, 계피, 식초, 몇몇 버섯.
♥ 야채즙이나 과일즙으로 식사를 대신할 경우를 제외하고는 식사 중에는 물이나 수프나 음료수를 먹지 말라. 커피, 차, 청량음료, 초콜릿으로 만든 음료수, 액체 약 등.
♥ 천천히 꼭꼭 입 안에서 죽이 되도록 씹어 삼키라.
♥ 운동량이 적으면 하루 2번 식사하라. 결코 간식을 하지 말고 식사시간 간격은 5시간 이상 되는 것이 좋고, 식사시간은 항상 일정해야 한다.
♥ 적어도 일주일에 한 시간 격렬하게 운동하라.
♥ 날마다 한 시간 활발하게 걸어라.
♥ 신체질량지수(Body Mass Index)를 21~23으로 유지하라.
♥ 어른이 된 뒤에 5kg(11파운드) 이상 체중이 증가되지 않도록 하라.
♥ 술을 마시지 말고 담배를 피우지 말라.
♥ 야채수 요법은 매우 효과적이다(무, 당근, 우엉, 말린 무청, 말린 표고를 정확한 비율로).

24 항암과 면역 조절을 위한 야채수

야채수는 다테이시박사가 1980년에 개발한 무 61% 당근 23% 우엉 13% 무청 1.5% 표고버섯 1.5% 의 다섯가지 뿌리 채소로 구성된 기적 같은 힐링 수입니다. 인체는 나이가 들면 체세포의 재생이 늦어지는 노화현상이 일어납니다. 야채수는 체세포의 재생 능력을 올려줍니다. 야채수는 인과 칼슘과 비타민D를 인체에 공급하여 세포의 콜라겐 움직임을 도와주어 인체를 성장시키고 노화를 방지하고 질병을 예방합니다. 특히 뇌신경세포를 활성화합니다. 또한 체내에 들어온 야채수가 화학반응을 일으켜 30가지의 항생물질을 만들어 냅니다. 그 속에서도 아미티로신과 아자티로신 같은 암세포에 달라붙는 특수한 물질이 증가하여 암은 3일만에 제압을 당해 성장을 멈추게 됩니다. 폐암으로 사망한 환자의 폐세포를 조사해 보면 다른 질병으로 사망한 사람의 폐세포보다 15배에서 23배 정도의 칼슘이 꽉 차있습니다. 그리고 꽉찬 칼슘 주위에 암세포가 들러붙어 있습니다. 폐암으로 사망한 환자 10명 중 9명이 이런 상태입니다. 또한 심장병으로 사망한 환자의 심장을 보면 99%가 심장 근육에 칼슘이 가득 차 콘크리트처럼 벽을 만들고 있습니다. 이처럼 인체의 질병이란 인과 칼슘과 비타민D의 균형이 깨져 칼슘이 석회화하여 생긴 현상입니다. 야채수는 인과 칼슘과 비타민D를 균형있게 공급하여 체세포와 콜라겐의 성장을 촉진시킵니다. 야채의 비타민 파괴를 염려해 채소는 생으로 먹어야 한다고 생각하는 분들이 많으나, 채소에 함유된 발암 억제물질은 가열했을 때 세포밖으로 녹아 나와 그 효과는 생채소의 10~100배로 매우 높다는 연구결과도 발표되었습니다. 마에다 교수 연구팀은 세포의 암화를 촉진하는 과산화지질 라디털을 시험관 속에서 만들어 채소의 암 억제 효력을 살피는 실험을 한 결과 날것보다 야채수가 10~100배나 그 작용이 강하다는 사실을 확인했습니다. 더욱 놀라운 것은 그 효력의 80~90%가 채소보다는 채소를 끓여낸 국물에 더 많다는 사실입니다. 항산화물질은 채소의 셀룰로오스(섬유소)로 이루어진 세포 속에 있으며 열을 가하거나 녹즙기로 짖이겨 섬유소를 파괴해야만 세포 바깥으로 나와 녹기 시작합니다. 암 억제 효과를 높이기 위해서는 야채수 형태로 먹는 게 더 좋습니다. 무나 당근, 감자를 넣고 끓인 된장국은 채소와 국물을 함께 먹을 수 있는 좋은 음식입니다. 다테이시 박사의 야채수를 하루에 150ml 씩 3번 마시고 나서 1개월 지나면 개선효과를 느끼고, 4개월이면 80% 개선효과가 나타나며 10개월이면 체질개선이 이루어집니다.

야채수 만들기

기본재료

무 - 1/4개 약183g, 당근 - 1/2개 약70g, 우엉 - 큰것 1/4개 약40g
말린 무청 - 1/4개분 약4.5g(3~5잎) 잎이 있을 때 햇빛과 바람 잘 통하는 곳에 말려 보관하고 사용한다.
건 표고버섯 - 1개 약4.5g(1개) 반드시 자연건조일 것. 없으면 건조 표고를 햇빛에 내놓거나, 날것을 구입해서 햇볕에 자연건조하면 비타민D가 생성된다.

조리법

1. 채소는 큼직하게 껍질째 썬다.
2. 냄비는 가능하면 내열냄비 사용(법랑이나 화학 코팅 냄비는 절대 사용 금지)
3. 채소 양의 3배의 물을 붓는다(물 1.5L에 채소 300g 비율)
4. 끓기 시작하면 약한 불에 1시간 더 달인다(중간에 뚜껑을 절대 열지 말라)
5. 완성되면 유리병에 넣어 차 대신 먹는다.
   (끓이고 그릇에 남아 있는 건더기는 된장국, 우동 국물에 넣거나 식사 때 먹는다.)

※ 유리병은 적당한 크기로 물에 넣고 끓여 소독해서 야채수를 넣으면 오래 보관하고 마실 수 있다. 또 야채수를 화분의 화소가 시늘었을 때 뿌려주면 건강해진다.

주의 사항

♥ 야채수라고 가볍게 생각 하지 말라. 야채수는 체세포를 강화하고 증식을 촉진하며 백혈구와 혈소판을 증강할뿐만 아니라, T세포의 활동을 3배로 증강시켜 강력한 인체로 만들어 준다.

♥ 채소를 많이 넣거나 더 많이 먹는다고 더 효과가 좋아지는 것은 아니다.
♥ 야채수는 인체 내에 들어가 화학변화를 일으켜 30종 이상의 항생물질을 만든다.
♥ 다른 약초나 그 외의 식물을 혼합하지 말라. 잘못하면 강한 독성으로 변하는 수가 있다. 기본 재료 외에는 사용하지 말라.(신장병 환자의 경유 별도로 참조할 것).
♥ 법랑이나 테프론 가공된 냄비는 절대 사용하지 말 것. 법랑 냄비나 테프론은 녹아 나온다. 가급적 유리나 도자기 냄비를 사용 하라.
♥ 신장병, 통증이 있는 사람은 절대 현미차를 먹지 말아야 한다.
♥ 스프와 현미차는 동시에 먹으면 효과가 반감하니, 15분 이상 간격을 두고 마셔라.
♥ 감기에 걸리는 것이 적어 진다.

먹는 법

◉ 암 - 매일 야채수와 현미차 600ml 이상을 섭취하면 암세포의 성장은 3일이면 완전 중지 되고 장기의 기능회복에는 1개월 걸리며 1년간 꾸준히 섭취하면 암이 치유된다. 통증이 있을 때는 복용중인 약을 병용하여 쓰면 통증이 완화된다.
◉ 심장병 - 심장병 환자는 야채수와 현미차를 매일 600ml 이상 20일 간 섭취하면 심장이 거의 정상으로 돌아온다. 심장병과 고혈압 환자 중 스테로이드계의 약들을 쓰고 있는 사람은 1개월- 2개월에 걸쳐서 서서히 약들을 끝내도록 해야 하며 급하게 약을 끊으면 쇼크가 올 수 있다.
◉ 백혈병 - 매일 야채수와 현미차를 600ml 이상 마시면서 서서히 약을 줄여 10일이 지나면 백혈구와 혈소판이 정상인의 1/3까지 회복된다. 약을 끊고 3개월 간 꾸준히 마시면 거의 정상으로 돌아오고 1년을 마시면 평생 건강한 몸으로 살아갈 수 있다.
◉ 시력회복 - 하루 야채수와 현미차를 600ml 이상 마시기 시작해서 10일째부터 눈이 흐릿하든지 침침하든지 여러가지 증상이 나타나는데 몇일 지나면 잘 보이게 된다. 야채수를 마시고 시력이 좋게 되어 안경을 벗게 된 사람도 많다.
◉ 뇌질환 - 모든 뇌장애를 포함한 간질병 발작, 뇌장애로 인한 보행불편, 언어장애, 요실금에 효과가 있다. 간질발작이 있는 사람은 야채수와 현미차를 매일 600ml 이상 3일 마시고 난 후부터 먹던 약을 서서히 줄이면서 꾸준히 3개월 이상 섭취한다.
◉ 노인성 치매 - 노인성 치매는 장기간에 걸친 잘못된 식생활로 화학물질이 뇌신경세포를 망가뜨려 생기는 증상이다. 알츠하이머병으로 사망한 환자의 뇌를 조사해 보면 뇌혈관과 뇌세포까지 색소를 비롯한 화학물질이 들어있다. 야채수와 현미차를 매일 600ml 이상 마시면 서서히 증상이 개선된다. 1년 꾸준히 섭취해야 한다.
◉ 아토피성 피부염 - 처음 1주일은 야채수 10cc와 비타민 B2를 먹고 피부반응을 보면서 20cc로 양을 서서히 늘려주고, 피부가 나빠지면 2~3일 쉬었다가 먹는다.

야채수를 마실 때 나타나는 여러 가지 신체 반응

1. 안면, 수족, 전신에 반점이 나타나기도 하고, 가려움의 증상이 있을 수도 있다(이때에는 식용유나 맨소래담을 바른다). 오래도록 약물을 복용해 온 사람은 특히 그 증상이 심할수도 있다.
2. 아토피 피부염이 있는 경우 처음에부터 많이 마시면 피부반응이 심할 수 있다.
3. 두부외상, 뇌의 혈관장애 등이 있는 사람은 2-3일 정도 두통, 특히 머리가 깨짓듯한 증상이 있으나 걱정할 필요는 없다.
4. 대부분의 사람이 시야가 흐려지거나 눈 가장 자리가 가렵게 되는데, 이것도 2-3일이면 없어지고 그 후 시력이 좋아 진다. 안경을 쓰는 사람은 도수가 약한 것으로 하던지 되도록 안경을 쓰지 말라.
5. 과거에 폐결핵이나 폐에 질병 흔적이 있거나, 폐암 증상을 가지고 있는 사람은 섭취시 폐 질환 때문에 기침이 나오게 되므로 기침약을 꼭 미리 먹어야 한다. 기침약(꿀과 무로 만든 것, 아래 참조)을 2일 이상 1일 5-6회 먹은 후에 야채수를 먹는다.
6. 부인과의 질병이 있는 사람은 야채수를 먹기 시작하면 허리가 묵직한 감이 얼마 동안 있으며, 대하증이 많이 나오는 수도 있다.
7. 혈압이 높은 사람은 야채수를 1개월 정도 먹으면(바른 식사를 하면) 혈압이 내려간다. 혈압약은 3일째부터 양을 줄여 1개월 쯤에서는 약을 쓰지 않도록 한다. 갑자기 약을 끊으면 쇼크가 일어날 수 많다. 변을 시원하게 보는데 마음을 써야 한다.

기침약 만들기

재료 : 벌꿀, 무

1. 꿀 분량만큼의 무를 껍질째 씻어 큰 콩알만하게 썰어서 꿀 병 속에 넣고 2시간 지나면 무에서 약이 된다.
2. 큰 숟가락 하나를 따뜻한 물에 타서 1일에 4-5회 마시면 된다.

현미차 만들기

재료 : 현미 1홉(180cc), 물 8홉(1440cc)

1. 현미가 노릇노릇 할 때끼지 기름기 없는 프라이팬에 저어가며 타지 않게 볶는다.
2. 냄비에 물을 8홉 넣고 물이 끓을 때 현미 볶은 것을 넣고 불을 끄고 5분간 그대로 둔다.
3. 현미를 채로 받쳐 내고 그 물을 병에 보관하고 마신다.
4. 재탕은 8홉의 물이 끓을 때 1차에서 건져낸 현미를 넣고 5분간 약불에 더 끓인다.
5. 이 두 번의 물을 섞어서 마셔도 된다.

주의

♥ 현미를 씻을 때도 수돗물로 씻지 말고 소독약을 정수한 알칼리성 물로 씻어라.
♥ 증상에 따라 먹는 양 조절하라.
♥ 현미차는 다른 첨가물(설탕이나 꿀)을 절대로 섞어서는 안된다.
♥ 야채수와는 동시에 먹지 말고 15분 이상 간격을 두고 먹어야 한다. 동시에 먹을 경우 효과가 반감되므로 반드시 지켜야 된다.

◈ 야채수와 현미 차의 효과

야채수와 콜라겐(경 단백질)의 증강을 촉진시켜 연령에 관계없이 성장시의 어린이와 같은 신체를 만드는 원동력이 된다.

체내에 들어온 야채수는 화학변화를 일으켜서 30종 이상의 항생물질이 되며, 그 중에서도 아미치르신과 아자치로신과 같은 암세포에게만 달라붙는 특수한 물질이 생성되므로 암세포는 3일이면 제압되어 정상적인 체세포로 변할 수 있는 것이다. 이와 동시에 이 체세포가 암에 대한 면역을 가지게 되기 때문에 두 번 다시 암에 걸리지 않는다. 이와 같은 원칙에 의해 말기의 癌(암) 환자라 해도 100% 회복 된다.

산소 호흡을 하고 있는 환자라해도 45분 간격으로 야채수 200cc와 현미차 200cc를 번갈아 가며 카베테르를 사용해서 위 또는 장에 수입해 주면 체세포가 단순에 증가하기 때문에 생체 그 자체가 소생되어 회복이 되는 것이다. 이러한 경우의 환자에게 부여하는 야채수와 현미차는 1일 1리터 정도가 좋다. 다음날 부터는 환자 자신이 혼자 먹을 수 있게 된다. 단 주의할 것은 항암제 기타 의약품들을 투여하지 말아야 한다.

◈ 암의 치료법

매일 야채수 500cc, 현미차600cc 이상을 먹는다. 많이 먹어도 좋다. 환산왁진, 스미왁진을 병용할 것. 특히 통증이 있을 때는 환산왁진을 쓰면 아픔이 누그러진다. 암의 치료에 지방과 칼슘은 절대 금물이다.

상기 처방은 뇌 종양, 뇌연화, 혈전, 고혈압. 심장병, 간장, 포리프, 위십이장궤양, 모든 내장질환, 백내장, 무릎관절염, 기타 여러 가지 질병에 모두 사용한다.

야채수를 먹기 시작해서 10일째부터 눈이 흐리던지 침침하든지 여러가지 증상이 나타나는데 며칠이 지나면 잘 보인다. 야채수를 먹고 시력이 좋게 되어 안경을 벗게 된 사람도 많다. 1개월 이상 계속하면 20년이 젊어진다고 보면 틀림없다.

※ 채소는 언뜻 흔한 소재이지만 그 속에 "인간 생명의 원천"이 있습니다. 하나님은 창조시 사람에게 씨맺는 각종 채소(every herb)와 열매를 음식물로 주셨습니다(창1:29)

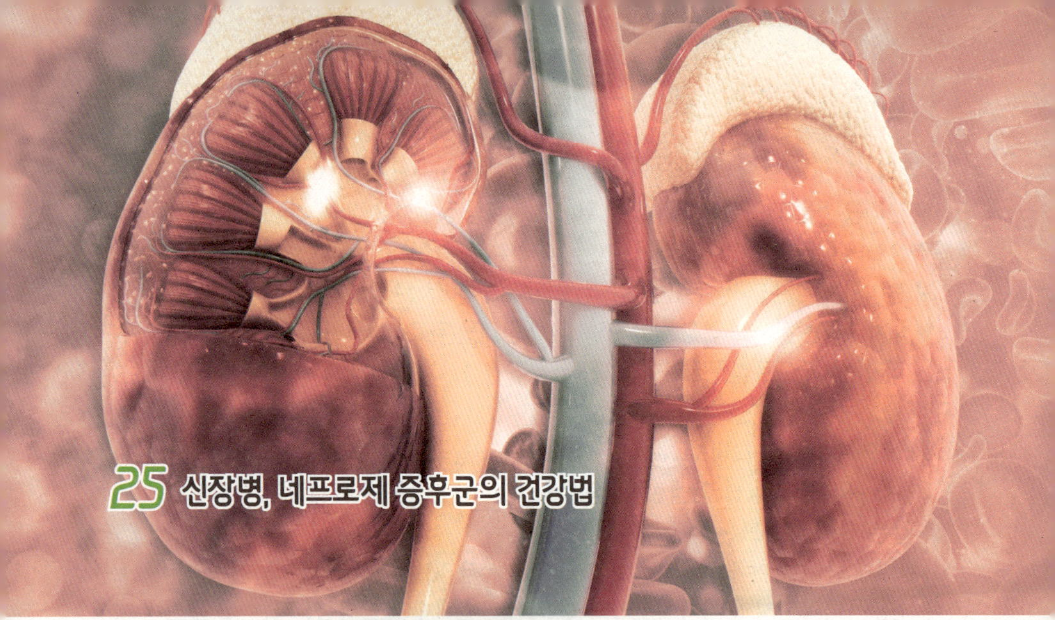

25 신장병, 네프로제 증후군의 건강법

신장은 신소체(사구체와 보만피막)와 세뇨관이 하나의 단위가 되어 혈액을 정상화하는데, 이 부분을 네프론(신원)이라 하고, 사구체 장애에 의한 신증후군을 네프로제 증후군이라고도 합니다. 대사적 특성은 다량의 단백뇨, 저알부민혈증, 고지혈증(고콜레스테롤혈증), 지방뇨, 부종 등이며, 증상으로는 단백뇨로 탁한 소변과 부종 등을 들 수 있습니다. 소변검사를 하지 않고 단백뇨를 알아차리기는 어렵습니다. 혈액의 알부민이 감소하는 저알부민혈증이나 고콜레스테롤혈증 역시 혈액검사를 통해 알 수 있습니다. 특히 속발성 신증후군의 경우에는 각각의 원인 질환에 대한 검사도 함께 이루어져야 합니다.

일반적인 신증후군의 치료는 부종을 경감시키기 위한 이뇨제와 원인 질환인 사구체신염에 대한 치료로 부신피질스테로이드제, 면역억제제 등이 사용됩니다. 이뇨제 외에 부종을 경감시키기 위해 대증요법으로 수분 및 염분의 제한을 실시합니다. 만성 신염이나 당뇨병에 의한 신증후군일 때는 단백질을 많이 섭취하면 요독증이 나타나기 쉬우므로 주의해야 합니다. 부종이 심할 경우 특히 발병 초기와 재발시(급성기)에는 더욱 엄격한 안정을 취해야 합니다. 치료 경과가 좋으면 서서히 운동을 허락합니다.

성인에게 신증우군 질환이 나타나는 경우 병원 치료가 잘 안되는 경향이 있습니다. 약으로 치료가 안 되는 이유는 신장 질환의 상당 부분이 먹는 것이 원인이 되어 생긴 병이기 때문입니다. 주된 원인은 바로 인스탄트와 동물성 위주의 식사입니다.

※ 육식을 과도하게 하면 실타래처럼 엉켜 있는 구조의 사구체는 솜털 같은 모세혈관들의 폐색이 일어난다. 그 결과 사구체와 세뇨관으로 구성된 네프론의 기능을 떨어뜨린다.

※ 육류, 조류, 생선, 달걀, 치즈와 같은 동물성 단백질은 소화 과정에서 엄청난 질소 노폐물 등 다량의 독소를 생산하여 신장이 하는 일에 부담을 가중시키고 염증의 원인을 제공한다.

육류, 조류, 생선, 달걀, 치즈와 같은 동물성 단백질을 삶거나 굽거나 튀겨 가열하면 이것들의 3차원 구조가 파괴되어 응고됩니다. 액체 상태인 달걀을 삶으면 단단해지는데, 이것은 열에 의해 단백질 분자의 결합이 끊어지기 때문입니다. 이러한 변화를 단백질 변성이라 합니다. 단백질 변성은 물이나 연한 소금물에 대한 용해도가 사라지는 것을 의미합니다. 아미노산이 소화기관의 막과 세포막을 통과하여 운반되기 위해서는 적절히 용해되는 것이 필수적입니다. 변성 단백질은 혈관, 림프관, 관절, 신경계 등 몸 안에서 염증 반응을 유발하는 위험 요인입니다. 변성 단백질은 암, 만성 심장질환, 관절염, 신경계 장애 등 수많은 질병의 원인이 됩니다.

그렇지만 우리 몸에는 이렇게 손상을 입은 수많은 단백질을 가능한 한 혈류에서 몰아낼 수 있는 구제 프로그램이 준비되어 있습니다. 변성 단백질 혹은 과잉 단백질은 일시적으로 결합조직에 보관되었다가 콜라겐 섬유로 전환됩니다. 콜라겐 섬유는 다시 모세혈관벽 기저막에 쌓입니다. 모세혈관벽의 기저막은 정상적일 때보다 10배까지 두꺼워질 수 있습니다. 비슷한 현상이 동맥혈관벽의 기저막에서도 일어납니다. 혈관벽이 점점 막힐수록 단백질이 혈류를 탈출할 수 있는 가능성은 점점 줄어듭니다. 그 결과 혈액은 탁해지고 신장이 혈액을 여과하는 일은 더욱 어려워집니다. 마찬가지로 신장에 혈액을 공급하는 혈관벽의 기저막에도 폐색이 진행되어 혈관이 점점 더 단단해지고 딱딱해집니다. 혈관벽이 단단해지는 과정이 더 많이 진행될수록 혈압은 증가하고, 신장의 전체적인 성능은 떨어집니다. 정상적인 경우라면 정맥혈관과 림프관을 통해서 제거되어야 할 신장 세포의 신진대사 노폐물이 점점 더 쌓이면서 신장의 기능에 악영향을 미치게 되는 것입니다. 이 모든 것을 통하여 신장은 너무 과중한 부담을 지게 되고, 더 이상 체액과 전해질의 정상적인 균형을 유지할 수 없는 상태가 됩니다.

앞서 신증후군을 비롯한 대부분의 신장 질환을 식원병 즉, 먹는 것이 원인이 되는 병이므로 원인을 제거하면 치료될 것입니다. 그러면 어떻게 제거하면 좋을까요? 가장 좋은 것은 생과일과 생채식 등 식물성 중심의 자연식입니다. 우리 몸은 질병을 유발하는 원인을 제거해 주면 신속히 회복하는 자체 자생력을 갖추고 있습니다.

♥ 자연식은 사구체라는 솜털 같은 모세혈관 덩어리들을 포함하여 그 어떤 혈관도 막히게 하지 않는다. 즉 혈관 폐색을 일으키지 않으며, 오히려 막힌 혈관을 뚫어주는 엽산, 비타민B군 등 식이 영양물질(phytochemicals)들로 가득 차 있다.

♥ 식물성 식품은 동물성 식품과는 달리 결코 독성 노폐물, 찌꺼기 등을 남기지 않는다. 흔히 과일이나 채소는 소화과정을 마치고 나면 섬유질이라는 찌꺼기를 남기게 되지만, 이 찌꺼기조차 우리 몸의 장이나 혈관에 결코 해를 끼치지 않는다. 오히려 장에 붙어 있는 노폐물을 흡수하여 밖으로 대변과 함께 배출하는 아주 이로운 역할을 하는데 필수적이다.

신장이 병들었을 때 기능을 회복하는 빠른 방법을 소개하겠습니다. 신장병과 네프로제 증후군의 건강법은 야채수와 현미수와는 다른 방법입니다. 이 건강법은 1천명의 환자들의 동의를 얻은 다테이시 박사의 임상실험에 의하여 7년간에 걸쳐 완성된 것입니다. 이 실험에서는

96%가 치유되었다는 것을 알게 되었습니다. 그 준비와 방법은 아래와 같습니다. 이 방법 이외의 치료를 동시에 하는 것은 피하도록 하십시오. 또 이 건강법의 실행기간도 꼭 지켜야 합니다. 이 건강법에서 사용하는 약을 만들어 먹고 15분 후에는 그 효과가 나타나며, 소변이 나오는 상태나 색깔과 소변의 냄새 등이 한꺼번에 정상화된다고 합니다.

신장기능을 회복하는 약

기본재료 - 개다래 5g, 감초 5g

제조법 - 개다래 5g과 감초 5g을 4홉의 물에 넣어 끓인다. 그리고 끓기 시작하면 불을 약하게 하여 약 10분간을 달인 다음 불을 끄고 식을 때까지 기다린다. 하루에 3번 나누어 먹는다.

주의사항

♥ 이 방법대로 해야 하며 결코 분량, 재료 등을 마음대로 변경해서는 안된다.

♥ 개다래는 여러 가지가 있는데 한의원이나 한약방에 가면 좋은 것을 고를 수 있다. 가늘고 긴 것은 전혀 효과가 없고, 작고 둥근 공모양으로 생긴 것(국산)이 좋다.

♥ 신장의 건강을 위해 이 음료를 사용하는 것은 1~2개월까지이다. 만성의 경우라도 결코 계속 사용하는 것은 아니다. 급성 신염 등 초기라면 1개월만 먹으면 된다.

♥ 달인 후 찌꺼기는 버리지 말고 다음날 다시 물 4홉을 부어 재탕하여 먹도록 한다.

♥ 신장 건강법은 개다래 100g과 감초 100g이 한 차례 먹는 양이 된다. 앞에서 말했듯이 재탕까지 하므로 한차례를 먹으려면 40일 정도가 걸리게 된다.

♥ 건강법이 끝나면 소변과 혈액검사를 받는다. 틀림없이 정상으로 돌아와 있을 것이다.

♥ 신장투석을 받고 있는 사람은 야채수를 아침 저녁으로 100cc씩 먹는 것부터 시작한다. 이처럼 증상이 심각하게 진행되어 있을 경우 절대로 좋아진다고는 단언할 수는 없기 때문이다. 그리고 신장병이라고 진단된 사람의 경우는 현미차는 절대로 먹어서는 안된다.

♥ 신장의 건강법은 40일이면 끝나므로 41일째부터는 아침, 접심, 최소 저녁 식전 30분 전에 야채수 180cc를 하루 3회, 약 5개월간 먹도록 한다. 그 후에도 계속해서 야채수를 먹고 있으면 병에 걸리지 않는 건강한 몸을 유지할 수 있을 것이다.

♥ 신장병이나 고혈압 등 질병이 있는 사람도 모두 염분은 피해야 한다고 단순하게 말하는 사람이 많다. 그러나 이것은 잘못된 상식이다. 식사 때에는 맛있게 먹고 배출할 때는 제대로 배출하면 되는 것이다. 즉 매실장아찌 1개를 염분으로 계산하면 5g의 해조류를 먹는 것과 같다. 녹미채나 미역을 5g씩 먹게 되면 뱃속에 들어간 염분은 모두 그 해조류에 흡수되어 변과 함께 나오게 된다. 그러므로 전혀 걱정할 것은 없다.

♥ 당뇨병, 간장병, 췌장병, 신장병 이외에 다른 질병이 있는 사람이라도 야채수를 먹고 있을 경우에는 간격을 두고 먹는다면 다른 식사제한은 할 필요가 없다.

♥ 면역력이 약해지므로 감기에 걸리지 않게 하며, 보온 등 체온 유지가 필요합니다.

효소절식을 권장하고 싶은 사람

1) 두통, 목이나 어깨의 뻐근함, 일어설 때 느끼는 현기증, 만성피로, 불면증, 요통, 식욕감퇴, 생리불순 등 자율신경 실조로 인한 제반증상과 갱년기 장애

2) 위염, 위궤양, 등 위장질환과 만성간염, 간경변 등 간장 질환

3) 병원에서의 진단 결과에는 이상이 없지만, 분명히 상태가 나쁘다고 생각되는 반건강의 상태

4) 알레르기성 체질

5) 잦은 과음으로 인한 숙취

6) 암, 고혈압, 당뇨 등 만성병 상태를 근본적으로 개선하기 위한 자연요법을 실시할 경우 제 1단계 요법

효소절식의 건강법을 실시하기 전에

위에 소개한 증상이나 병의 대부분은 의사에게 진찰받을 만한 것이 아니어서 자칫 소홀하기 쉽습니다. 가끔 뉴스에 "심부전으로 급사", "심근경색으로 사망" 등과 같은 기사를 읽을 때 마음이 답답합니다. 그들은 며칠 전까지 우리와 마찬가지로 원기 왕성하다가 급성 발병으로 한 순간에 사망한 것을 의미하고 있습니다. 그들은 우리와 마찬가지로 건강에 자신했을지도 모릅니다.

여기서 중요한 점은, 관심을 가지고 자신의 신체를 자신이 냉정하고 규칙적으로 관리하여 건강을 유지해 가는 것이 중요하다는 사실입니다.

이러한 면에서 이 효소절식요법은 체내의 각 장기와 세포에 쌓인 노폐물을 깨끗이 배설하여 각 장기의 활동과 모든 대사 기능을 활성화시키는 가장 합리적인 건강 관리법이라 하겠습니다.

참고로 건강진단의 기준이 되는 건강인의 정상적인 각각의 정상치를 표로 만들어 두었습니다. 참고 바랍니다.

24시간 효소절식 실시 요령

제 1 단계(준비)

★ 평소 구충제를 먹지 않았다면 2~3일 전에 구충제를 먹는다.

★ 휴일이나 맑은 날(육체적, 정신적으로 충분히 안정할 수 있는 날)에 시작함

★ 과채효소 원액 준비

★ 관장약 1개 준비(마그밀)

제 2 단계(1일째 24시간 효소 절식 실시)

★ 아침에 관장으로 숙변 제거

★ 과채효소 원액 60cc에 생수 2-3배 희석하여 1잔을 복용한다.

★ 아침, 점심, 저녁 1잔씩 3회 마신다.

제 3 단계(보식 1단계: 2,3,4일째)

★ 아침.점심.저녁 - 곡물효소 또는 생식을 생수나 두유, 녹즙에 타서 천천히 먹는다.

★ 식간 및 잠자기 전 - 효소원액 30ml를 생수 200ml, 함초(4g이상)와 함께 먹는다.

★ 보식1단계 까지는 체내 노폐물이 나오므로 배변완화제를 드시는게 효과적이다.

제 4 단계(보식 2단계: 5,6일째)

★아침,점심 - 잡곡밥(현미, 팥, 콩 등)을 평소의 1/3을 20~30분 꼭꼭 씹어 먹는다.

★ 저녁 - 곡물효소 또는 생식을 생수 또는 두유나 녹즙에 타서 천천히 먹는다.

★ 식간 및 잠자기 전 - 효소원액 30ml를 생수 200ml, 함초(4g이상)와 함께 먹는다.

★ 반찬은 생야채, 나물 위주의 반찬, 미역, 두부, 싱거운 된장국 조금(절대로 싱겁게, 기름지지 않게, 맵지 않게 먹는다 - 몸을 붓게함)

제 5 단계(보식기: 7일째부터 29일간)

★ 과채효소 원액 30CC에 물 3-4배 희석하여 1잔을 만든다.

★ 아침, 저녁(취침 전) 각 1잔씩 복용한다.

★ 유기농 식품을 섭취한다.

★ 식사량은 평시보다 20%정도 줄인다.

★ 식사 리듬, 수면 리듬, 배변, 배뇨 리듬, 운동 리듬을 조절한다.

주의

♥ 효소 절식 기간 중에는 가공식품(인스탄트)과 의약품, 피임약, 짠 음식 등 자극성 있는 식품은 피하고 담배나 술, 커피, 청량음료, 튀긴음식, 육식 등을 금해야 한다.

♥ 사람에 따라서는 이 기간 중에 방귀가 나오거나, 땀이 많이 나거나, 소변과 땀의 색이 변하고 냄새가 나며, 숙변을 보게 되는 등 평상시에 없던 일이 나타날 수 있는데, 이것들은 바로 체내 구석구석의 독소가 빠져나가 대청소가 잘 된다는 증거이다. 또 30일간의 기간 후 극도의 비만이나 만성병을 제외하면 좋은 효과가 나타난다.

♥ 절식은 굶는 것이 아니다. 평소와 같은 생활을 하십시오. 야채발효 효소는 소화흡수가 잘 되고, 풍부한 필수 에너지원인 양질의 영양소와 효소균을 제공하므로 평상시와 같은 식사를 하지 않아도 공복감을 느끼지 않으면서 몸 속에 들어있는 모든 독을 제거하고 피로한 장기들을 휴식시키므로 질병의 회복 치료에 매우 높은 효과를 갖게 된다. 이같은 휴식 기간에 신체 장기는 스스로 재정비함은 물론이고, 부족한 에너지를 얻기 위하여 축적되어 있는 지방, 혈관 속의 노폐물, 특히 콜레스테롤 및 병든 세포 등을 모두 융해하여 에너지로 삼고 찌꺼기를 버리는 소위 자기융해라는 대청소 작업을 실시하게 된다.

♥ 절식 기간 중에 어떤 다른 음식물(커피, 우유, 과자, 초콜릿, 술 등)을 마시면 개선효과가 감소하고, 간혹 복통이 생기는 경우가 있으니 절대 금하라. 절제하여 건강하고 날씬해지는 즐거움도 맛보라.

♥ 절식 기간 중 체내 노폐물이 매일 변으로 나오는데, 배변작용을 돕는 배변완화제(마그밀 2~3정)를 절식기간 중 저녁에 꼭 먹어라. 아침 기상 시 생수를 마시고 배를 맛사지 해주라. 이것은 장 운동과 오래된 숙변제거, 공복감을 해소하는데 효과적이다.

♥ 절식 후반기에는 숙변, 기생충, 결석, 점액 상태의 독소, 심지어는 종양 등도 배출되고, 입과 몸에서 냄새가 나며, 소변색도 갈색 혹은 주황색을 띄게 된다. 이는 신체가 대청소 되는 현상으로 신체의 전 기능이 건강하게 회복됨을 의미한다.

27 세균, 바이러스, 염증에 탁월한 숯 치료

숯은 오랫동안 서민들이 사용하여온 치료제로서 북미 인디안들은 청교도들이 미국을 정복하기 훨씬 전에, 숯으로 장내 가스로 인해 생긴 통증을 치료하여 왔으며, 동종 요법의사들(Homeopathic physicians)은 숯을 200년 이상 계속하여 사용해 왔습니다. 숯은 나무를 고정된 온도의 열로 태워 만든 것으로 흡착력이 아주 강한 치료제입니다. FDA(미국 식약청)에서는 숯가루를 안전하고 효과적인 치료제로 인정하였습니다. 숯은 11% 탄소, 9% 탄산칼슘, 78% 인산칼슘으로 구성되어 있으며, 버드나무, 유칼립터스, 소나무, 떡갈 나무 등으로 숯을 만들 수 있습니다. 숯은 현재 가정에서 없어서는 안 될 상비 치료제가 되었습니다. 숯은 거의 모든 것을 빨아들입니다.

숯의 흡착력은 미세한 입자 표면에서 나오는 것으로, 숯 1그램에 들어 있는 미세한 입자의 표면적을 계산해 보면 무려 400~1800 평방 미터나 됩니다. 그러므로 분말 상태의 숯가루 표면적은 상상할 수도 없는 엄청난 면적입니다. 곱게 갈아 활성화시킨 입자는 매우 작아서, 숯가루 1파운드(약 450그램) 안에는 약 5천만개의 입자가 들어있습니다. 이러한 놀라운 표면적을 통하여 숯이 가진 강력한 흡수력을 어느 정도 설명할 수 있습니다. 숯가루 ¼ 찻숟갈은 염화수은 1800mg, 질산 스트리키닌 950mg, 몰핀 800mg, 니코틴 700mg, 페놀 400mg, 알콜 300mg, 칼륨 시안화물 35mg을 흡수할 수 있는 놀라운 흡착력이 있습니다. 숯 특유의 흡착력은 숯가루 약 1리터로 80리터 정도의 암모니아 가스를 흡착할 수 있으며, 인체 내에서 무기산, 알카리, 소금, 철분 등은 흡수하지 못하므로 영양분을 흡착해 가지 않고 독성물질만을 흡착해 가는 놀라운 특성을 가졌습니다. 숯 입자는 가스, 이질, 세균, 바이러스, 세균성 독소, 고름들을 흡착하며, 화학물질, 상처 분비물 등도 흡착함으로 인체의 감염이나 염증에 큰 효과를 나타냅니다. 숯은 그 흡착력 때문에 방독면, 정수장 필터, 담배필터, 냉장고 안 탈취제, 섬유제조, 공기정화, 음료제조, 방사능 물질제거, 여러 가지 의료적 목적으로 사용되며, 내복용 혹은 피부 부착용으로 다양하게 사용됩니다.

이집트의 1550 B.C. 파피루스(Papyrus) 사본에는 여러 종류의 숯이 약으로 사용되어 왔다는 사실이 적혀 있습니다. 히포크라테스(400 B.C.)와 플라니(50 A.D.)는 숯을 사용해 간질, 현기증, 저색소성 빈혈, 탄저병 등을 치료했습니다. 세월이 지나면서 숯의 사용이 줄어들기는 했지만 19세기까지 꾸준히 사용되어 왔습니다. 1793년에 D.M. 켈(Kehls)은 숯이 궤양으로 인한 악취를 제거한다는 사실을 적었습니다. 켈은 숯을 물에 타서 양치질하고 과다 담즙으로 인한 증상치료에 사용을 권장했였습니다.

숯의 놀라운 치료기능은 1773년에 실(Scheele)의 연구에 의해 밝혀졌습니다. 숯은 많은 가스를 흡착한다는 것이 발견된 것입니다. 1785년에는 로윗트는 숯이 악취제거에 아주 효과적임을 발견하였습니다. 그 이후 숯은 설탕제조에 사용되기 시작했습니다. 19세기에는 악취제거에 사용하기 위해 나무가 아닌 다른 원료로 숯을 만들기 위한 수많은 노력들이 계속되었습니다. 1822년에는 뷰시(Bussy)가 혈액과 잿물을 사용하여 숯을 만들었고, 1865년에는 헌터(Hunter)는 숯을 코코넛 껍질로 만들었습니다. 다른 숯은 1863년에 토탄(Peat), 1868년에는 종이 토탄 등으로 만들어졌습니다.

♥ 위장병, 장염, 간염 등 내장의 이상에 ; 꿀 200그램 (7 온스), 올리브 기름 200그램(7 온스), 숯가루 300그램(1.5컵), 유칼립터스 기름 (Eucalyptus Oil) 5방울 정도를 함께 혼합하여 아침(공복)과 저녁(취침전)에 1-2 숟갈씩 복용한다. 숯은 아미노산, 약물 및 혈장에서 생긴 독소들을 흡수하므로 간 손실에서 일어나는 혈액확산을 치료할 수 있다. 급성 간 손실에 다량의 숯을 복용하면 혈액의 독화를 막을 수 있다.

♥ 소화불량, 설사, 장내 가스, 악취나는 대변을 배변하는 침상 환자들, 위궤양, 궤양성 대장염에 숯가루 1-2 찻숟갈을 한 컵의 물에 잘 풀어 빨대로, 혹은 그냥 마시든지, 혹은 2개의 캡슐이나 4개의 숯 정제를 3-4회 복용합니다. 숯가루를 올리브유에 잘 개어서 소화불량시에 복용하면 위를 깨끗하게 하며 좋은 치료효과가 있다. 숯가루 1-2찻숟갈을 물 1000cc 정도에 풀어 숯이 가라앉을 때까지 두었다가 위에 남은 맑은 물을 궤양성 대장염 환자나 검은 숯 물에 민감한 어린이나 위궤양 환자들, 변비증이 있는 사람들에게 물대신 계속 수시로 마시게 하면 상당히 좋은 효과가 있다.

♥ 통증 : 복통, 목 따가움, 이통, 삔데, 관절염, 늑막염, 다른 모든 통증에 숯 습포를 해 주면 여러시간 가라앉지 않던 통증도 대개 10분이면 가라앉는다.

♥ 대사장애 : 신부전증으로 고생하는 6명의 성인 환자에게 활성 숯을 4-8주간 먹이자 트라이 글리세라이드(Triglyceride) 수치가 평균 67%로 떨어졌다. 요소, 요산, 크레아틴은 별 변화가 없었는데 숯이 지방질과 담즙산을 한데 묶어 놓기 때문인 것 같다. 오랜 기간 신장 투석으로 몸이 가려운 환자는 숯을 복용하면 효과를 볼 수 있다.

♥ 삐었을 때 : 손목이나 발목을 삐었을 때, 처음에는 찬 얼음 물에 한참 담근 다음 뜨거운 물에 3분, 아주 찬 얼음물에 30초, 번갈아 가며 15-20분 계속 한 다음에 2큰술 정도의 숯가루와 밀가루를 섞어서 그 반죽을 삔 곳에 붙이면 효과가 좋다.

♥ 인후염, 편도선염, 복부에 염증이 있을 때 ; 환부에 숯가루를 넣어 만든 습포로 뜨거운 찜질과 찬 습포로 냉찜질을 번갈아서 하면 효능이 있으며, 1-2순갈 정도의 숯가루를 함께 복용하면 더욱 좋다.

♥ 구취 : 숯가루 양치 또는 숯정제를 입에 물고 있습니다. 과식과 간식을 금한다. 입안의 염증이나 헐은 데는 숯가루를 입안데 바르거나 숯정제를 물고 있는다.

♥ 감염과 염증 : 활성 숯은 세균, 바이러스, 세균성 독소, 호르몬, 조직액, 고름 등을 흡수하여 붓지 않게 하고 피부의 상처 분비물, 세균, 독소, 알레르기 등도 흡수하여 인체 감염이나 염증에 큰 효과적이다.

♥ 헐은 입, 입이 개운치 않을 때 : 숯가루를 입에 넣고 입천장과 입안의 각 부분에 숯을 바른다. 약 대신 숯가루로 양치하면 입은 까맣게 되지만 깨끗해진 입은 어느 경우보다도 빠른 효과적이다. 목 아플 때도 숯정제를 입에 물고 자거나 헐은 부분에 대고 자도 된다. 편도선염에도 목주위에 숯 습포를 적용하면 더 빠른 효과를 볼 수 있다.

♥ 상해치료 : 넘어져 눈 바로 밑을 다친 부인이 있었다. 온 머리가 아파 고통스러웠고 볼이 단단하게 부어 올랐는데 뜨거운 물에 숯가루를 타서 얼굴에 숯찜질을 한 후 아픔과 통증이 몇시간 후에 사라졌다. 한 소년이 돌 위에 넘어져 무릎을 심하게 다쳐 의사에게 가 보았으나 아무런 차도가 없이 목발을 짚고 다니고 있었는데, 하루에 한 시간 하루에 두번씩 뜨거운 물과 찬물에 교대로 무릎을 담그고 숯가루를 뜨거운 물에 개어 숯찜질을 했더니, 몇주 후에 부기가 다 빠지고 건강을 회복하게 되었다.

♥ 눈과 귀의 염증 : 눈의 조직이 염증으로 충혈되면 눈을 차게 해 주든지 뜨겁게 해 주든지 해서 숯찜질을 적용한다. 만일 눈을 따뜻하게 해서 기분이 좋으면 계속해서 따뜻하게 해 주고 만일 그렇지 않으면 차게 한다. 눈과 눈꺼풀, 귀의 봉와직염은 숯찜질로 효과적이다. 중이염이나 외이도염은 귀밖에 숯찜질을 하면 효과적이다.

♥ 독거미나 뱀에 물린 독 제거 : 되도록 빨리 물이나 올리브유, 아마씨 가루에 숯가루를 개어 물린 곳에 바르면 통증이 줄고 독이 흡착된다. 뱀에 물렸을 때에는 숯반죽을 10-15분마다 갈아준다. 숯을 다량(정제는 10정 이상, 가루는 2-3순갈 이상)복용하고, 통증과 부기가 지속되면 얼음 찜질과 다량의 숯을 규칙적으로 복용한다.

♥ 벌에 쏘인데 : 숯 반죽을 붙이면 아픔과 붓는 증상이 사라진다.

♥ 독소제거 : 1913년 버트랜드씨는 숯을 섞은 비소 5그램을 먹고도 살았으며, 1831년 타우어리는 프랑스 의학협회에서 쥐약으로 사용되는 스트리키닌 15그램(치사량의 10배)과 15그램의 숯을 먹은 후에도 아무 이상이 나타나지 않았다.

♥ 신생아 황달 : 혈청 빌리루빈(Bilirubin)치가 높아 황달이 있는 아기에게 숯가루 0.5그램을 충분한 물에 타서 젖병에 넣고 매 2-3시간 마다 먹인다. 생후 12시간일 때보다 생후 4시간일 때 숯 물을 먹이는 것이 더 효과적이다. 계속 숯 물을 먹이고 아기가 참을 수 있을 때까지 하루 1시간 정도씩 옷을 입히지 않은 채로 일광욕을 시킨다.

♥ 독버섯을 먹었을 때 : 독버섯을 먹은 후 24시간 이상 된 환자도 숯을 먹이면 효과적으로 치료할 수 있다. 의식이 없는 환자는 활성 숯을 위장관을 통하여 준다. 독성물질을 먹었을 경우에는 당장 그 먹은 독의 2배 정도의 숯가루를 물에 타서 먹고, 그 다음 계속해서 8-10배 정도의 숯을 복용한다.

♥ 옻 오른데 : 매일 8정의 숯정제나 숯 4캡슐, 숯가루 2큰술을 하루에 두 번 나누어 복용하며 숯을 물에 타서 숯 목욕을 한다. 또 옻의 증상이 나타난 부위에 숯습포를 하기도 한다.

※숯가루 먹는 양 : 숯은 가루, 과립. 정제, 캡슐로 되어 있다. 보통 성인일 경우 1회 복용량은 가루일 경우 큰 숟갈, 정제나 캡슐은 2-4개를 하루 2-3회 복용하는 것이 이상적이다. 장기간 숯가루를 복용하면 체내에 있는 영양분을 흡수하므로 좋지 않다는 주장도 있으나, 4개월 정도 복용해도 아무런 지장이 없다는 사실이 실험에 의해서 입증 되었다. 숯가루를 복용할 경우 물에 타서 마셔야 한다. 가루로 그냥 먹을 경우 숯가루가 기도에 들어가 어려움을 겪을 수 있다.

숯습포 만드는 법

재료; 숯가루, 아마씨, 밀가루나 풀, 무명천이나 거즈, 비닐종이, 테이프, 반창고

① 아마씨 3큰술(Tablespoon)을 믹서에 넣고 간다.

② 위 재료에 뜨거운 물 1컵과 숯가루 3큰술을 넣고 반죽을 만든다.

③ 식힌 후, 환부보다 좀 큰 무명천이나 거즈에 약 ¼ 인치(6mm) 정도 두께로 숯가루 반죽을 덮고, 그 둘레를 테이프로 붙여서 숯반죽이 새어 나오지 않게 한다.

④ 반창고로 숯 습포가 환부에서 움직이지 않도록 잘 고정시킨다.

* 숯습포는 6-8시간 마다 새로운 것으로 갈아 주어야 하는데, 숯습포를 뗄 경우에는 찬물 수건으로 환부를 세차게 문지른 다음에 약 1시간 후 다시 새로운 숯습포를 만들어 붙인다. 열린 상처에 직접 숯가루가 닿으면 피부에 검은 물이 들 수 있으니 주의하라.

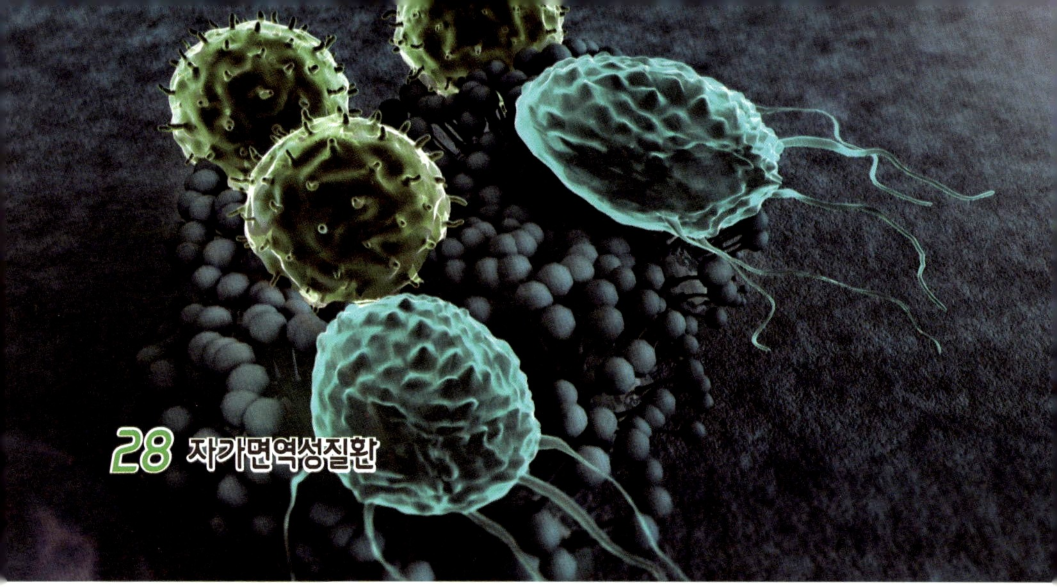

28 자가면역성질환

T임파구와 정신 계통과의 관계를 밝히기 위해 뉴욕의 와처스타 의과대학의 의사가 한 실험입니다. 쥐에게 사이클로스포린(T임파구를 죽이는 약으로 곰팡이에서 추출한 독소)을 주사하면서 주사를 놓을 때마다 설탕물을 먹였습니다. 쥐는 사이클로스포린이 무엇인지 모르고 설탕물만 먹었을 뿐인데 쥐의 T임파구는 서서히 죽어갔습니다. 일주일 후 쥐의 T임파구 중 90%가 죽어 버렸고 그대로 두면 면역력이 떨어져 사소한 병균에도 생명이 위험해질 수 있는 상태가 되었습니다. 모든 실험을 중단하고 이제 같은 쥐에게 좋은 먹이를 주며 사랑으로 보살펴 주니 놀랍게도 골수 속에서 새로운 T임파구들이 생산되어 일주일 만에 완전히 재생되었습니다. 본격적으로 T임파구와 정신 계통과의 관계를 밝히는 실험은 이제부터였습니다. 쥐에게 사이클로스포린은 주사하지 않고 설탕물만 먹이기 시작했습니다. 더욱 놀랍게도 T임파구가 죽기 시작했습니다. 이것은 설탕물이 갖는 상징에 T임파구가 반응한 것입니다. 쥐의 뇌는 그 약물의 의미를 알고 있기 때문에 사이클로스포린을 상징하는 설탕물만 먹어도 '내 T임파구들은 죽는구나' 하고 느꼈습니다. 이런 뇌의 생각에 T임파구는 아주 민감하게 반응합니다. 이 실험을 통해 T임파구와 정신 계통이 밀접히 연관되 있음을 알 수 있습니다. 물리 화학적인 조건 없이 심리적 고통만으로도 질병에 걸릴 수 있음이 증명되었습니다. 자가 면역성 질병이든, 이식 수술이든 T임파구가 원인이 아닌데도 현대 의학은 여전히 T임파구를 파괴하는 치료를 고수하며, 면역력이 떨어져 다른 병이 생기면 또 그에 맞춰 새로운 치료를 적용합니다. T임파구가 의미에 반응한다는 사실만 인정하면 간단히 고칠 수 있는데도 어렵게 만듭니다.

루프스 (홍반성 낭창), 자가 면역성 다발성 신경염, 치매증, 파킨슨씨병, 원형 탈모증 등과 간염이나 소아 당뇨병도 자가 면역성 질병이고, 에이즈도 에이즈 바이러스가 T임파구를 공격해 후천성 면역결핍증을 일으키므로 자가 면역성 질환의 일종입니다. 또 T임파구가 갑상선을 공격하면 갑상선염, 콩팥을 공격하면 만성 신부전증, 폐를 공격하면 자가 면역성 폐렴이 발병했다가 폐 경화증으로 진행되고, 관절을 공격하면 류머티즘성 관절염이 되기도 합니다. 면역 체계가 망가져서 내 T임파구가 내 몸을 공격해서 이 질병이 생기는 것이고, 이런 계통의 질병을 통틀어 자가 면역성 질병이라 부릅니다. 완치 방법은 오직 하나, T임파구의 공격적인 성격을 바꿔 본래의 사명인 면역 체계의 역할에 충실하도록 만드는 것입니다. 물론 여기에는 면역 체계를 활성화 시켜주는 음식물의 섭취가 수반되어야 합니다.

병균이나 변질한 세포를 공격해 죽이게 되어 있는 T임파구가 자가 면역성을 띠는 것은 뇌세포의 생각, 즉 의미에 반응하기 때문입니다. 우리는 부정적인 사고방식으로 생활할 때가 많고 쉽게 부정적인 말을 내뱉을 때가 많습니다. "속상하다" "죽고 싶다"는 말을 뜻 없이 반복하면 자신의 뇌세포가 그렇게 느끼게 되고, 자신도 모르는 사이 T임파구가 그 말에 반응합니다. 그럴 때 T임파구가 몸의 장기 중 가장 약한 부위를 공격해 정말 속이 상하도록 유전자를 죽이는 자해 행위를 합니다. 따라서 예방하거나 치유하려면 자신을 미워하는 마음부터 버려야 합니다. 불필요한 심한 죄책감이나, 다른 사람을 배려하기 위해 지나치게 자신의 고통을 참거나(기쁘고 우러나오는 감정으로 하면 좋지만), 지나친 걱정으로 건강을 상하게 하는 것 등은 모두 자신을 미워하는 마음입니다. 내가 나를 사랑하지 않고 미워하면 내 몸속의 T임파구가 내 몸을 공격하는 것이 자가 면역성 질병의 진짜 원인입니다. 남을 진정으로 사랑하고 용서하려면 나 자신을 진정으로 사랑할 수 있어야 합니다. 우리가 누군가를 미워하면 오직 나만 괴롭고 속상할 뿐입니다. 결국 내 유전자만 상하고 내 T임파구만 죽어가는 것입니다.

자가 면역성 질병을 치유하는 방법은 이렇게 스스로 정신 건강을 지킴으 로써 뇌세포가 T임파구에 잘못된 명령을 내리지 않도록 해야 합니다. 우리 그리스도인들에게는 불가능한 것을 가능하게 하시는 하나님을 믿고 있으므로 이런 것을 극복할 수 있습니다. 첫째로, 자신의 문제를 있는 그대로 인정하는 것은 우리 자신을 억누르는 죄책감에서 우리를 해방해 줍니다. 또 무의식 중에 자신을 벌하며 미워함으로 자신의 건강과 생명을 해하고 있던 상태에서 우리를 해방해 줍니다. 둘째로, 그 문제를 자기 혼자 가지고 있지 않고 하나님께로 드렸기 때문에 그 문제가 이제는 자신의 것이 아니므로 얻게 되는 안식과 평안이 있습니다. 그러므로 그 기쁨 때문에 T임파구가 회복되고 건강이 찾아옵니다. 셋째로, 문제를 해결하시는 분은 하나님이시기 때문에, 우리가 모든 것을 숨김없이 그대로 인정하고 가지고 나갈 때, 주님의 가장 좋으신 뜻대로 해결해 주십니다. 사랑하는 마음이 필요하면 사랑의 마음을 주시고, 용서하는 마음이 필요하면 용서할 능력도 주십니다. 문제는 우리가 하나님께 가지고 나가지 않는 데에 있습니다. 결론적으로 알아야 할 것은, 하나님께 있는 그대로 가지고 나아가 이야기하는 일은 한 번으로 끝나는 것이 아니라는 것입니다. 부정적인 생각, 어려운 일, 해결할 수 없는 생각, 자책감 등이 떠오를 때마다 계속 주님께 가지고 나아가야 합니다.

29 마음의 약

우울증을 극복할 수 있는 방법을 생각해 봅시다. 세계적으로 3억 5천만 인구가 우울증을 겪고 있으며, 이는 장애의 주요 원인이 되고 있습니다. 이렇게 많은 사람이 우울증을 겪고 있음에도 불구하고, 약 1/3의 우울증 환자만이 치료를 받고 있고 나머지 2/3에 이르는 환자들은 치료를 받지 않은 채로 지내고 있습니다. 치료받지 않은 우울증 환자의 자살 위험률은 증가하고 있으며 그들의 삶의 질 역시 저하되고 있습니다. 우울증을 치료하는 것이 중요하다는 사실은 명백하지만, 우울증 치료에 있어 가장 첫 번째로 권장되는 치료법은 대개 항우울제 복용과 심리치료를 병행하는 것입니다. 하지만 항우울제를 복용하기 전에 두 번 생각해야 하는 충분한 이유가 있습니다. 항우울제 복용자들은 제2형 당뇨의 발병 확률이 높아지는데, 이는 심지어 체질량 지수와 같은 다른 위험 요인들을 조정한 이후에도 그렇습니다. 또한 항우울제 복용은 동맥을 두껍게 만드는 것과 연관이 되어 왔는데, 이는 심장병 및 뇌졸중의 위험을 높일 수 있습니다

2011년 뉴올리언스에서 개최되었던 학회(The American College of Cardiology meeting)에서 제시된 513명의 쌍둥이 재향 군인들을 대상으로 한 연구의 결과에서는, 항우울제 복용으로 인해서 경동맥 내막 내질 두께(뇌에 혈액을 공급하는 목 부위의 대동맥관)가 더욱 커진 결과를 가져왔다고 밝혔습니다. 실제로 선택적 세로토닌 재흡수 억제제 (SSRIs) 및 뇌 화학물질에 영향을 주는 항우울제에서 정말로 이러한 결과가 나

타났습니다. 게다가 항우울제의 사용은 심장마비와 연관이 있었는데, 특히 삼환계 항우울제(tricyclic antidepressants) 복용자들은 심장마비 위험이 36% 증가하는 것으로 나타났습니다. 한편 항우울제는 치매와도 연관이 되는데, 연구원들은 "선택적 세로토닌 재흡수 억제제, 모노아민 옥시다아제, 이종고리 성분 항우울제 및 기타 항우울제들을 통한 치료는 치매의 위험을 높이는 것과 연관"이 있다고 밝혔으며, 복용량이 증가할수록 그 위험 또한 증가하는 것으로 나타났습니다. 심지어 약 복용은 체내 다양한 영양분을 고갈시키는 것으로도 알려져 있는데, 삼환계 항우울제의 경우, 적절한 미토콘드리아 기능을 필요로 하기 때문에 코엔자임 큐텐(Coenzyme Q10) 및 비타민 B12 등의 영양소를 고갈시킵니다. 선택적 세로토닌 재흡수 억제제는 요오드 및 엽산을 고갈시킬 수 있습니다. 그렇기 때문에 약을 복용하는 것은 아주 미세한 확률의 유익을 기대하는 것에 비해서 심각한 위험을 무릅쓰게 되는 것입니다.

우울증을 극복할 수 있는 좋은 방법들이 있습니다. 뇌 속에 세로토닌을 증가시키면 기분을 좋게 하고 우울증을 덜어주는데 도움이 됩니다. 세로토닌은 아미노산 트립토판으로 만들어집니다. 적절한 음식 속의 트립토판은 기분이 좋아지도록 돕습니다. 영국, 옥스퍼드 리틀모시병원의 스미스 박사는 우울증 환자의 67%가 그들의 음식에서 트립토판을 제거했을 때 심각한 우울증 증상이 재발하는 것을 발견하였습니다.

미국 MIT의 월트만 박사는 탄수화물이 풍부한 음식을 섭취하면서 5가지 경쟁적인 아미노산 섭취를 제한함으로서 트립토판을 54%까지 증가시킬 수 있다는 것을 발견하였습니다. 오로지 채식만이 탄수화물을 내포하고 있기 때문에 채소 위주의 음식은 트립토판을 증가시키고 그리하여 세로토닌을 늘리도록 돕습니다.

세로토닌을 만드는데는 비타민 B6(pyridoxine, PN)가 또한 필요합니다. 뉴욕 아카데미 과학잡지에 번스테인 박사는 비타민 B6가 세로토닌 수치를 높인다는 것을 발견하였다고 보고하였습니다. 하버드 대학의 앨퍼트 박사는 우울증에 걸린 성인들 중 15~38% 가 엽산의 혈중 농도가 낮다는 것을 발견하였습니다.

세로토닌 수치를 증가시키는 다른 요소는 밝은 햇빛입니다. 오스트레일리아 멜버른의 베이머심장연구소의 램버드 박사는 뇌의 세로트닌 수치가 흐린 날보다 밝은 날 8배나 높은 것을 발견하였습니다. 예일대학교의 오렌 박사는 여인들이 산후우울증으로 고통당할 때 3주간 밝은 빛으로 치료하면 우울증 수치를 절반으로 줄일 수 있는 것을 발견하였습니다. 핀란드 국립보건연구소의 레파마키 박사는 밝은 빛이 운동보다 우울증 증상을 더 줄인다는 것을 발견하였습니다. 컬럼비아대학교의 터먼 박사는 밝은 빛과 음이온(신선한 공기 속에 있는)이 함께 계절적 정서 장애를 가진 사람들의 우울증 증상을 개선시켰다는 것을 발견하였습니다. 뉴올리언스대학교의 케네디 박사는 운동, 특히 격렬한 운동이 긴장, 우울증, 피로, 분노를 감소시키는 것을 발견하였습니다.

마그네슘 보조제, 오메가3 및 비타민 B 복합체가 우울증을 완화합니다. 항우울제에 대한 또 다른 대체물은 마그네슘 보조제와 같은 형태에서 얻을 수 있습니다. 학술지 PLOS One에 게재된 연구에서는 마그네슘 보조제가 가벼운 증상에서 중간 정도의 우울증 단계에 있는 성인들에게 복용 후 2주 이내에 유익한 효과를 나타내며 증상 개선 효과를 가져왔다고 밝혔습니다. 연구원들은 “마그네슘 보조제는 빠르게 효과를 나타내며, 독성에 대해 밀접한 모니터링을 할 필요가 없는 효과적인 대체재입니다.” 라고 말했습니다. 마그네슘은 세로토닌과 같은 기분을 조절하는 신경전달물질에 대한 촉매제로서 작용합니다. 그리고, 2015년에 발표된 연구에서는 특히 젊은 성인들에게서 매우 낮은 수준의 마그네슘 섭취와 우울증 사이에 상당한 연관성이 나타났다고 밝힌 바 있습니다.

마그네슘 외에도, 오메가3 지방 에이코사펜타엔산(EPA)와 도코사헥사엔산(DHA) 또한 뇌 건강에 중요한 성분들입니다. 하버드 대학의 정신과 의사 앤드류 스톨(Andrew Stoll)이 2001년에 발간한 책 “오메가3 연관성(The Omega-3 Connection)”은 우울증에 있어 오메가3 지방이 할 수 있는 역할에 대한 관심을 불러일으키고, 오메가3 활용을 지지하는 최초의 작품 중 하나였습니다. 이러한 오메가3 지방이 주요 우울 증상에 있어서 개선을 가져온 것으로 나타났습니다. 그러므로 여러분의 기분을 좋게 하고 우울증을 감소시키기 위하여 다음 사항을 권합니다.

♥ 세로토닌 수치를 올리는데 도울 수 있는 식물성 식품을 먹어라.
♥ 대두, 호박씨, 참깨, 들깨, 아몬드, 밤, 콩을 먹음으로 트립토판 수치를 극대화하라.
♥ 날마다 아침에 30분간 밝은 햇빛을 쪼이거나 오전 9시에서 오후 3시 사이에 옥외에서 15분씩 두 번 걸어라. 피부에 화상을 입지 않도록 하기 위하여 긴 팔 옷을 입으면 된다.
♥ 일주일에 6일, 하루 1시간씩 활보하라.
♥ 아마씨를 신선하게 갈아 매일 한 두 숟갈 먹어라. (씨앗을 숟가락으로 떠서 분쇄기에 갈아라. 이것이 없으면 신선한 아마씨유나, 들기름을 먹어라)
♥ 우울 증상이 감소될 때까지 아침과 점심식사 때에 호두를 30g(한 컵 가득)을 먹어라. 증상이 감소되면 하루에 30g의 호두를 먹어라. 호두가 없으면 해바라기씨를 먹어라.
♥ 잎이 많은 채소류(냉이, 미나리, 아욱 등)를 즐겨 섭취하라.
♥ 점심 또는 지녁식사 때에 비타민이 풍부한 음식을 먹어라.
♥ 야채수 요법으로 체세포를 살려라(무, 당근, 우엉, 말린 무청, 말린 표고를 정확한 비율)
♥ 부정적인 사고를 버리고 다른 사람에 대하여 부정적인 말을 하지 말라.

30 치료하는 감정

긍정적인 감정은 치료하는 능력을 가지고 있습니다. 그러므로 유쾌함, 낙관주의, 희망을 계발하는 것이 당연합니다.

조지아주 애틀랜타의 국립건강통계센터 죤스 박사 연구팀은 연구 대상인 남녀 중 가장 느긋하고 쾌활한 사람들이 뇌졸중과 관상동맥의 주요 위험 요소인 고혈압을 일으킬 위험이 가장 낮다는 것을 발견했습니다. 지역사회 증상 동맥경화증의 위험에 대한 연구(ARIC)에서 조지아주 아틀란타의 질병통제예방센터의 윌리암 박사와 동료들은 화를 내는 기질이 가장 낮은 점수를 가진 60세 이하의 사람들이 화를 많이 내는 사람들에 비해 뇌졸중에 걸릴 위험이 3분의 1이나 낮다는 것을 발견하였습니다. 놀랍게도 윌리암 박사는 분노와 적개심은 그것만 없었더라면 심장과 혈관 질병에 걸릴 위험이 가장 낮았을 사람들의 뇌졸중 위험을 가장 높게 증가시켰음을 발견하였습니다. 또한 윌리암 박사와 동료들은 화를 자주 내지 않고 내더라도 짧고 격렬하지 않게 내는 사람은 화를 더 자주 격렬하고 더 오래 내는 사람들보다 심장마비나 관상동맥 질환으로 사망할 위험이 50% 이하로 낮다는 것을 발견하였습니다. 윌리암 박사는 화내는 것이 혈관 수축을 일으키고 혈압을 증가시키고 응혈을 일으킬 가능성을 증가시켜서 동맥 내벽에 콜레스테롤 플라크를 파열시켜 추가적인 혈액응고가 일어난다고 추정하였습니다. 거의 모든 심장마비와 대다수의 뇌졸중은 혈관 내에 형성되는 응혈로 인해서 피의 흐름을 막기 때문에 생긴다는 것입니다.

긍정적인 감정은 실제로 심장 근육에 더 많은 혈액을 보내는 것을 돕습니다. 사실 북 캐로리나의 듀크대학교 의료센터의 걸리트 박사와 동료들은 긴장과 좌절과 슬픔이 가장 격렬한 때에 비하여 그런 감정들이 가장 적을 때 관상동맥 환자들의 심장근 육에 혈액의 흐름이 감소될 위험이 절반으로 줄었다는 것을 발견하였습니다. 그와 비슷하게 하버드 보건대학원에서 크브잔 스키 박사와 동료들은 일반적인 세계 상황이나 경제 불황 또는 국가의 미래에 대해 염려를 가장 적게 하는 사람들이 이와 같은 사회 상황에 대해 가장 염려를 많이 하는 사람들보다 비치명적인(nonfatal) 심장마비 위험성이 60% 낮았고 모든 관상 동맥 질환에 걸릴 위험이 약 30% 적었다는 것을 발견하였습니다. 실제로 크브잔스키 박사는 사회의 염려와 관상 동맥 질병 사이의 정비례 관계에 관해 사회적 염려가 적으면 적을수록 그 위험성이 그 만큼 적어진다는 관계를 발견하였습니다.

운동은 건강에 대한 부정적인 감정들의 악영향을 일부분 상쇄시킬 수 있습니다. 북 카로리나 듀크대학병원 블르맨덜 박사와 동료들은 우울증을 앓거나 사회적 지지를 받지 못하는 심장마비 환자들에 대해 연구하였는데 정규적으로 운동을 한 환자들이 정규적으로 운동을 안 한 환자들보다 심장마비 재발 위험이 거의 30% 더 낮았다는 것을 발견 하였습니다.

낙천주의는 또한 건강을 증진시킨다는 것을 발견하였습니다. 하버드 대학교 크브잔스키 박사와 동료들은 낙천주의자들이 비관주의자들보다 폐의 기능이 더 좋았고 더 천천히 감소한다는 것을 발견하였습니다. 게다가 미네소다 메이어병원의 마르타 박사와 동료들은 MMPI 성격검사의 낙천주의-비관주의 비율 조사를 이용하여 낙천주의 환자들이 비관적인 환자들보다 30년 이상 사망 위험이 낮다고 발표하였습니다. 영국 플리머스대학교의 보울리 박사와 동료들은 낙천주의 환자들이 비관주의 환자들보다 탈장 수술 후에 더 빨리 회복되었음을 발견하였습니다. 사실로 비관주의가 정상적인 활동 회복을 지연시키는데 밀접한 관계가 있음을 발견하였습니다.

미국 피츠버그 대학교 의대 연구팀은 미국 국립보건원의 여성건강 캠페인에 참가한 50세 이상 여성 10만 명에 대한 조사 자료를 토대로 8년 동안 사망률과 질병 상태를 조사한 결과, 이런 결론을 얻었습니다. 이번 조사에서 평소 나쁜 일보다 좋은 일이 일어날 것이라고 생각하는 낙천주의적 여성은 비관주의자보다 사망률이 14% 낮고, 심장병 발병률은 30%가 낮은 것으로 나타났습니다. 또 고혈압, 당뇨병, 흡연으로 인한 질병 발생 율도 낮았습니다. 반면 다른 사람을 불신하는 '냉소적 적대심'을 가진 여성은 낙천적 여성보다 사망률이 16%, 암으로 사망할 확률이 23% 높았습니다.

낙천주의는 암의 경우에도 더 좋은 결과를 초래한 것입니다. 피츠버그 의과대학교의 레비 박사와 동료들은 매우 낙천적인 유방암 환자들이 비관적인 환자들보다 4년 후에도 살아 있을 가능성이 높은 것을 발견하였습니다. 더욱이 로스앤젤레스 소재 캘리포니아 주립대학교(UCLA)의 연구자들은 649명의 암 전문의들을 조사했는데 10만 명 이상 암환자들의 성공적인 치료에 있어서 희망과 낙천주의 태도가 가장 의미 있는 요소라는 것을 발견하였습니다.

국립 정신건강연구소 퍼트 박사와 동료들은 신경펩티드 화학물질에 민감한 단핵구(monocyte, 백혈구)가 감정 조절센터인 대뇌 변연계에서 만들어지고 집중되는 신경전달물질에 민감하다는 것을 발견하였습니다. 게다가 플로리다주 미아미 대학교의 번스 박사와 동료들은 가장 낙천적인 여자들의 자연살생세포(Natural Killer Cell)가 (종양세포나 바이러스감염세포를 죽이는 활성인 NK활성세포) 활동선이 더 크다는 것을 발견하였습니다. 로스앤젤레스 소재 캘리포니아대학교의 세저스토롬 박사도 그것과 비슷한 발견을 발표하였습니다.

희망과 낙관주의는 암과 싸우는 사람의 면역 체계를 참으로 강화시켜 줍니다. 사실 펜실베니아 대학교의 카멘 박사, 셀릭맨 박사와 동료들은 그들의 연구 대상들 중에서 낙천적인 사람들은 가장 강한 면역 반응을 가진 반면 비관적인 청년들은 가장 약한 면역 반응을 가졌음을 발견하였습니다. 진정으로 "즐거운 마음은 약과 같이 좋으나, 상한 영은 뼈를 마르게 하느니라."(잠 17:22)고 말한 솔로몬 왕의 관찰은 확실한 과학적 근거가 있습니다. 오늘 부정적인 생각들을 버리고 즐거운 태도를 키우기 시작하십시오. 창조주와 그분의 선하심에 초점을 맞추십시오. 그러면 부정적인 생각들은 사라지기 시작할 것입니다.

31 지속적인 생활습관의 변화

해로운 습관을 끊으려고 무척 애썼지만 실패했거나 더 나은 건강 습관을 실행 하기에 어렵다고 느껴 본적이 있습니까? 희망은 있습니다. 매일 이 우주의 법칙을 충분히 활용하기 바랍니다. 확실한 것은 우리는 바라봄으로 변화합니다(고후 3:18 참조) 나는 2살 된 나의 큰딸과 함께 아침 식사를 하고 있었습니다. 나는 씨리얼을 다 먹고 나서 그릇에 남아 있는 두유를 잔(글라스)에 부어서 마시는 대신 너무 바빠서 그릇을 입에 대고 마셨습니다. 얼마 후에 놀랍게도 나의 딸도 꼭 아빠처럼 밥그릇을 입에 대고 두유를 마시는 것을 보고 당황하였습니다. 그 아이가 전에 그렇게 하는 것을 본적이 없었습니다. 나는 그 아이를 책망 하려다가 바라봄으로 그 아이도 변했다는 것을 갑자기 깨달았습니다.

그런데 질문은 무엇을 보느냐입니다. 주님의 책에 그 대답이 있습니다. "보라 세상 죄를 지고 가는 하나님의 어린양이로다"(요 1:29). 구세주께서 세상 무대에 들어서셨을 때 그분에 대한 말씀이 있는데, 그 말씀 속에 지속적으로 변화된 생활습관의 비결이 포함되어 있습니다. 우리는 우리의 창조주이시며 하나님의 어린양을 바라봄으로 그분과 같이 변화됩니다. 그 어린양에게 무슨 일이 일어났습니까? 그분은 죽임을 당하셨습니다(출 12:21-27 참조). 만약 여러분이 파괴적인 생활습관에서 벗어나기를 원한다면 구세주의 삶과 죽으심을 연구하십시오. 만약 생활에 지속적인 변화를 이룩하려고 애썼지만 실패 했다면 구세주의 삶의 마지막 장면을 매일 아침 연구하면서 깊이 생각하는 시간을 보내십시오. 그 마지막 장면 하나를 생생하게 상상해 보십시오. 우리의 창조주의 성품을 연구하십시오. 매일 아침 그분의 말씀과 기도를 통하여 그리스도의 생애를 묵상하면서 홀로 그분과 대화하는 시간을 보내십시오. 주님은 진정한 인격체요, 진정한 친구로서 그분과 보다 더 친해지십시오. 매일 아침 주님을 공식적으로 초대하여 나의 마음속에 모시고 나를 다스리며 나의 파괴적인 생활 습관을 고쳐 달라고 맡기십시오.

그럴 때, 하나님께서는 우리의 문제를 가지고 가시고, 우리의 몸의 문제를 가지고 가시며, 그 대신 건강과 행복과 평안을 우리에게 주실 것입니다. 믿음은 죽음보다 더 강한 정복자입니다. 만일 절망적인 질병을 가진 환자들이 믿음의 눈으로 강력한 치료자이신 예수님을 바라본다면 그들은 놀라운 치유의 역사를 경험하게 될 것입니다. 그것은 육체와 마음에 생명을 가져다줄 것입니다. 잘못된 생활 습관의 희생자이십니까? 여러분을 둘러싼 절망과 파멸을 바라보는 대신에, 여러분의 눈을 돌려 예수님을 바라보십시오. 예수님의 부드러운 손길과 하늘의 영광을 생각해 보십시오. 이것은 속절없고 절망적인 것처럼 보이는 여러분에게 희망과 평안을 줄 것이며, 죽음에 대한 두려운 공포를 사라지게 하고, 할 수 있는 것보다 훨씬 더 큰 일을 육신과 영혼의 구원을 위하여 하게 될 것입니다.

우리가 나의 창조주를 바라볼 때 나는 그분처럼 될 것입니다. 또한 나는 시련을 이길 만큼 강해질 것이며 나의 생활 습관에도 지속적인 변화가 일어날 것입니다. 만약 여러분이 생활습관의 영구적인 변화를 이루려고 애쓰고 있다면 한 가지 제안을 드리고 싶습니다.

구세주께 가까이 나아가십시오. 여러분의 창조주와 함께 대화의 시간을 보내십시오. 우리가 그분과 연결되어 있는 한 주님께서 우리의 생활습관을 바른 궤도 위에 있도록 지켜 주시는 것을 알게 될 것입니다.

영육의 건강을 마치며

우리는 도덕적 책임감을 가지고 있습니다.

사람은 본래 도덕적 존재로 창조주의 형상대로 창조되었습니다. 타락하기 전에는 사람은 본질적으로 도덕적인 하나님의 법칙 안에서 존재하며 창조주의 도덕적 고결함의 가치와 동일한 삶의 목적을 가지고 있었습니다. 그러므로 그리스도인은 도덕적·종교적 입장에서 행동해야 합니다. 우리 앞에는 썩지 않을 면류관 곧 하늘의 보화가 기다리고 있기 때문에 모든 일에 절제해야 할 것입니다. 그리스도를 따르는 자들로서 우리는 먹고 마시는 일에 원칙을 따라 행동해야 합니다. 다니엘의 경험은 젊은이들이 종교적 원칙에 의하여 육신의 정욕을 이길수 있으며, 비록 큰 희생을 치르더라도 하나님의 요구 조건을 진실히 준수할 수 있음을 보여주고 있습니다.

내 몸을 가지고 내가 하고 싶은 대로 할 수 있는 권리가 나에게 있을까요? 없습니다. 우리는 그렇게 할 도덕상 권리가 없습니다. 왜냐하면 내 몸을 내가 원하는대로 본성대로 하는 것은 하나님께서 우리에게 주신 생명과 건강의 법칙을 범하는 것이기 때문입니다. 우리는 창조와 구속으로써 주님의 소유가 된자들입니다. "네 이웃을 네 몸과 같이 사랑하라"(마 22:39). 자신을 소중히 여기고 주님의 소유물을 존중하라는 법칙이 여기에 나타나 있습니다. 또한 이 법칙은 신묘 막측하게 만들어진 살아 있는 기계를 모든 인간이 잘 보존해야 할 의무를 이행하도록 인도할 것입니다.

인체를 지배하는 모든 법칙을 엄격하게 준수해야 합니다. 왜냐하면 이것도 성경 말씀처럼 참으로 하나님의 법칙이기 때문입니다. 그러므로 이 법칙에서 고의로 이탈하는 것은 도덕률을 범하는 것과 마찬가지로 죄에 해당합니다. 모든 천연계가 다 하나님의 법칙을 나타내지만 우리의 신체 조직의 모든 예민한 신경 조직과 모든 살아 있는 섬유조직과 신체의 모든 기관 위에다 여호와 하나님께서 친히 손가락으로 율법을 기록하셨습니다. 만약에 우리가 하나님께서 친히 지정하신 천연의 길에서 이탈하여 우리 자신의 길로 행한다면 우리는 손실과 패배를 당할 수밖에 없습니다. 만일 우리가 영생의 선물을 얻기를 원한다면 하늘의 법대로 살도록 노력하는 것이 당연합니다.

이 길은 충분히 넓기 때문에 경주하는 자들은 모두 상을 얻을 수 있는 길입니다. 만일 우리가 건전하지 못한 식욕을 형성하여 거기에 어느 정도라도 방종한다면 우리는 천연의 법칙을 범하게 되어 결과적으로 신체적·도덕적·영적 상태가 쇠약해질 수밖에 없습니다. 따라서 우리는 만약 우리가 천연 법칙을 진실히 따를 때 얻을 수 있는 지칠 줄 모르며 생동하는 희망찬 힘을 발휘할 수 없게 되는 것입니다. 만일 우리가 우리 몸의 어느 한 기관이라도 손상시키면, 하나님께 드려야 할 헌신을 가로채게 될 것입니다.

"너희 몸은 너희가 하나님께로부터 받은 바 너희 가운데 계신 성령의 전인 줄을 알지 못하느냐 너희는 너희의 것이 아니라 값으로 산 것이 되었으니 그런즉 너희 몸으로 하나님께 영광을 돌리라"(고전 6:19, 20).

자신이 하나님과 관련을 맺고 있는 사실을 항상 인식하고 있는 사람은, 식욕을 즐겁게는 할지라도 소화기관에 손상을 주는 음식물은 결코 위장 속에 넣으려 하지 않을 것입니다.

그들은 먹고 마시는 데 있어서나 입는 데 있어서 그릇된 습관에 방종함으로써 하나님의 소유물을 훼손시키지 않을 것입니다. 하나님과 동역자로 일하기 위해서는 이렇게 해야 함을 깨닫고 인체 조직을 극진히 돌보지 않겠습니까! 하나님께서는 우리가 건강하고 행복하며 쓸모 있게 되기를 원하십니다. 그러나 우리가 이렇게 되려면 우리 의지(뜻)를 하나님의 의지(뜻) 편에 두어야 합니다.

우리의 자녀들에게 도덕적 독립 정신의 방벽으로 반드시 보호해 주어야 합니다.

부모들은 간절하고 꾸준한 노력으로 이 세상의 풍습이나 유행에 치우치지 않은 태도를 가지고 자녀들의 주위에 방벽을 구축해야 합니다. 그렇게 부절제의 결과로 오는 불행과 범죄로부터 자녀들을 방어할 수 있습니다. 자녀들을 제멋대로 자라게 해서 어릴 때에 미연에 방지할 수 있었던 나쁜 버릇을 키워 가도록 버려두면 안 됩니다. 자녀를 세심하게 훈육하여 아이들 스스로 정의와 개혁과 절제의 입장을 갖도록 교육해야 합니다. 그러면 다니엘과 같이 어떠한 위기 가운데서라도 참된 개혁의 편에 굳게 서는 사람으로서 분명히 닥쳐올 반대의 폭풍을 정면으로 대항할 수 있는 도덕적 독립 정신을 갖게 될 것입니다. 우리는 자녀들을 믿음으로 하나님께 데려와서 감수성이 빠른 그들의 정신에 하늘 아버지께 대한 본분을 다하려는 마음을 깊이 심어 주도록 노력해야 합니다. 이렇게 하는데는 교훈에 교훈을 더해 주고 경계에 경계를 더해 주어서, 생활의 작은 것들로부터 조금씩 해나갈 필요가 있습니다.

우리의 육체는 하나님께서 거하기를 원하시는 성전이므로 몸을 청결하게 하고 높고 고상한 생각이 깃드는 곳으로 간직해야 한다는 사상을 자녀들이 이해하도록 가르쳐야 합니다. 아이들이 인체생리학을 공부한다면 인간이 참으로 "신묘 막측"(시 139:14)하게 지어졌다는 사실을 깨닫게 될 것이며, 그들은 경외심을 갖게 될 것입니다. 또한 하나님께서 만드신 것을 훼손하기보다는 창조주의 영광스러운 계획을 성취하기 위해 자신들은 가능한 한 최선을 다하려는 선한 욕구를 갖게 될 것입니다. 따라서 사람은 건강 법칙을 준행하는 것이 어떤 희생이나 자아를 부정하는 일이 아니라, 사실 그대로 측량할 수 없는 특권과 축복인 것을 생각하게 될 것입니다. 만일 우리가 절제 문제에 관한 사람들의 도덕적 민감성을 불러일으킬 수 있다면 큰 승리를 얻게 될 것입니다. 생활의 모든 일에 대한 절제를 가르쳐서 실행하게 해야 할 의무가 우리에게 있습니다.

참 정복자가 되는 길은 하늘의 방식 뿐입니다.

삶의 법칙에 순종하는 것을 개인적인 의무로 삼아야 합니다. 우리는 우리의 습관과 행실에 대하여 하나님께 직고해야 할 것입니다. 우리가 답변해야 할 질문은 세상이 거기에 대하여 무엇이라고 말하는지가 아니라 그리스도인이라 자처하는 내가 하나님께서 나에게 주신 몸을 어떻게 취급했는지에 대한 것입니다. 우리는 우리의 몸을 성령님께서 내재하시는 성전으로 보전하여 생활과 영적인 최고의 선을 이루기 위해 노력할 것인지? 아니면 세상적인 생각과 관습을 따라 나 자신을 희생시킬 것인지? 스스로 진지하게 질문해 보아야 합니다. 만일 그리스도인들이 건강과 생명을 지배하는 법칙에 순종하는 것을 하나님과 이웃에 대한 하나의 의무로 인식하면서, 몸을 쳐서 복종하므로 우리의 모든 식욕과 정욕을 잘 계발된 양심의 지배 아래에 둔다면, 우리는 신체적·정신적 건강의 축복을 누리게 될 것입니다. 그 때에 우리는 사탄을 대항하는 싸움에 이길 수 있는 도덕적인 힘을 갖게 될 것이며, 또한 우리를 위하여 식욕을 정복하신 예수님의 이름을 의지하여, 우리 스스로 할 수 있는 것보다 더욱 위대한 정복자가 될 수 있을 것입니다.

성령의 인도함을 따라 행하는 사람들에 대해서 성경은 "우리는 이 모든 일에 우리를 사랑하신 그분을 통하여 정복자들보다 더욱 나은 자로다."(롬8:37)라고 선언합니다. 그런 사람은 "먹든지 마시든지 또는 무엇을 하든지, 모두 하나님의 영광을 위하여 행"(고전10:31)할 것입니다. 우리의 행동은 세상의 방식이 아니라 하늘의 방식이어야 합니다. "그러므로 우리는 같은 규칙에 의해 걷고 같은 것을 생각해야" 합니다. "오직 우리의 시민권은 하늘에 있기 때문"(빌3:20)입니다.

그리스도의 은혜로 의롭다 함을 얻은 우리는 그분의 거룩하심 안에 거하도록 구별된 삶의 방식을 택하며 그 안에서 즐거움을 노래할 것입니다. 성막에서 봉사하는 제사장들은 그들의 삶을 온통 사람들의 연약함을 돕는 일에 바친 사람들입니다. 그러므로 자신들의 사사로운 유익을 위해 사는 것이 아니라 그들의 모든 일은 모본과 절제의 삶이어야 하였습니다. 오늘날 그리스도 안에서 그리스도와 연합한 모든 이들은 성소에서 죄와 세상 속에 방황하는 연약한 자들을 이끌어 그리스도께로 인도하여 죄와 사망의 권세에서 구출하는 봉사 사역에 임명받은 사람들입니다. 그러한 우리의 삶은 합법적인 경주를 해야 하지 않겠습니까?

"너희도 살아있는 돌들로서 영적인 집으로 지어지고, 예수 그리스도를 통하여 하나님께서 받으실 영적 희생을 드리는 거룩한 제사장이 되었느니라."(벧전2:5)

"너희는 선택된 세대요, 왕가의 제사장들이요, 거룩한 민족이요, 하나님의 소유된 백성 이니, 이는 너희를 어두움으로부터 불러내어 자신의 놀라운 빛 가운데로 인도해주신 그분께 대한 찬양을 너희로 하여금 보여주게 하려 하심이라."(벧전2:9)

"우리를 하나님 곧 그분의 아버지께 속한 왕들과 제사장들로 삼으신 그분께 영광과 권세가 영원무궁토록 있기를 바라노라. 아멘."(계1:6)

성경공부 **7권〈영육의 건강〉**을 마치신 것을 진심으로 축하드립니다.
더 깊이 공부하길 원하시는 분은 선교센터로 연락하셔서 상담해 주시기 바랍니다.
11HN선교센터 TEL. 1544-0091, 010-9543-0091 E-mail: 11hnnet@gmail.com 카톡 ID: 11HN

참고 및 추천도서

(가나다 순)
당신은 건강하십니까(노완우 저, 넥서스)
물 신비한 치료 건강법(F. 뱃맨겔리지 저, 중앙생활사)
물리칠 수 있는 거대한 골리앗 암(돈 콜버트 저, 생명의말씀사)
사람을 살리는 야채수(노만 월커 저, 플러스마인드)
선생님 저 아직 살아있어요(대한암환우협회 저, 코리아트)
소금과 물, 우리 몸이 원한다(박의규 저, 지식과 감성)
암을 주신 하나님(노용찬 저, 임미누엘)
야채수 건강법(다테이시 가즈 저, 다문)
완전치유와 질병극복의 스마트키 생명회복(이성갑 저, 다건강)
육식 건강을 망치고 세상을 망친다1, 2(존 로빈스 저, 아름드리미디어)
육식의 종말(제레미 리프킨 저, 시공사)
음식혁명(존 로빈스 저, 시공사)
의사들도 모르는 기적의 간 청소(안드레아스 모리츠 저, 에디터)
자연의 선물을 요리하다- 이현맘의 채식요리(김영신 저, 11HN)
채식 건강법(모리시타 게이이치 저, 글사랑)
채식의 유혹(김우열 저, 퍼플카우)
효소 건강법(이또 오사무 저, 헬렌케이)
힐링바이블(열한시)

11HN 열한시 네트워크

11TH HOUR NETWORK

01 YouTube채널 [11HN 성서연구원]

유튜브에서
11HN 성서연구원 검색

차별화된 기독교 방송이 제공됩니다!

- **설교** 마지막 시대를 살아가는 현대인들을 하늘 백성으로 준비시키는 참된 만나
- **강의** 성경의 예언들, 성경연구, 그리스도인 연애와 결혼 등 다양한 주제의 성경강의
- **간증** 거듭난 사람들의 간증과 행복한 가정, 자녀 교육, 그리스도인의 삶
- **건강** 현대인에게 필요한 건강 상식, 스트레칭, 채식 요리 레시피
- **토크쇼** 그리스도인 청년들의 토크, 참 신앙을 찾는 사람들의 이야기
- **다큐** 마지막 시대를 살아가고 있는 현대인들을 위한 성경 다큐

02 성경공부 시리즈 Bible Study Series

복음과 예언 등 성경의 다양한 주제들을 쉽고 깊이있게 알아갈 수 있는 성경공부 시리즈입니다.

연락주시면 1권을 무료로 보내드립니다

03 도서 단행본 11HN Books

요한계시록/다니엘 등 예언 연구, 복음, 그리스도인 생활, 교리, 그리스도의 생애, 기독교회사 등 삶을 변화시키는 진리가 담긴 책자들이 있습니다.

필요하신 분은 연락주시면 보내드리겠습니다.

04 월간지 Magazine

성경의 진리를 회복하고
가정과 건강과 신앙을 지키는 월간지

지금 신청하시면 무료로 보내드립니다

05 소셜 네트워크
SNS & Network

네이버 카페 Naver Cafe

그리스도인

www.kingsm.net

진리의 말씀을 사모하고 그 말씀대로 살길
원하는 사람들을 위한 온라인 카페

카카오스토리 Kakao Story

11HN 기독교방송

팟빵 • 팟캐스트

podbbang

Podbbang
•
Podcast

11HN 검색하기

컴퓨터와 스마트폰에 MP3를 듣고 다운받을 수 있습니다.

06 11HN 선교센터
11HN Global Ministry

www.11hn.net ✉ 11hnnet@gmail.com

한국 ☎1544-0091/010-9543-0091

미국 ☎1-917-935-9006

캐나다 ☎1-778-385-0691

일본 ☎81-050-1141-2318

인도네시아 ☎(62) 812-1026-3892

보내주시는 후원과 기도에 진심으로 감사드립니다!

후원 계좌 (예금주 : 열한시)

농 협	301-0019-4151-11	국 민	611601-04-222007	신 한	100-025-300569
우 리	1005-601-482208	우체국	700245-01-002423	하 나	630-006815-376

후원 자동이체 서비스

스마트폰에 [네이버 앱]을 설치하신 후, [QR 코드] 검색하시면 아래와 같이 [렌즈] 인식검색이 보입니다.

음성 음악 렌즈 어라운드

[렌즈]를 누르시고, 오른쪽에 있는 QR코드 이미지를 찍으면 [후원 자동이체 서비스]페이지로 이동합니다.

11HN 네트워크

미국 후원 계좌

Pay to order : **11HN SOSTV Inc**

보내실곳: **4640 Glen Level Dr, Sugar Hill, GA 30518**

11HN SOSTV의 Tax ID No는 82-4291717 이며, 세금 공제 혜택을 받으실 수 있습니다.

11HN 선교센터로 연락하세요. 참 신앙과 새로운 영적경험이 열립니다.

TEL 1544-0091, 010-9543-0091 E-mail: 11hnnet@gmail.com 카톡 ID: 11HN